西北政法大学新闻传播学科国家级（省级）一流专业建设经费资助出版

PHILOSOPHY

人民日报学术文库

法治新闻研究
（2020卷）

主　编｜孙　江

副主编｜陈　琦　王　洋

人民日报出版社

北京

图书在版编目（CIP）数据

法治新闻研究.2020卷/孙江主编.--北京：人民日报出版社，2021.12
　ISBN 978-7-5115-7174-8

Ⅰ.①法… Ⅱ.①孙… Ⅲ.①法治—新闻学—文集
Ⅳ.①G210-53

中国版本图书馆 CIP 数据核字（2021）第 222942 号

书　　　名：**法治新闻研究（2020卷）**
　　　　　　FAZHI XINWEN YANJIU（2020 JUAN）

主　　　编：孙　江

出　版　人：刘华新
责　任　编　辑：程文静　杨晨叶
特　约　编　辑：靳婷云
封　面　设　计：中联华文

出 版 发 行：人民日报出版社

社　　　址：北京金台西路 2 号
邮 政 编 码：100733
发 行 热 线：（010）65369527　65369846　65369509　65369512
邮 购 热 线：（010）65369530　65363527
编 辑 热 线：（010）65363530
网　　　址：www.peopledailypress.com
经　　　销：新华书店
印　　　刷：三河市华东印刷有限公司
法 律 顾 问：北京科宇律师事务所　　（010）83622312

开　　　本：710mm×1000mm　1/16
字　　　数：305 千字
印　　　张：17.5
版 次 印 次：2023 年 4 月第 1 版　　2023 年 4 月第 1 次印刷

书　　　号：ISBN 978-7-5115-7174-8
定　　　价：98.00 元

编委会名单

主　编：孙　江

副主编：陈　琦　王　洋

编委会学术顾问：魏永征　慕明春

编　委：王立平　张爱军　柯　泽　罗　朋　李清霞

　　　　庞晓虹　孙晓红　吕　强　师亚丽　杨芬霞

　　　　符万年　申玲玲　刘丽华　李晓梅　胡　凯

中国法治新闻向何处去

止于至善（代序）

王　健

再逢长安秋冬季，又是相聚意更浓。今天，第五届"何微法治新闻奖"法治新闻与传媒法治建设高峰论坛暨第四届"何微新闻奖"新闻传播学科研究生论坛在中华法系的故乡古都长安隆重召开。我谨代表会议主办者之一的西北政法大学对论坛的召开表示热烈的祝贺！迄今为止，西北政法大学还没有任何一项专业性的活动，能够像这个论坛一样汇聚了如此广泛和众多的高校、如此众多的高品质的新闻学术界、新闻业界、媒体平台和众多的相关行业或企业界的与会者。只要我们翻开会议指南，就会对此留下深刻印象。本届论坛可谓群贤毕至，蓬荜熠熠生辉。在这里，我谨向各位专家、学者和同学们光临敝校表示热烈的欢迎！

《礼记》有云："大学之道，在明明德，在亲民，在止于至善。"又云："苟日新，日日新，又日新。"从新近发生和及时知晓的意义来看，"明明德"的关键，不仅在于"明德"的实质内容，还在于"明"的途径和方式，也就是借助怎样的载体、媒介和形式，使我们每一个人成为一个新民，使民达到一个至善至美的道德境界。我以为，这恰是法治新闻和传媒法治的意义指向，以及其所致力追求的崇高理想和目标。而人类法治文明的演进历程也证明了法治与传媒的这种密切关系。

法治是人类文明的产物，同时也推动着人类社会走向文明。中外法律发展的历史，都经历了从秘密法到公开法，从记忆法到习惯法再到成文法这样一个演进历程。推动法治发展进步之途主要有两个。一个是民权的伸张与发达；再就是技术手段的进步。从甲骨文到石柱上的汉穆拉比法典，从青铜大鼎上的刑书到承载秦律的云梦竹简，从帛书到刻板摹印天下的《宋刑统》，从纸本的法规和判决文书到当下各种法律数据库和融媒法律服务平台，法态的这些变化不仅反映了技术手段的进步，也使人类摆脱了"民可使由之，不可使知之"的局限和束缚，走入了法治文明时代。

作为"四个全面"战略布局的一个组成部分，当今中国正在进行全面依法治国的伟大实践，努力构建中国特色社会主义法治体系，实现国家治理体系和治理能力现代化。本次论坛在新一代智能技术高速发展的背景下，深度探讨中国法治新闻和传媒法治建设方面的重大问题，这里谈几点意见，和大家交流：

一是要坚持正确的政治方向，坚持以习近平新时代中国特色社会主义思想为指导，深入学习和贯彻党的最新政策精神和习近平总书记关于法治建设和推动媒体融合发展的重要论述，为实现"两个一百年"奋斗目标、实现中华民族伟大复兴的中国梦提供强大精神力量和舆论支持。复旦大学童兵教授昨天在学校所做的学术讲座"习近平新时代新闻舆论工作论述对马克思主义新闻观的发展"，已经在这方面树立了一个好榜样。

二是要通过深入交流和研讨，为完善中国特色社会主义法治体系，特别是法治新闻和传媒法治体系提供更多智力支持。

三是要努力推动法治新闻学和传媒法学理论创新和学科体系发展，为构建中国特色法学体系，包括学科体系、学术体系和人才培养体系做出贡献。

四是要拓展国际视野，打造法治新闻和传媒法治的话语体系，积极引导和提炼标识性、融通性概念，为打造包括新概念、新范畴、新表述在内的中国方案，为提升国际话语权和影响力发挥作用。

2020 年 10 月 31 日

（王健：西北政法大学教授，副校长，博士生导师。）

目 录
CONTENTS

新媒体与智能传播研究

新媒体与信息传播

影视传播研究

现代编辑与出版研究

民法典专题

民法典对调整新闻报道与人格权益关系的总结和创新

魏永征①

[**摘要**] 本文关注了《中华人民共和国民法典》中关于新闻报道、舆论监督行为的相关规定，通过内容分析、比较研究，对 20 世纪 80 年代以来的司法审理的相关新闻报道与人格权益纠纷的丰富实践和 30 年来学界的相关探索的成果，梳理了民法典对新闻报道、舆论监督行为合法空间的确立，采用了"行为人"这一术语作为对新闻单位或机构的统一描述语，对具体人格权益作了规定并赋予了明确的定义，对侵害各类民事权益行为设定了具体构成等十个方面的变化，并归纳和总结了在新闻报道与人格权益关系方面的创新。

[**关键词**] 民法典；新闻报道；人格权益；舆论监督

2021 年元旦起实施的《中华人民共和国民法典》（简称民法典或法典），是中国第一部以"法典"命名的基本法律，其全面调整平等主体的自然人、法人和非法人组织之间的人身关系和财产关系，确立了民事主体的各项人身权利和财产权利，有"权利法典"之称。新闻传播业界和学界以及关注新闻传播业的法学界人士特别注意到民法典就新闻报道、舆论监督行为作出明文规定，从法律层面上肯定、充实、确立了学界称为"新闻侵权法""媒介侵权法"的主要内容，实现了调整新闻报道、舆论监督行为与人格权益之间关系法律规范的系统化。

一、总结了 20 世纪 80 年代以来司法审理新闻报道与人格权益纠纷的丰富实践和 30 年来学界就此的广泛探索成果

---

① 本文系 2020 年 10 月 31 日西北政法大学第五届"何微法治新闻奖"与传媒法治建设高峰论坛上发言整理，作者系西北政法大学新闻传播学院学术顾问。

1985—1988 年"疯女"之谜诽谤案①为起点，我国发生了一系列新闻报道侵害人格权案件。由于新闻报道、舆论监督关涉公民的表达权、知情权、监督权等民主权利和社会公共利益，而人格权益也属于基本人权，人们期待当两者一旦发生冲突引起纠纷时，应该得到公平处理，对哪一方都不能造成过度的限制和不应有的损害，因而引起新闻界和法律界乃至社会各界的普遍关注。可以说我国新闻业界正是从这个领域进入法治的。

在立法和司法方面，包括 1986 年《中华人民共和国民法通则》，10 多个单行批复和 1988、1993、1998、2001、2014 年五个"规定"型的司法解释②，2009 年《中华人民共和国侵权责任法》，多个《中华人民共和国最高人民法院公报》案例、典型案例和指导性案例。对有关问题处理逐步定型。如死者人格利益保护，1989 年 8 月（吉文贞案）、1990 年 12 月（海灯法师案），最高法院两次下达单行批复，1993 年司法解释作了规定，2001 年司法解释作了较为系统的规定，2018 年《中华人民共和国英烈法》对特定死者（英雄烈士）人格利益予以保护，至民法典第九百九十四条正式确立保护所有死者人格利益的法律。

在学术研究方面，在 20 世纪 70 年代 80 年代之交，中国法学界对于人格权研究尚是一片空白。1984 年出版的《中国大百科全书·法学卷》里并无人格尊严、名誉权、肖像权以及诽谤、侮辱等条目③。20 世纪 90 年代，一些法学学者开始涉足人格权领域④。对于新闻侵权的研究，则始于发生新闻侵权纠纷之后，具有标志性的成果包括：1991、1993、1996 年中国新闻法制研究中心三次召开新闻纠纷和法律责任研讨会⑤，1992 年王强华主持国家课题《舆论监督与新闻

---

① 上海市中级人民法院刑事附带民事判决书，（87）沪中刑上字第 531 号。
② 这五件司法解释是：1988 年最高人民法院关于贯彻执行《中华人民共和国民法通则》若干问题的意见（试行），1993 年最高人民法院关于审理名誉权案件若干问题的解答，1998 年最高人民法院关于审理名誉权案件若干问题的解释，2001 年最高人民法院关于确定民事侵权精神损害赔偿责任若干问题的解释，2014 年最高人民法院关于审理利用信息网络侵害人身权益民事纠纷案件适用法律若干问题的规定，本文一律简称为某年司法解释。
③ 《中国大百科全书·法学卷》，中国大百科全书出版社 1984 年版。
④ 我国第一部《人格权法新论》文稿完成于 1992 年底，王利明主编，徐明、杨立新副主编，1994 年 8 月由吉林人民出版社出版。见王利明、杨立新：《人格权与新闻侵权》后记，中国方正出版社 1995 年版，第 638 页。
⑤ 中国新闻法制研究中心：《新闻法制全国学术研讨会论文集》，中国民主法制出版社1999 年版。

纠纷》①，2005年徐迅课题组《新闻侵害名誉权司法解释建议稿》②，2013年杨立新课题组《中国媒体侵权责任案件法律适用指引》③，以及自1994年至今出版了上百部"新闻侵权""媒介侵权""传播侵权"专著、案例评析集编、大型研究报告等。

民法典中的"人格权编"，对民事主体的人格权益及其保护和限制作了系统规定，其中确立了以往法律尚未规定而只是在民法理论中予以阐述的许多规范，对于侵权行为的归责原则和责任形态、责任方式等，则在"侵权责任"编予以规定，而"总则"编的原则总览全局。有关法条，无论有没有直接提及"新闻报道"，对于规范新闻报道与人格权益（主要是精神性人格权益）的关系，都形成了互相联系、互相制约的统一整体，从而结束了多年来以法律和单行的、零星的司法解释并在许多方面参照民法学理处理相关纠纷的状态。应该认为这是总结和吸纳了这些年来司法实践和学界研究的积极成果，是我国法制建设在这个领域的重大发展。

二、通过肯定新闻报道、舆论监督行为和限制相对民事主体权益以排除侵害人格权益行为的方式，在此领域确立了新闻报道、舆论监督行为的合法空间

"新闻报道"并非在我国法律中首次出现。搜索"北大法宝"，可以找到51部法律（港澳基本法除外）中63处条款提及"新闻""新闻单位"或"舆论监督"。而民法典中有关"新闻报道"的规定，具有明确的调整对象，即新闻报道、舆论监督行为与相对人的人格权益之间的关系，具有现实的可操作性，而不同于先前许多法律仅仅是宣示式规定以及禁止性规范。

其中典型的是关于新闻报道侵害名誉权的规定，名誉侵权是新闻报道、舆论监督引发的最主要的侵权行为。法典第一千零二十五条第1款首先肯定了"为公共利益"而"影响他人名誉的"内容的合法性，在实务中，这些内容通常包括披露负面事实和发表批评意见而影响相对人的社会评价，但这不是侵权行为，谈不上承担民事责任；作为例外，则是第2款规定的捏造歪曲事实、对他人提供的严重失实内容未尽到合理核实义务、使用侮辱性言辞等这样三项，行为人应该承担侵权责任。注意这三项是穷尽列举，更无其他。其中一、三两项出于故意而为，第二项属于过失。第一千零二十六条再对新闻报道严重失实

① 王强华、魏永征主编：《舆论监督与新闻纠纷》，复旦大学出版社2000年版。
② 徐迅主编：《新闻（媒体）侵权研究新论》，法律出版社2009年版，第331—389页。
③ 杨立新主编：《中国媒体侵权责任案件法律适用指引》，人民法院出版社2013年版。

内容是否尽到"合理审核义务"具有过失而需承担责任列出了六项考虑因素；如果确认新闻报道行为人已经尽到合理审核义务而无过失，那么即使存在严重失实内容也无须承担侵权责任。

《中华人民共和国民法典》作为一部民事领域的基础性、综合性法律，不可能对属于民主权利、政治权利的新闻报道、舆论监督行为的权利（即宪法第三十五条规定的言论、出版自由和第四十一条规定的批评建议权）作出规定，更谈不上对从事公共事务报道的新闻媒体授予"权力"。它不可能调整新闻报道行为所面对的所有社会关系，更不能说民法典有关内容可以成为专门的媒体法、新闻法。但是，它以规定民事主体必须允许一定范围内新闻报道、舆论监督行为使用或影响其民事权益的方式，确定了新闻报道、舆论监督行为的合法空间，从而明确了新闻报道与人格权益的权利和义务关系的边界，具有在人格权领域对新闻报道、舆论监督赋权的效果。

三、对新闻报道、舆论监督的行为主体采用"行为人"术语，为适用于传播科技发展而引起传播形态的变革提供了广阔前景

整部民法典并无习用的"新闻单位""新闻机构"一类语词，在叙述新闻报道、舆论监督行为主体时，统一使用"行为人"术语。这是因为，随着网络传播和数字科技的发展，新闻和新闻传播主体都发生了"颠覆性变革"。

传统的单一、线性的大众传播形态已遭到"彻底颠覆"[①]，代之以去中心化、交互性的网传播（向公众传播 Communication to the Public、社交传播 Social Communication），形成"人人都是报道者"（图文）、"人人都有麦克风"（音像）的局面。单一状态的传统专业媒体不复存在，传统专业媒体的一统天下不复存在。

在网络空间，能够实施新闻报道、舆论监督行为的主体，除了获得行政许可的专业新闻媒体的网站和各种应用程序以外，还包括：各种商业网站和平台（ICP 和 ISP），各种音视频、出版网站和平台，各系统各部门各级政务新媒体，蓬勃发展中的县级融媒体，其他机构（各种企事业单位），个人自媒体（经常而不定期发布内容），以及数以亿计的社交媒体，它们都可能成为新闻的生产者和传播者，成为新闻报道、舆论监督的行为主体。

---

① CNNIC：《2016 年中国互联网市场研究报告》。

新闻和新闻单位互为定义①成为历史，新闻边界日益模糊②，被动获取新闻的"受众"变为主动寻求并转发、增补、评论以至自己生产新闻的"用户"，用户代替媒体获得定义新闻的主动权，"你关注的，就是头条"。

采用"新闻报道行为人"术语表明，可以实施新闻报道行为的主体已不能再局限于传统的所谓"新闻单位""新闻机构"，当然也不应该以"人人都是报道者"而淡化甚至抹杀新闻的专业性质，如何确定新闻报道、舆论监督行为，尚需实践完善。但可以肯定，这个术语具有适用于包括人工智能新闻传播蓬勃发展等引起传播形态持续变革的广阔前景。

四、对各项具体人格权益作了列举式规定并赋予明确定义

民法典的"人格权编"第一章"一般规定"第九百九十条列举了生命权、身体权、健康权（称为物质性人格权）、姓名权、名称权、肖像权、名誉权、荣誉权、隐私权（称为精神性人格权）等具体人格权，并规定了保护死者人格利益（第九百九十四条）。另外，在第四章"肖像权"规定可以参照适用对自然人声音的保护（第一千零二十三条），在第五章"名誉权和荣誉权"实际上还规定了"信用权"（第一千零二十九、一千零三十条），在第六章"隐私权和个人信息保护"将个人信息作为与隐私权既交叉又平行的权益予以保护，并且条文还多于隐私权。与新闻报道、舆论监督行为发生冲突关系的正是精神性人格权益。

法典对于肖像（第一千零一十八条）、名誉（第一千零二十四条）、隐私（第一千零三十二条）等，首次在我国法律中予以定义，个人信息定义（第一千零三十四条）对网络安全法规定（第七十六条）作了进一步拓展（增加了"健康信息""行踪信息"），并明确规定了各项权利的内容，从而结束了不同学术著作中定义及阐述的差异可能导致在司法实践中发生歧义的局面。

需要注意的是，法典对于人格权总体上持开放态度，"人格权"本身未予定义；并且规定，除已经规定的人格权外，"自然人享有基于人身自由、人格尊严产生的其他人格权利"（第九百九十条）。这不仅明确了一般人格权的基础乃是人身自由、人格尊严，而且为今后社会发展而产生新的需要保护的人格权益留下了充裕空间。

① 《辞海·语词分册》，上海人民出版社1977年版，第1566页。
② 蔡雯、凌煜：《从新冠肺炎热点传播看新闻边界的颠覆与重构》，载《新闻与传播研究》2020年第7期。

五、对侵害各类民事权益行为设定具体构成

一般说来，明确了各类权益的定义和内容也就可以明确侵权行为的底线。但是对于有些权益还需要作出具体规定，法典中有些规定较以往也有很多新的发展。

例如对肖像权的保护，民法通则仅仅规定"不得以营利为目的使用公民的肖像"（第一百条），司法实践制裁侵害肖像权行为一般只限于出售他人肖像牟利、将肖像用于广告商标之类。现在法典规定"未经肖像权人同意，不得制作、使用、公开"他的肖像，大大强化了对肖像的保护。为适应网络和数字技术发展，法典特别规定"不得以丑化、污损，或者利用信息技术手段等方式"侵害他人肖像权（第一千零一十九条），同时规定了五项包括"实施新闻报道"等可以不经肖像权人同意的合理使用行为（第一千零二十条），赋予新闻报道等行为合理使用他人肖像的权利。此外，还须注意对肖像作品权利人使用他人肖像作出严格限制（第一千零一十九条），体现了人格权保护优于著作权原则。今后各类媒体在非新闻报道中使用表现他人肖像的摄影摄像作品，又不具有维护公共利益和肖像权人自身权益等条件，必须取得肖像权人和著作权人的"双同意"。

再如隐私权，在民法通则里没有规定，1988年司法解释将它纳入名誉权范围保护至2001司法解释作为一种人身权益保护，直至2009年侵权责任法才正式列为一项人身权，但是对于隐私权的内容一直只有学理阐述。民法典明确规定了"隐私是自然人的私人生活安宁和不愿为他人知晓的私密空间、私密活动、私密信息"（第一千零三十二条），并列举了侵害隐私权行为的五种方式和兜底规定（第一千零三十三条）。隐私权最初即起源于"不受打扰的权利"（the Right to be Let Alone），但我国在理论上和媒体、司法实践上对此均有所忽视，现在将"私人生活安宁"列入定义并且在列举侵害隐私权行为中列于第一项，而第二、三、四项对私密空间、私密活动、身体私密部位的保护，涉及新闻业界曾经热议的偷拍、偷录方式，值得注意。

随着网络技术发展，个人信息保护问题日益具有尖锐性、紧迫性。法典此编有关个人信息保护的规定承袭了网络安全法的有关规定并有所增列扩展，特别突出了对于个人信息中私密信息的保护，并规定了自然人向信息处理者赋予其个人信息的查阅权、复制权、更正权和删除权等，其中有的权利是首次见于法律。法典将对个人信息的"收集、存储、使用、加工、传输、提供、公开等"行为概括为"处理"一词，在重申网络安全法已规定的处理个人信息的"合法、正当、必要"原则后，强调规定"不得过度处理"（第一千零三十五条）。个人信息权益的性质，目前一般认为兼有人格权和财产权的双重属性，法典规定："个人信息中的私密信息，适用有关隐私权的规定；没有规定的，适用有关个人信息保护的规定。"（第一千零三十四条）为个人信息保护法对个人信息的全面保护预留了立法空间。

六、就新闻报道、舆论监督涉及人格权益的行为以"公共利益"为核心要素规定了多项免责事由（抗辩事由）

为保障新闻报道、舆论监督行为的合法性，即使在涉及相对人某些人格权益的情况下也不致构成侵权行为，民法典中的"人格权编"形成了若干免责事由，学界或称为抗辩事由（与英美诽谤法的 Defance 在含义上有所区别）。

"公共利益"可以认为是精神性人格权益限制和保护的核心要素。[1] 在民法典中"公共利益"词语共出现 8 次，其中 5 次在"人格权编"。如第九百九十九条体现新闻报道"为公共利益而合理使用"抗辩，第一千零二十五条将"公共利益"作为新闻报道"影响他人名誉"而不承担责任的免责基础，第一千零二十条关于合理使用他人肖像和第一千零三十六条关于处理个人信息也都有"维护公共利益"的免责事由。公共利益是常用法律概念，不同领域和场合的内涵各有不同，新闻报道的"公共利益"内容尚待明确定义。而民法典第一条开宗明义，提出以"适应中国特色社会主义发展要求，弘扬社会主义核心价值观"等作为指导思想，正是体现了民事活动的核心公共利益。当前新闻报道、舆论监督行为人多元化，不同行为人，从专业新闻媒体到商业网络媒体乃至运营者千差万别的各类自媒体，其新闻报道、舆论监督行为都可以或可能具有"为公共利益"的性质，但是其中专业新闻媒体以坚持正确舆论导向、弘扬社会主义核心价值观为根本宗旨和职责，理应有更大量内容体现了公共利益，所以"公共利益"免责事由可以认为是有利于对专业新闻媒体的倾斜保护。

"合理使用"也是一项重要免责事由。法典按照第九百九十九条合理使用姓名、肖像、个人信息等基本原则，对于各项权益客体合理使用规则作出了具体规定，分别见于第一千零一十四条、第一千零二十条、第一千零三十五条和第一千零三十六条。

侵害名誉权是新闻侵权主要类型。基于第一千零二十五条对侵害名誉权三

---

① 刘文杰：《民法典在新闻侵权抗辩事由上的探索和创新》，载《新闻记者》2020 年第 9 期。

种侵害行为作了穷尽列举，即限于诽谤（包括故意和过失）、侮辱，这就在损害事实方面蕴含了真实和正常意见（即所谓"诚实意见"）两项抗辩，所谓"不当评论"不能构成侵权。第一千零二十六条的六项，是在已经形成严重失实的损害事实以后被告地位的行为人就不存在过失提出的抗辩，若为法庭采纳，即使严重失实也可免责。

第九百九十八条规定损害精神性人格权民事责任"应当考虑行为人和受害人职业、影响范围、过错程度，以及行为的目的、方式、后果等因素"，将会形成很多诉辩事由，例如不少对此条的解读就指出"公众人物"概念将在此得到运用。

七、完善人格权益被侵害人的请求权制度

请求权包括直接向侵权人提出履行民事责任的请求权和行使诉权。关于请求承担责任的方式，民法通则是 10 项（第一百三十四条），侵权责任法是 8 项（第十五条），民法总则增至 11 项（第一百七十九条）。法典的创新在于继续精神性人格权责任以非财产性方式为主、只有严重精神损害才适用精神损害赔偿（第一千一百八十三条）基础上，把人格权请求权与违约行为请求权、财产权请求权、身份权请求权等分别予以规定。[①] 对人格权请求权的特殊规定如下。

一是规定了受害人履行非财产性的民事责任方式（包括停止侵害、排除妨碍、消除危险、消除影响、恢复名誉、赔礼道歉等）的请求权不适用诉讼时效的规定（第九百九十五条）。人格权请求权具有预防性和保护性。现代传播科技条件下信息海量化，被侵害人往往难以发现侵权内容的存在，而造成持续恒久的损害，被侵害人依法采取澄清措施，以利恢复历史真相。

二是首次规定了民事主体诉前禁令制度，即被侵害人向法院申请对正在实施或即将实施侵权行为责令停止侵权行为的请求权（第九百九十七条），由于新闻传播行为形成的人格损害具有强烈时间性、难以恢复性，受害人及时请求法院责令停止有关行为有其必要。

三是在"名誉权"章就民事主体对失实侵权内容请求媒体更正或者删除作出规定（第一千零二十八条）。在 20 世纪新闻业界曾经借鉴域外有关规则提过建议并讨论，后来行政法规《出版管理条例》作出更正和答辩规定（第二十七条）。依本条规定，实行此请求权只须证明新闻失实，无须证明对方过错，具有

---

① 岳业鹏：《民法典中新闻侵权责任方式的创新与运用》，载《新闻记者》2020 年第 11 期。

平衡第一千零二十六条需要借助六项因素证明行为人存在过失的意义。若行为人有错不改，就有显然的主观过错，即可通过诉讼追究责任。

有关二、三两项请求权的规定在新闻报道和相对的民事主体之间设置一个缓冲阀，不走诉讼程序就可以停止侵权行为、消除侵权内容影响，不仅有利于及时保护民事主体权益，也有利于新闻报道行为人免于或减轻其他责任。

八、强化肯定新闻报道、舆论监督中发生的侵权行为属于一般归责行为，在司法审理中适用一般举证责任原则

按照侵权法基本原则，过错责任是一般规定，无过错、推定过错责任是特殊规定，没有特殊规定则实行一般规定。民法通则确立了过错责任原则，同时规定了无过错而承担责任应当由法律规定（第一百零六条）。侵权责任法在规定过错责任同时，规定了根据法律规定的推定过错责任和无过错责任（第六、七条）。民法典继续了这些规定（第一千一百六十五、一千一百六十六条）。以上法律对新闻报道、舆论监督发生的侵权行为都没有特别规定，所以以新闻侵权行为属于一般侵权行为，适用一般的归责原则和举证责任原则。

需要注意的是，在民法典起草过程中，2018—2019 年冬的前四稿中都在规定六项"合理审核义务"之后列有"行为人应当就其尽到合理审查义务承担举证责任"的条文，而在 2020 年提交全国人大的审议稿中被删除了。这就强化了新闻报道引起的侵权诉讼实行一般过错责任原则，按照民事诉讼法司法解释有关证据规定，民事主体对自己提出的请求新闻报道行为人承担侵权责任的主张有提供证据的责任，若不能证明行为人存在侵权事实和过错，则承担败诉后果。这将对司法实践产生重要指引作用。

同时，2020 年实施新的《最高人民法院关于民事诉讼证据的若干规定》，不再有 2001 年"规定"中法院可以根据公平和诚信原则确定举证责任的承担的条文，表明今后民事诉讼将遵循严格依法确定举证责任的原则。

多年来，在新闻诽谤侵权诉讼中存在"谁主张，谁举证"还是"谁报道，谁举证"的争论，民法典给出了明确的答案。

九、进一步完善网络服务者（平台）特殊归责程序

网络传播有其特殊形态，对于网络服务者（平台）需要采取特殊归责原则。法典在侵权责任法第三十六条第二、三款基础上又有发展。第一千一百九十五条、第一千一百九十六条对通知—取下制度及其程序作出规定，其详细程度超过 2014 年司法解释。如增加规定了通知人因错误通知造成用户或服务商损失应该承担侵权责任（第一千一百九十五条），被通知的用户反通知并告知通知人规则（第一千一百九十六条），第一千一百九十七条将侵权责任法第三十六条第三款的"知道"改为"知道或者应当知道"，使其过错归责原则更加明确，而不同于美国 DMCA 的"红旗规则"。

十、通过借鉴外国理论和本国司法实践确立综合考量各项因素的平衡原则

本文第六部分引用的民法典第九百九十八条的规定，在学界引起了广泛注意。若干学者指出这乃是引进奥地利学者维尔伯格（Wilburg）动态系统论在我国的运用。学界对此褒贬不一，有的认为这有利于进行利益衡量与综合保护①，有的则认为此规定过于简单、模糊，令法官不知如何参照②，本文认为，条文既已通过，宜从积极方面加以理解。

事实上，对于涉及诸多利益考量的人格权纠纷，特别是进入网络时代纠纷愈益复杂，我国司法实践早就顾及这个特点，予以综合权衡。2014 年司法解释中即多处提出对于各种因素应予以综合判断、考虑的要求。最高法院同时公布的 8 件典型案件，也贯穿了这一精神。与当下某些论著解读这条"应当考虑行为人和受害人职业"时笼统断言"公众人物权利限缩""限制"③ 的说法截然不同，这 8 个案件中 5 件涉及"公众人物"的案件分别根据实际存在的多种因素予以不同处理。已故著名导演谢晋名誉案，鉴于侵权人凭空造谣污蔑，侵权手段恶劣，非但不实行什么公众人物权利限制说，反而是判处赔偿谢晋的遗孀 50万元。蔡继明名誉权案，蔡继明为全国政协委员，因提议取消五一长假，网民在百度贴吧设立"蔡继明吧"倡议反对，其中有对蔡继明的侮辱性言辞，法院以蔡继明已通知百度贴吧有侵权言论而百度未采取措施而判决后者承担责任，但鉴于原告公众人物地位以及议题属于公共事件而驳回其关闭"蔡继明吧"的诉求。360 董事长周鸿祎在一起名誉权案中是被告，法院以"公众人物发表网络言论时应承担更大的注意义务"判其承担侵权责任。香港影星赵雅芝肖像被非法商业使用，法院考虑受害人的影响力亦即社会知名度，判决侵权人支付较高赔偿。④ 由此可见，在人格权案件中，即或使用"公众人物"词语，也要综合

---

① 王利明：《民法典人格权编的亮点与创新》，载《中国法学》2020 年第 4 期。
② 罗斌：《新传播生态视域下的民法典》，载《当代传播》2020 年第 5 期。
③ 《中华人民共和国民法典人格权编理解与适用》，人民法院出版社 2020 年版，第 32、102 页。
④ 最高法公布 8 起利用信息网络侵害人身权益典型案例，http：//www. cac. gov. cn/2014 -10/09/c_ 1112751156. htm。

考量案件不同性质、不同因素予以恰当处理，并非一味"限制""弱化"。足见第九百九十八条更多具有总结、提升我国司法实践有益经验的性质。

以上概叙民法典有关调整新闻报道与人格权益法律关系的规定，体现了学界俗称"新闻侵权法""媒体侵权法"的核心内容，有些新内容限于篇幅或本人水平有所遗漏，仅供参考。法律的权威和生命力在于实施，民法典的各项规范将在实施中不断充实完善。

新闻侵犯名誉权的过错归责原则与证明责任分配

——基于民法典第九百九十九、一千零二十五、一千零二十六、一千零二十八条的法教义学分析

蔡　斐　毋爱斌①

[摘要]《中华人民共和国民法典》"人格权编"创设了新闻侵犯名誉权的认定规则，强化了新闻侵犯名誉权的过错责任原则。结合2015年《民诉法解释》及2020年新版《证据规定》，新闻侵犯名誉权案件应当遵循证明责任分配的一般规则，由原告（被侵权人）对侵权构成要件承担证明责任。就损害事实的证明来说，必须消除法院对消极事实说、自证清白说、行业规范说三种理论的认知误区，防止法院对证明责任随意配置。就主观过错的证明来说，司法实践必须围绕第一千零二十六条规定的六种情形，法官可以通过事实推定降低原告（被侵权人）的证明难度。被告（侵权人，也即行为人）则可以通过证明第一千零二十六条规定的客观化因素等进行反证。

[关键词] 新闻侵犯名誉权；过错责任原则；证明责任分配；事实推定

新闻侵犯名誉权问题，是新闻传播法治领域的核心问题，也是近几十年来学界持续关注的焦点问题。《中华人民共和国民法典》的通过，尤其是"人格权编"对新闻侵犯名誉权认定规则的创设，重新开启了讨论新闻侵犯名誉权，尤其是新闻诽谤案的讨论契机。

《中华人民共和国民法典》通过前，学界对新闻侵犯名誉权的归责原则存在的争议主要集中在，究竟是采取过错责任原则，还是过错推定甚至无过错责任的归责原则？进一步说，新闻侵犯名誉权的证明责任分配是采取正置，还是倒

---

① 作者简介：蔡斐，西南政法大学新闻传播学院教授、博士生导师、法学博士；毋爱斌，西南政法大学法学院副教授、硕士生导师、法学博士，最高人民法院研修学者。本文在写作和修改过程中，得到了著名新闻传播法研究专家魏永征教授的多次指导和评阅。

置?《中华人民共和国民法典》（以下简称民法典）通过后，新闻侵犯名誉权的相关归责问题在实体法层面得到落实，但如何在诉讼过程，也即程序法层面能够配套落地，学界的疑虑并未消除，尤其是新闻侵犯名誉权的过错要件与损害事实应该怎么证明？

借此，本文采取法教义学的研究进路，以民法典第九百九十九、一千零二十五、一千零二十六条作为研究对象，对新闻侵犯名誉权的过错归责原则与证明责任分配，特别是损害事实与过错要件的证明，展开实体法和程序法的双重分析。

一、我国学界对新闻侵犯人格权归责原则的争议梳理

名誉权属于人格权。对新闻侵犯名誉权归责原则的识别，必须从体系解释的角度先行考察民法典对新闻侵犯人格权归责原则的确定。

从整体上说，学界对新闻侵犯人格权适用过错责任原则已成学界通说。民法学者王利明教授、杨立新教授对此均有经典性的论说。过错责任原则成为主流学说，主要是基于法律法规的明确规定，1986 年通过的民法通则第一百零六条第 2 款规定，"公民、法人由于过错侵害国家的、集体的财产，侵害他人财产、人身的应当承担民事责任"，是对一般侵权行为适用过错原则的笼统规定。1993 年最高人民法院《关于审理名誉权案件若干问题的解答》（法发〔1993〕15 号）《解答》第七条也明确新闻侵犯名誉权采取过错责任原则。然而，2009 年侵权责任法却在第六条规定，"根据法律规定推定行为人有过错，行为人不能证明自己没有过错的，应当承担侵权责任"。这也导致司法实践中不少判决对新闻侵犯名誉权的归责原则理解较为随意，适用过错推定原则反而成为普遍。①

出现这样的情形，一方面是由于在司法实践中，不少法院对新闻媒体举证责任的强化，提出"谁报道，谁举证"的"原则"。典型的如刘晓庆诉记者羊慧明、四川《家庭与生活报》和福建《每日文摘》案中，受理本案的成都市中级人民法院就提出，"记者对刘晓庆偷漏税款之数额，应列举出相应的证据加以

---

① 学者张鸿霞在对《民法通则》生效后至《侵权责任法》生效前新闻侵犯名誉权的 91 起没有证据或证据不足的案件考察后发现，法官适用过错推定原则的案件有 86 起，占 94.5%；适用过错责任的案件有 3 起，只占 3.3%；另有 2.2% 的案件适用了无过错责任原则。参见张鸿霞：《新闻侵犯名誉权案实行过错原则的质疑》，载《国际新闻界》2010 年第 10 期。

证明，若没有充分的证据，或者只有无法查实的线索，应承担不利的法律后果"①。被告人的代表律师曹星当时也担心自己因为无法证明而会败诉，"羊文报道的事实，尤其是那位四川籍女明星刘晓庆偷漏税上百万元的事实，无法查证……如果偷漏税这一基本事实无法得到证实，那么，羊慧明必然败诉"②。另一方面是学界对新闻侵犯名誉权适用过错原则的质疑，张鸿霞在梳理大量案件后提出，"大众传播侵犯人格权案件适用过错责任是难以实行的……适用过错推定，则可以很好地平衡表达自由与人格权"③。于海涌等学者也提出，"将新闻侵权等同于一般侵权案件，没有考虑到新闻侵权的特点，在新闻侵权案件中应当采用过错推定的归责原则"④。

过错推定原则之所以构成挑战，主要难点在于对新闻侵犯名誉权案件中新闻诽谤构成要件的认定。民法典第一千零二十五条规定了承担新闻侵犯名誉权的三种情形：（一）捏造、歪曲事实；（二）对他人提供的严重失实内容未尽到合理核实义务；（三）使用侮辱性言辞等贬损他人名誉。其中，基于言辞的贬损性，情形（三）的新闻侮辱是相对比较容易证明的，但是要证明新闻诽谤，即情形（一）、情形（二）则相对困难。因为与一般民事案件原告需要证明其主张事实存在不同，诽谤案件的原告需要证明其主张的事实不存在，也就是主张的成败与事实的有无发生悖反。这些事实，在民事证据体系中被称为"消极事实"，需要通过大量的积极事实来证明，且很多时候消极事实是不可证的。这种情况下，证明虚伪当然比证明真实更为困难，并且有可能进一步将原告置于"自证清白"的境地。这一观点在 2004 年唐季礼诉芮艳红等名誉侵权案中得到了充分诠释。法院认为，"新闻报道是否严重失实之证明责任，应当在新闻媒体一方。如新闻媒体不能证明被报道对象确实从事过媒体所报道之行为，则应当认为其新闻报道严重失实。否则，每个被报道对象将不得不自证清白，这同我国宪法保护人权的要求是严重相悖的"⑤。

---

① 成都市中级人民法院研究室：《对刘晓庆诉侵害名誉权案的审理和分析》，载《法学》1990 年第 11 期，第 22 页。

② 万润龙：《面对一场"下风官司"……——记曹星律师如何参与调解刘晓庆名誉权受侵害案》，载《新闻记者》1992 年第 4 期，第 20 页。

③ 张鸿霞：《大众传播活动侵犯人格权的归责责任研究》，中国政法大学出版社 2012 年版，第 134—135 页。

④ 于海涌等：《新闻媒体侵权问题研究——新闻媒体侵权的判定、抗辩与救济》，北京大学出版社 2013 年版，第 50 页。

⑤ 唐季礼诉芮艳红、青年时报社、成都商报社等，上海市第一中级人民法院（2004）沪一中民一民（初）字第 13 号。

不过，"谁报道，谁举证"的学者论说和司法实践，自 1990 年后就遭受到学者的严厉批评，典型的如贾安坤先生的《新闻官司的举证责任》一文，他认为记者在很多情况下是无法为自己的新闻举证的，"这样做，被告和原告在举证责任问题上便无平等可言，到头来总是被告明吃三分亏，既不合法，也不合理"①。随后，孙旭培等学者也对"谁报道，谁举证"的做法发表质疑，指出"'谁报道，谁举证'只会进一步把新闻媒介逼入更大的困境中，因而有必要重申'谁主张，谁举证'……这可以防止原告滥用诉权，动辄将新闻记者或新闻机构推上被告席，也可以保障新闻工作者的舆论监督权。"②。

二、民法典对新闻侵犯名誉权过错责任原则的强化

我国是一个成文法国家。学界可以对新闻侵犯人格权归责原则产生理论争鸣，但司法实践还是必须遵循法律条文的明确规定，否则，就有悖于法律本身的法定性和权威性。

（一）民法典强化了新闻侵犯人格权的过错责任原则

民法典第九百九十九条规定："为公共利益实施新闻报道、舆论监督等行为的，可以合理使用民事主体的姓名、名称、肖像、个人信息等；使用不合理侵害民事主体人格权的，应当依法承担民事责任。"从法条结构来看，该条前半段从保障新闻媒体角度出发，确定了民事主体姓名、名称、肖像等事项的"合理使用"规则，这是我国民法首次在人格权益方面对新闻报道和舆论监督进行合理授权；后半段则确立了"不合理使用"的新闻侵权过错责任原则，指出"使用不合理侵害民事主体人格权的，应当依法承担民事责任"。

进一步来说，第九百九十九条属于人格利益合理使用的规定。它一方面确立了民法典对行为人为公共利益实施新闻报道、舆论监督等行为的立法保护；另一方面也确定了对新闻侵犯人格权的过错责任原则。后者可以从民法典归责原则法定化的立场得到印证。民法典"总则编"第一百七十六条确立责任法定原则，③ 民法典"侵权责任编"第一千一百六十五条第 1 款也再次重申了民事归责原则法定性的要求，并且对过错推定的情形予以明确规定，即无论行为人是以何种方式实施侵权行为，侵犯的何种民事权益，原则上都应当根据第一千

---

① 贾安坤：《新闻官司的举证责任》，载贾安坤《夜班甘苦录》，上海社会科学院出版社，第 202 页。

② 孙旭培：《自由与法框架下的新闻改革》，华中科技大学出版社 2010 年版，第 90 页

③ 《民法典》第一百七十六条：民事主体依照法律规定或者按照当事人约定，履行民事义务，承担民事责任。

一百六十五条所确定的一般过错原则的归责原则来承担责任，除非法律有特别规定采取过错推定，或者无过错责任归责原则的。虽然从民法典立法体系看，"人格权编"在"侵权责任编"前，两者处于并行关系，但是基于第 1165 条作为统摄所有侵权行为类型的一般条款性质，也证明了民法典立法者对新闻侵犯人格权采取的是过错责任原则。

进一步来说，在学理上认定侵犯人格权民事责任构成，"必须具备违法行为、损害事实、因果关系和主观过错四个要件"①。这四个构成要件，在《最高人民法院关于审理名誉权案件若干问题的解答》（法发〔1993〕15 号）中也有同样的规定："是否构成侵害名誉权的责任，应当根据受害人确有名誉被损害的事实、行为人行为违法、违法行为与损害后果之间有因果关系、行为人主观上有过错来认定。"因此，《民法典》新闻侵犯名誉权条款从历史的脉络来看，可以视为司法解释在立法上的一次"升级"，也是对新闻侵犯人格权采取过错责任原则的再次强化。

（二）民法典对新闻侵害名誉权过错责任原则的规定

新闻侵犯名誉权作为新闻侵犯人格权的下位概念或者组成部分，原则上受上位法律条款的约束，自然在归责原则上也要遵循过错责任原则。对于新闻侵犯名誉权，民法典第一千零二十五条规定："行为人为公共利益实施新闻报道、舆论监督等行为，影响他人名誉的，不承担民事责任，但是有下列情形之一的除外：（一）捏造、歪曲事实；（二）对他人提供的严重失实内容未尽到合理核实义务；（三）使用侮辱性言辞等贬损他人名誉。"第一千零二十五条采用"原则+例外"立法结构，强调保障新闻媒体是原则，构成新闻侵权为例外，且例外采取"列举式"，只是限定了三种存在明显主观过错的情形。与此同时，民法典第一千零二十六条就行为人是否尽到"合理审核"义务的认定标准予以明确。

从第一千零二十五、一千零二十六条的立法过程来看，民法典对新闻侵犯名誉权确立的也是过错责任原则。《民法典各分编（草案）》（2018 年 9 月）、《民法典·人格权编（草案）二次审议稿》（2019 年 4 月）以及《民法典·人格权编（草案）三次审议稿》（2019 年 8 月）均在第 805、806 条规定行为人的"合理审查义务"，并明确规定"行为人应当就其尽到合理审查义务承担举证责任"。《中华人民共和国民法典（草案）》（2019 年 12 月）在体例上将条款序号调整为第一千零二十五、一千零二十六条，但内容没有变化。从立法过程来看，草案前四稿都有"行为人应当就其尽到合理审查义务承担举证责任"的表述，

---

① 王利明、杨立新：《人格权与新闻侵权》，中国方正出版社 2010 年版，第 123 页。

这是对过错推定归责原则的立法选择。对此，有学者提出了严厉的批评，认为"倒置过失举证责任的路径选择是错误的：过错推定的适用将新闻界近年刚刚去掉的'紧箍圈'又重新套上，并导致难以吞咽的诉讼结果"①。2020 年 5 月通过的民法典删除合理审查义务的举证责任规定，实质上是最终否定了过错推定的立法意图，放弃了行为人要对合理审查义务承担举证责任的要求，进而采用一般过错的归责原则，以求将保护新闻报道、舆论监督等行为的立法目的落到实处。

（三）民法典明确了证明责任分配的"正置"

民法典第一千零二十五、一千零二十六、一千零二十八条共同构成了新闻侵犯名誉权过错要件与损害事实的证明责任分配，这也是新闻侵犯名誉权证明责任分配有法可依的直接依据。第 1026 条列举的行为人"合理审核义务"是否意味着行为人承担审核义务的证明责任？对此，有学者认为，"主张自己已尽合理核实义务而免责的主体是新闻媒体。按照"谁主张，谁举证"的诉讼证据规则，新闻媒体认为自己在新闻报道、舆论监督中已尽合理核实义务的，应当证明自己的行为符合上述规定的要求，没有过失，即可免责，否则可以认定为侵害名誉权"②。客观来说，该论述没有回应前述疑问，且采用"谁主张，谁举证"的表述混淆了"合理审核义务"的证明责任分配。事实上，民法典最终删除前四稿草案中"行为人应当就其尽到合理审查义务承担举证责任"的规定，已经代表了立法者对举证责任"倒置"的放弃，进而采取的是证明责任的"正置"。而第 1028 条的规定，民事主体有证据证明报刊、网络等媒体报道的内容失实，侵害其名誉权的，有权请求该媒体及时采取更正或者删除等必要措施，尤其是"有证据证明"的要求，则更是直接明确了原告（被侵权人）的举证责任，这也是证明责任"正置"的最直接法律来源。

从民法典的体系解释来看，也无法得出证明责任的倒置。如果民法典要对相关构成要件进行举证责任上的特殊分配，一定会予以明确，如民法典第一千二百三十、一千二百三十七、一千二百四十五、一千二百五十二条等。也就是说，立法上如果有意对新闻侵犯名誉权的证明进行特别分配，必然会在立法中予以明确。"只有与基本规则分配不同的证明责任才有必要用法律明定的方

---

① 罗斌：《〈民法典（草案）〉"新闻舆论条款"举证责任问题研究》，载《现代传播》2018 年第 6 期，第 76 页。

② 杨立新主编：《〈中华人民共和国民法典〉条文精释与实案全析（下）》，中国人民大学出版社 2020 年版，第 58 页。

式"①，如果没有明确，就说明立法本意上采取的是一般侵权的证明责任分配规则。相应地，法官在寻求裁判依据时，就应当适用过错责任原则的一般规定。

（四）2020 年新版《证据规定》否定了证明责任分配的自由裁量

在新闻侵犯名誉权的过往司法实践中，法官对证明责任分配采取"倒置"，主要是依据 2002 年《关于民事诉讼证据的若干规定》（以下简称《证据规定》）第七条的规定，"在法律没有具体规定，依本规定及其他司法解释无法确定举证责任承担时，人民法院可以根据公平原则和诚实信用原则，综合当事人举证能力等因素确定举证责任的承担"。不少新闻侵犯名誉权的案例正是由此来确定证明责任倒置的。然而，《证据规定》第 7 条自运用之初就遭到了广泛批评，根据"证明责任的有规律的和始终如一的分配，是法安全性的先决条件"②的通行理论，法学界普遍认为证明责任的自由裁量会损害证明责任分配法定化的基本要求。

为此，最高人民法院 2015 年施行了《关于适用〈中华人民共和国民事诉讼法〉的解释》（以下简称《民诉法解释》），并在第 90 条明确，"当事人对自己提出的诉讼请求所依据的事实或者反驳对方诉讼请求所依据的事实，应当提供证据加以证明，但法律另有规定的除外。在作出判决前，当事人未能提供证据或者证据不足以证明其事实主张的，由负有举证证明责任的当事人承担不利的后果"。证明责任分配一般规则的确立，使得 2002 年《证据规定》第七条失去了存在的必要性。随后，2019 年修订的《关于民事诉讼证据的若干规定》也删除了证明责任自由裁量的规则。新版《证据规定》自 2020 年 5 月 1 日开始施行，这也意味着法官必须严格遵循举证责任的法定规则，不能在新闻侵犯名誉权案件中再实施证明责任分配的自由裁量。倘若未来还有法官在新闻侵犯名誉权案件中采取证明责任的倒置，无疑是以特殊民事侵权诉讼中使用的过错推定责任或过错推定来代替一般民事侵权诉讼中的过错责任，这显然违背了证明责任分配的法定化要求。

三、证明责任正置下损害事实的证明

新闻侵害名誉权案件中损害事实的证明问题，需要仔细厘清，因为"判断新闻是否侵权，首先还是要看新闻内容本身在客观上是否造成损害事实"③，这

---

① ［德］汉斯·普维庭：《现代证明责任问题》，吴越译，法律出版社 2006 年版，第 413 页。
② ［德］莱奥·罗森贝克：《证明责任论》，庄敬华译，中国法制出版社 2002 年版，第 68 页。
③ 魏永征：《新闻侵害名誉权的损害事实》，载《政治与法律》1994 年第 1 期，第 49 页。

个问题不讨论清楚，所有的研究都无法开展下去。如果没有损害事实，新闻媒体与被报道者之间不会产生侵权法律关系，按照《民诉法解释》第91条第1项的证明责任分配规则，即"主张法律关系存在的当事人，应当对产生该法律关系的基本事实承担举证证明责任"，应当由主张侵权法律关系产生的一方当事人（通常是原告）证明损害事实的存在，否则不能得到救济。如郴州市中级人民法院指出，新闻报道行为是普通侵权行为，应当由上诉人（原审原告）承担证明责任，因其没有提供证据证明报社主观上存在过错，也没有证明涉案报道造成损害的事实，所以认定不构成侵害名誉权。①

民法典第一千零二十八条也重申了正置规则，要求被侵权人提供证据证明媒体报道内容失实、侵害名誉权，而不是新闻媒体证明其报道的真实性或不侵害名誉权。从民法典第一千零二十五条的规定来看，在不使用侮辱性言辞的前提下，新闻报道、舆论监督影响名誉权是否要承担责任首先要核实事实的真伪，如果基本为真则不构成捏造歪曲事实或事实严重失实，不承担民事责任。② 民法典第一千零二十六条规定的行为人合理审核义务也是在确定严重失实的前提下，衡量有无过错的标准。

然而不可否认的是，原告要想证明"媒体报道的内容失实，侵害其名誉权"的难度很大，难点主要集中在证明新闻报道内容的虚假性上。针对这一难点，如前所述，不少法院在司法实践中认为内容真实性应当由被告即记者或媒体来承担证明责任，原告往往不需要提供证据证明内容失实。法院的理由主要有三：一是消极事实说，即新闻媒体报道内容不真实、不存在是一种消极事实，而消极事实的证明十分困难；二是自证清白说，即要求被侵权人证明关于自身的报道不真实，有强迫其"自证清白"的嫌疑，不利于保护人权；三是职业规范说，即"新闻真实性"是新闻工作者的职业要求，所以新闻工作者（即行为人）应该承担对新闻真实的证明责任。

第一个理由"消极事实说"忽略了消极事实在法律上的意义、消极事实的证明方法，以及行为意义上的证明责任（主观证明责任）和结果意义上的证明责任（客观证明责任）之界分，进而认为法律"强人所难"。首先，中世纪罗马法复兴时期流行的消极事实理论强调主张否定事实者不承担证明责任，理论基础在于其错误地认为消极事实不能引发法律效果，所以对消极事实举证没有

① 参见李日华与南方周末报社、南方报业传媒集团、广东南方报业传媒集团有限公司名誉权纠纷二审民事判决书，郴州市中级人民法院（2017）湘10民终366号。
② 虽然《民法典》第一千零二十五条规定了不承担责任的情形，但从第一千零二十八条来看，新闻媒体没有捏造事实、尽到合理核实义务不影响删除更正报道内容的义务。

21

意义，但这一基础不仅在罗马法上无法成立，在现代法上同样无法成立——为了实现民法制度相应的规范目的，立法者并不回避对消极事实的证明，例如不当得利返还请求权者的"没有原因"。① 如果立法者将报道内容与事实不符作为法律关系的发生要件，按照证明责任的一般分配规则让原告进行证明方能符合立法目的。同时，客观证明责任的转移意味着败诉风险的转移，应当由立法确定，而不是法官决定，2020 年施行的《证据规定》否定了证明责任分配的自由裁量正是此意。② 2002 年《证据规定》第 2 条第 1 款规定了"当事人对自己提出的诉讼请求所依据的事实或者反驳对方诉讼请求所依据的事实有责任提供证据加以证明"，不少法官逐渐意识到原告也需要就新闻失实承担证明责任，如上海市第二中级人民法院认为，上诉人（原审原告）主张上海文广集团公司播放系争新闻短片构成名誉侵权，则应当由上诉人对于名誉侵权责任的法律构成要件负有举证责任。③ 在最高人民法院最新发布的第 25 批指导性案例中，指导案例 143 号的裁判理由指出"名誉权侵权有四个构成要件，即受害人确有名誉被损害的事实、行为人行为违法、违法行为与损害后果之间有因果关系、行为人主观上有过错"④。这种转向，与我国自民法通则至民法典以来的立法思想是一致的。对此，魏永征教授早就指出，"我国……是把失实作为侵权的构成要件而不是把真实作为抗辩理由。这与外国诽谤法是不同的"⑤。事实上，早在 1988 年，北京、上海两地高级人民法院均规定，起诉报刊侵犯名誉权的，原告应当提供报道失实的初步证据，虽然从严格意义上来说，两地法院的规定只是对新

---

① 参见胡东海：《"谁主张谁举证"规则的历史变迁与现代运用》，载《法学研究》2017年第 3 期，第 113—116 页。

② 2002 年《证据规定》第 73 条规定："双方当事人对同一事实分别举出相反的证据，但都没有足够的依据否定对方证据的，人民法院应当结合案件情况，判断一方提供证据的证明力是否明显大于另一方提供证据的证明力，并对证明力较大的证据予以确认。"对此，有学者认为，该规则是诉诸客观盖然性的表达，不符合法官自由心证对待证事实内心确信的要求，因而主张"内心确信"的主观性证明标准。例如，吴泽勇：《中国法上的民事诉讼证明标准》，《清华法学》2013 年第 1 期，第 86 页。随后，2015 年《民诉法解释》采纳主观性证明标准的理念，即在第 108 条规定"确信待证事实的存在具有高度可能性的，应当认定该事实存在"。2019 年修订的《证据规定》删除了原第 73 条。

③ 参见蒋仁国与上海文化广播影视集团有限公司名誉权纠纷二审民事判决书，上海市第二中级人民法院（2016）沪 02 民终 6666 号。

④ 参见《最高人民法院关于发布第 25 批指导性案例的通知》指导案例 143 号；赵敏与北京兰世达光电科技有限公司等名誉权纠纷二审民事判决书，北京市第三中级人民法院（2018）京 03 民终 725 号；北京兰世达光电科技有限公司与赵敏财产损害赔偿纠纷一审民事判决书，北京市顺义区人民法院（2017）京 0113 民初 5492 号。

⑤ 魏永征：《郭小川案和媒介的核实责任》，载《检察日报》，2000 年 6 月 20 日。

闻侵犯名誉权案立案条件的规定，但从诉讼证明过程的角度来看，这一规定首先在事实发现上对原告提出了提供证据的明确要求。从司法实践来看，也产生了权威文献记载、司法鉴定或内部报告、证人、网络调查、隐性采访证据、抽样调查等多种证据形式。① 未来，随着民法典的实施，原告（被侵权人）如果就报刊、网络等媒体报道内容失实提起侵害名誉权诉讼的，必须用证据证明侵权人的侵权行为，尤其是新闻报道与实际状况的不一致证据。否则，新闻媒体很容易遭受侵犯名誉权的滥诉，为公共利益实施的新闻报道和舆论监督也就难以得到有效的保护，这与第九百九十九条的立法目的是完全背离的。

其次，消极事实虽然难以证明，但绝非无法证明。部分消极事实虽然无法被直接证明，但可以通过证明积极事实间接证明消极事实，② 如在侵权案件中，被告可以通过证明自己该时间在其他地点，继而证明自己不在场，所以没有实施侵权行为；面对失实报道，原告可以通过证明与失实报道不能共存的积极事实以说明报道内容失实。

最后，原告应当承担消极事实的客观证明责任不意味着被告始终不需要承担主观证明责任。主观证明责任与客观证明责任的区分是 19 世纪法学家的理论成果，主观证明责任指的是提出证据的责任，客观证明责任指真伪不明时当事人承担的不利后果。③ 主观证明责任又可分为抽象的和具体的两种，其区别在于是否聚焦于具体的诉讼，如果脱离具体的诉讼谈何方该提出证据，则为抽象；考虑到具体诉讼中法官获得的信息、形成的心证，则为具体。换言之，在法庭辩论结束时报道内容是否虚假仍处于真伪不明的状态，由承担客观证明责任（结果意义上的证明责任）的原告承受不利后果，与在诉讼过程中被告须提交证据说明报道内容并未严重失实（行为意义上的证明责任）并不矛盾：在诉讼开始时，原告应就报道不实进行初步证明，法官形成一定心证之后，被告新闻媒体若对此有争执，则应具体陈述并提供相应证据说明其报道何以为真。而后原告针对被告提出的事实、提供的证据集中举证，深化对消极事实的证明、弥补初步证明的不足，在这一过程中法官形成最终的心证。④ 但这一为了保障权利

---

① 刘海涛等：《中国新闻官司二十年》，中国广播电视出版社 2007 年版，第 86—93 页。

② 参见李秀芬：《论消极事实的证明规则》，载《甘肃政法学院学报》2006 年第 6 期，第 111 页。

③ ［德］汉斯·普维庭：《现代证明责任问题》，吴越译，法律出版社 2006 年版，第 10—11 页。

④ 参见郑金玉：《论否定事实的诉讼证明——以不当得利"没有法律根据"的要件事实为例》，载《法学》2018 年第 5 期，第 41 页。

顺利实现、减少消极事实举证困难的安排不能被解读为在报道内容真伪不明时由被告承担不利后果，也不能认定为在诉讼之初被告就需要提供报道符合事实的证据。

第二个理由"自证清白说"则未考虑在民事诉讼中，原被告地位是平等的，双方收集证据的能力不存在根本性的差距。"'自证清白'在民事诉讼中不是一个法律问题，没有法律意义，更不涉及保护基本人权问题。"① 从法经济学的角度也能得出相同的结论：任何人的利益受到损害时，损害后果原则上由受害人自己承担，只有存在正当、合法的理由，才能转为他人承担，这与罗马法谚"灾祸由击中者自担"的思想是一致的。② 转移损害需要耗费资源或产生交易成本，名誉权受损的原告不仅在"自证清白"，也是在要求将自身所受损害转移给新闻媒体，应当证明其正当性。

第三个理由"职业规范说"混淆了新闻工作者的职业道德准则和法律责任要求。真实是新闻的生命，坚持新闻真实性也是新闻工作者的职业要求，是被明确写入《中国新闻工作者职业道德准则》最早的 1991 年版本中的，并在后来1994 年、1997 年、2009 年、2019 年四次修订中都得到了继承。但是，道德并不能等同于法律。法律是最底线的道德，道德是高标准的法律。尽管民法典在"总则编"规定了诚信原则，但诚信的新闻工作者也可能传播失实的新闻，因为实践操作中导致新闻失实的原因有很多，并不能把所有的法律责任都推到新闻工作者身上，更何况，坚持新闻真实性并不是新闻工作者的法律义务。再退一步说，即便是他的法律义务，也不等同于他要承担对损害失实的证明责任。至于 1988 年最高人民法院下达的（民）复（1988）11 号批复，"报刊社对要发表的稿件，应负责审查核实"，则早已在 1996 年失效，并不能作为法院审理新闻侵权案件时推定新闻单位对自己发表的侵权新闻负有过错责任的依据。此外，诸如 2009 年新闻出版总署《关于采取切实措施制止虚假报道的通知》当中规定的"要认真核实报道的基本事实，确保报道的新闻要素准确无误，不得编发未经核实的信息，不得刊载未经核实的来稿"等要求，也不具备法律效力，不能成为法院对证明责任随意配置的理由。

---

① 罗斌、宋素红：《新闻诽谤原则归责原则与证明责任研究》，载《国际新闻界》2011 年第 2 期，第 124 页。
② 参见李开国：《侵权责任构成理论研究——一种新的分析框架和路径的提出》，载《中国法学》2008 年第 2 期，第 40—41 页。

四、证明责任正置下过错要件的证明

主观过错是新闻侵犯名誉权案需要证明的要件之一。民法典第一千零二十五条规定三种构成侵权的情形，其中情形（一）"捏造、歪曲事实"和情形（三）"使用侮辱性言辞等贬损他人名誉"要求侵权人主观上有侵权的故意；情形（二）"对他人提供的严重失实内容未尽到合理核实义务"要求侵权人主观上存在过失。相对而言，证明主观上存在故意比过失要更容易些。但需要区分的是，《民法典》第一千零二十五条规定的三种侵权事实的主观过错证明，要借助于对侵权损害事实的证明进行推定，而《民法典》第一千零二十六条规定的行为人（即侵权人）对他人提供的严重失实内容未尽到合理核实义务的六种因素：（一）内容来源的可信度；（二）对明显可能引发争议的内容是否进行了必要的调查；（三）内容的时限性；（四）内容与公序良俗的关联性；（五）受害人名誉受贬损的可能性；（六）核实能力和核实成本，则是在主观过错要件证明成立后，赋予被侵权人对其不存在主观过错的反证路径。

（一）被侵权人可借助事实推定缓解过错证明的压力

长久以来，学界对过错的认识主要表现为两种学说：一是主观过错说，即行为人为行为时心理状态的判断与行为的违法性之间没有必然联系，行为违法性和过错是不同的归责要件；二是客观过错说，即行为人心理状态的评价应当从其外在的客观的行为来判断其是否有过错，因而主张过错和行为的违法性应合二为一，成为一个归责要件。与此对应，过错的判断标准也出现了三种学说：主观判断标准、客观判断标准和折中判断标准。[1] 这些学说，在理论上各成一派，也带来了实践中对过错判断的困难。

在诉讼法领域，对过错要件证明的探寻从未停止过，目前主流学说也基本上形成通过客观外在行为来判断行为人主观心理状况的证明逻辑。这一证明逻辑，为新闻侵犯名誉权过错要件的证明提供了思路，就是被侵权人在诉讼中只要抓住侵犯名誉权的客观后果，也就是侵权行为即可。该侵权行为的证明重点在于导致侵犯名誉权的新闻报道与实际状况的差异，"提供媒体所登内容不是事

---

[1] （1）主观判断标准，是指通过判断行为人行为时的主观上的心理状态来判断行为人是否有过错。（2）客观判断标准，是指以某种客观的行为标准来衡量行为人行为时是否有过错。（3）折中判断标准，是指既要从行为人的主观心理上又要从行为人的客观行为上来判断行为人是否有过错。参见张永：《论过错的科观判断标准》，载《陕西高等学校社会科学学报》2010年第9期，第66页。

实的证据，如照片、录音或证明本人与本案有关的证人、时间等事实证据"①。此时，原告需要证明的侵权行为属于积极事实，法官可以根据积极事实推断被告（侵权人）的主观过错是否存在。该推断是民诉法解释第93条第1款第4项规定的"根据已知的事实和日常生活经验法则推定出的另一事实"，即事实推定，这在证据学上属于表见证明的范畴。表见证明的基本含义是，"法官从已被确认的事实事件中推断出依照生活经验通常与之相结合的其他事实"。② 表见证明能够使法官较为容易地形成心证，从而使得被侵权人可以较为容易地证明侵权人存在过失、因果关系等要件，从而大大缓解了举证能力不对等造成的不公平。因此，司法实践普遍认为，"证明责任可以通过表见证明得到缓和"。③ 在新闻侵犯名誉权的相关诉讼中，法官如果自觉或不自觉地运用事实推定理论，可以适当减轻被侵权人的举证压力。

比如，针对第一千零二十六条规定的因素（一）"内容来源的可信度"，被侵权人能够证明侵权人是道听途说，或者来源于某些非权威渠道，就可以证明侵权人没有能够核实内容来源的可信度；再比如，针对因素（二），"对明显可能引发争议的内容是否进行了必要的调查"，被侵权人如果有足够的证据证明自己从未接到过侵权人的采访请求，就可以证明侵权人没有对可能引发争议的内容进行必要调查。以上两种情形，哪怕只是提供证据线索，就可以证明侵权人对他人提供的严重失实内容未尽到合理核实义务，可以增强法官对侵权人主观过错认定的确定性，也能够缓解被侵权人的举证压力。当然，无论如何，被侵权人的证明重点依然是侵犯名誉权的新闻报道与实际状况的差异。

（二）侵权人可通过证明第一千零二十六条规定的客观化因素等进行反证

通过事实推定，可以实现对民法典第一千零二十五条规定侵权事实的认定，即原告完成了举证证明的责任，侵权责任即暂时成立，被告（侵权人）处于可能败诉的不利状态。为了避免败诉的不利后果，侵权人可以提供证据来证明自己不存在捏造、歪曲事实等行为或者已经尽到第一千零二十六条所规定的合理审核义务。

不过，侵权人要否认存在过错，也存在证明的难度。为了缓解过错证明的难度问题，民法学界开始探索检验过错标准的客观化。"检验过错标准的客观化

---

① 孙旭培：《自由与法框架下的新闻改革》，华中科技大学出版社2010年版，第90页。
② ［德］穆泽拉克：《德国民事诉讼法基础教程》，周翠译，中国政法大学出版社2005年版，第269页。
③ ［德］尧厄尼希：《民事诉讼法》，周翠译，法律出版社2003年版，第271页。

是指判断过错时，采用客观的标准来衡量，按此客观标准，违反之为有过错，符合之为无过错。"① 民法典第一千零二十六条就是对此有益的尝试。② 第一千零二十六条列举了是否合理核实义务的六种客观因素，为侵权人对抗被侵权人的主张提供了证明指引。举例来说，如果侵权人能够证明第一千零二十六条规定的因素（一），比如新闻报道的信源来源于政府文件或者官员讲话，显然就满足了因素（一）内容来源可信度的要求；再比如行为人如果能够提供新闻报道当事各方充分完整的采访音频或者视频，则满足了因素（二）对明显可能引发争议的内容是否进行了必要调查的要求。在这种情况下，这些客观化因素是非常有助于侵权人进行反证的。

需要再次强调的是，民法典通过前的四稿中，都在第一千零二十六条规定的六种因素后保留有"行为人应当就其尽到合理审查义务承担举证责任"的表述，但在 2020 年 5 月最终通过民法典时删除，这也说明立法最终否认了对过错要件证明责任的导致。侵权人基于第一千零二十六条对是否尽到合理审核义务的证明则是进行反证证明，即不负有证明责任的侵权人对不存在主观过错的证明。侵权人根据第一千零二十六条否认其存在过错，并不是转移原告方对过错要件的客观证明责任，而是避免法官对其形成不利的事实认定。侵权人为否认而提交的证据属于反证，法官对反证的证明要求相对较低，只需要达到民诉法解释第一百零八条第 2 款规定的动摇法官对过错认定的内心确信程度，即待证事实"真伪不明"的证明标准。③ 如果法官在庭审辩论终结后，对侵权人是否尽到合理核实义务存在不确定，最终败诉的仍应当是对过错事实承担客观证明责任的被侵权人。

五、结语

民法典新闻侵犯名誉权的相关条款，强调了对行为人为公共利益实施新闻报道、舆论监督等行为的立法保护，也明确了新闻侵权的过错责任原则，这与

---

① 王利明、杨立新：《人格权与新闻侵权》，中国方正出版社 2010 年版，第 123 页。

② 在另一个层面上，第一千零二十六条也可以视为在真实性时常不能完全查明时，对行为人的行为予以的一种"事前指引"。参见张红：《民法典之名誉权立法论》，载《东方法学》2020 年第 1 期，第 79 页。

③ 根据《民诉法解释》第 108 条规定，本证是对负有举证证明责任的当事人提供的证据，人民法院经审查并结合相关事实，确信待证事实的存在具有高度可能性的，应当认定该事实存在；反证是指对一方当事人为反驳负有举证证明责任的当事人所主张事实而提供的证据，人民法院经审查并结合相关事实，认为待证事实真伪不明的，应当认定该事实不存在。由此可知，本证的证明要求高于反证的证明要求。

以往司法实践中倾向于侧重保护名誉利益的立场不同，① 是对新闻侵犯名誉权的过错归责原则与证明责任分配框架秩序的法律确认。结合 2020 年 5 月施行的《证据规定》，法官对新闻侵犯名誉权案件的证明责任分配不能自由裁量，必须按照民诉法解释第九十条，由当事人对自己提出的诉讼请求承担证明责任，以保证民法典立法目的的实现与证据裁判的统一，这是民法典的起码尊重。

在新闻侵犯名誉权的四个构成要件中，相比违法行为和因果关系，损害事实与主观过错的证明难度相对要大一些。就损害事实的证明来说，必须消除法院对消极事实说、自证清白说、行业规范说三种理论的认知误区，由原告（被侵权人）来承担案件基础事实的证明责任。就主观过错的证明来说，司法实践必须集中关注第一千零二十六条规定的六种情形，法官可以通过事实推定降低原告（被侵权人）的证明难度，被告（侵权人，也即行为人）则可以通过证明第一千零二十六条规定的客观化因素等进行反证。

当然，成文法固有的抽象性决定了法律在司法实践过程中的不确定性，未来应当就民法典新闻侵犯名誉权条款的立法目的、司法适用等加强研究，用理论指引司法实践，尤其是证明过程，提升法官对证据审查与自由心证的确信能力，以保障司法实践能够正确理解和运用民法典。

---

① 郑文明：《诽谤的法律规制——兼论媒体诽谤》，法律出版社 2011 年版，第 277 页。

新闻报道、舆论监督与名誉权双重救济机制研究①
——基于《中华人民共和国民法典》文本的解读

李 洋②

[摘要] 随着互联网时代来临，新闻报道、舆论监督行为主体和行为模式出现了多样化，对名誉权救济产生了复杂的影响。民法典确立了事先预防与事后追责相结合的名誉权双重救济机制。名誉权侵害的事先预防机制包括"通知—删除"规则和法院禁止令，二者的适用应当考虑名誉侵害行为的特点。名誉权侵害的事后追责机制包括两种诉讼模式，即"权利人 VS 网络服务商"和"权利人 VS 直接行为人"。网络服务商的过错认定应综合考虑多种因素。新闻报道或者舆论监督行为人应尽的合理核实义务应分为两层，即一般核实义务与高度核实义务，转载行为人应承担一定的审查义务。

[关键词] 民法典；新闻报道；舆论监督；名誉权；救济

新闻报道、舆论监督在现代社会中不可或缺，名誉权是重要的人格权，但是它们之间经常呈现出相互冲突的局面。以往我国法律中提及新闻报道或者舆论监督的条文基本上是宣示式规定，如"新闻单位有权进行价格舆论监督"（《中华人民共和国价格法》）等。2020 年 5 月颁布的《中华人民共和国民法典》一方面在法律层面上首次设立了针对新闻报道和舆论监督的具体条款，另一方面构建了事先预防与事后追责相结合的名誉权双重救济机制。正如有学者所言，民法典有关条款既有授权，又有归责，具有现实的可操作性，第一次在法律规范层面上实现了调整新闻报道、舆论监督行为与名誉权关系的体系化。

作为"新时代人民权利的宣言书"，民法典必定对新闻报道、舆论监督以及

---

① 基金项目：国家社会科学基金青年项目"自媒体侵犯名誉权的归责问题研究"（16CXW037）。

② 作者简介：李洋，男，河南罗山人，新闻学博士，西北大学副教授、硕士生导师，主要从事传播法研究。

名誉权救济产生十分重要的影响。有鉴于此，本文将致力于探讨两个方面问题：（1）民法典时代的新闻报道、舆论监督行为有哪些模式？对名誉权救济产生了什么影响？（2）民法典确立了哪些名誉权救济机制，它们应当如何适用？需说明的是，"新闻报道"和"舆论监督"两个概念在国内学界迄今没有十分精确的定义。而民法典第一千零二十五条提出，"行为人为公共利益实施新闻报道、舆论监督等行为"，可以免除其名誉权侵权责任。可见二者在民法典语境中均为信息传播行为。按照日常理解，新闻报道是指公开传播具有新闻价值的事实之行为，但不包括商业"软文"、网民之间的闲聊等；舆论监督通常是指关切公共利益的事实披露或者意见表达行为。① 本文对于新闻报道和舆论监督概念的理解亦采用上述宽泛的看法。

一、民法典时代的新闻报道、舆论监督行为模式及其影响

在民法典时代，新闻报道、舆论监督的行为主体和行为模式都出现了多元化的局面。随着互联网成为信息传播主要平台，专业媒体、商业网站和个体网民等多类主体都可以从事新闻报道和舆论监督行为。民法典也没有像以往法律那样使用"新闻单位""新闻媒体"之类的术语，而是使用了更符合互联网传播实际情况的"行为人"的表述。更为重要的是，互联网时代的新闻报道和舆论监督不再仅仅是组织化、职业化的行为，而是出现了多种行为模式。详见下述。

新闻报道、舆论监督最常见的行为模式是自主采写或者原创报道。按照我国《出版管理条例》《广播电视管理条例》等行政法规的相关规定，只有专业媒体的新闻工作者才具备新闻采访报道资质。目前，我国拥有新闻采访资质的专业媒体主要是2000余家报刊社、通讯社、电台电视台等单位以及900余家具备"一类资质"的网络新媒体单位。全国持有记者证的新闻工作者有20余万名，他们的自主采写是新闻报道和舆论监督的重要行为模式。新闻工作者的自主采写并非是个人行为，而是受到新闻职业规范和采编流程约束，其本质上是一种职业行为。另外，新浪、腾讯等商业网站在某些领域也可以从事新闻报道和舆论监督。尽管商业网站的工作人员目前并没有新闻采访资质，但是现实中他们仍然可以采写报道"时政类新闻"以外的新闻，如体育、娱乐、科技报道等。商业网站对这些领域负面事件的批评报道行为也应属于舆论监督行为。

---

① "新闻报道"并非在法律中首次出现。搜索"北大法宝"，可以找到51部法律（港澳基本法除外）63处条款提及"新闻""新闻单位"或"舆论监督"。

随着互联网时代来临，自媒体等网络用户也可以从事自主采写，他们的采写报道也应属于新闻报道或者舆论监督。试举两例：2018 年 7 月知名自媒体账号"兽楼处"发布了一篇揭露疫苗丑闻的爆款文章《疫苗之王》，引发社会强烈关注，涉事企业随后收到强制退市告知书；另一个自媒体账号"丁香医生"在同一年发布《百亿保健帝国权健，和它阴影下的中国家庭》一文，曝光保健品企业权健公司虚假宣传和传销，并于 2018 年末再次掀起舆论风浪。这两篇文章并非传统上的新闻采访报道，而是属于非虚构写作。但是作者都进行了深入的调查取证。例如"丁香医生"所发文章的作者实地卧底权健销售团队的培训，收集到大量有力的证言，并研究涉及权健公司的 20 多份司法判决书文本。为了保存证据，作者对所有调查内容做了公证，全文调查和撰写持续约两个月。

第二种常见的新闻报道、舆论监督行为模式是发布他人提供的事实。民法典第一千零二十五条列举了新闻报道、舆论监督行为侵犯名誉权的免责事由及其例外情形，其中第二种情形便是"对他人提供的严重失实内容未尽到合理核实义务"。传统媒体主要是通过"读者来信"之类的栏目发布他人提供的事实，数量比较有限。而在互联网时代，自媒体账号、网络大 V 等也可以直接发布他人提供的事实。目前我国有 9 亿网民，其中有 40%~80% 网民使用不同种类的社交媒体。正如有学者所言，在很多重大公共事件中，无数网民同媒体的新闻报道以各种方式互动，乃至影响新闻报道内容和进程。尤其是在一些突发公共事件中，那些亲身经历或目睹其事的网民，经常会将所见所闻发送给各种机构账号和自媒体账号予以发布，进而引发舆论风暴、吸引社会关注。比如 2020 年年初武汉暴发新冠疫情，当地市民向众多微博大 V、自媒体提供了大量来自疫情发生现场的事实消息。后者曝光发布后迅速引起了社会各界的关注。

第三种常见的舆论监督行为模式是转载。专业媒体、商业网站和社交网站上的个人用户都可以进行转载。专业媒体可以直接转载其他媒体机构的新闻报道或者舆论监督内容；非新闻单位设立的商业网站可以经批准后转载"一类资质"新闻机构的新闻；而在微博、微信等各种社交平台上，人人都可以成为转载（转发）者。而且大多数网民会对转载内容进行评论，他们已经习惯于在公共事件中广泛而频繁的转发、跟帖评论，进而形成了以网民为主导的舆论监督模式：社会问题—网民发声—其他网民转发、评论—商业网站和传统媒体跟进—官方回应。值得注意的是，自主采写、发布他人提供的事实以及转载这三种行为模式在网络平台上并非界限分明，而是经常重叠融合而为一体，形成以几何级数迅速扩散的"病毒式传播"。因此，无论是哪一类传播主体，他们的新闻报道和舆论监督行为往往都可以取得巨大的社会影响力。

现实中，新闻报道、舆论监督的三种行为模式往往相互叠加，对名誉权救济产生了非常复杂的影响。名誉在法律上的界定是"对民事主体的品德、声望、才能、信用等的社会评价"，名誉权主体包括自然人、法人和非法人组织。① 互联网时代的新闻报道和舆论监督行为非常容易影响权利人的社会评价。由于网络用户的海量和超地域性，一篇文章能够在短时间内迅速扩散引爆舆论，再经过机器算法推荐或者无数用户转发，造成巨大的社会影响。另外，在开放、共享的互联网环境下，名誉损害后果并非不可逆。尤其是在诽谤侵权纠纷中，当事人可以通过网络渠道发声回应、澄清事实真相，网络平台也可以进行警示提醒，从而大大降低对当事人社会评价的影响。事实上，近年来网络上屡屡发生的"反转新闻"现象便足以证明：网络环境下名誉损害后果并非覆水难收，而是具有明显的可逆转性。

二、民法典确立的名誉权双重救济机制

在新闻报道、舆论监督行为主体和行为模式出现重大变化的背景下，民法典确立了不同以往立法的名誉权救济机制。前互联网时代的名誉权侵害救济机制主要是司法诉讼，通称为"新闻侵权"或者"媒体侵权"诉讼。但是在互联网时代，名誉权纠纷数量激增、名誉侵权损害后果更为复杂。司法诉讼在很多情形下不仅救济效果比较有限，并且会过多占用稀缺的司法资源。鉴于此，民法典在总结以往立法经验之基础上，确立了事先预防、事后追责相结合的名誉权双重救济机制。详见下述。

（一）名誉权侵害的事先预防机制

名誉权属于人格权，民法典确立了两种快速的人格权救济机制。第一种快速救济机制是"通知—删除"规则。该规则源于美国版权法上的避风港规则，其并不需要动用行政和司法力量，可以方便权利人快速维权。民法典第一千一百九十五条和第一千一百九十六条共同确立了"通知—删除"规则，其基本流程是：通知—转送通知与采取必要措施—反通知—二次转送通知—（权利人未在合理期限内回复）终止措施、恢复内容。其主要内容可以归结为三个方面。首先，权利人有权通知网络服务商对侵权内容采取必要措施（但是需承担错误通知责任）；其次，网络服务商收到通知后应及时转送给用户，并采取相应的必要措施；最后，用户接到通知后可以向网络服务商提交未侵权声明，后者应将该声明转送权利人，若权利人在合理期限内未告知网络服务商已投诉或者起诉，

① 参见民法典第一千零二十四条。

后者应终止之前采取的必要措施。侵权通知和声明都应包含初步证据以及当事人身份信息。另外，民法典第一千零二十八条规定，名誉权主体可以对失实侵权内容请求媒体更正或者删除。

第二种快速的人格权救济机制是法院禁止令。民法典第九百九十五条确立了人格权请求权制度，请求内容可以为停止侵害、排除妨碍、消除危险和消除影响。人格权请求权不受诉讼时效限制，其主要功能是防患于未然地预防侵权，而非"亡羊补牢"式地填补损害。为了及时阻断侵犯人格权的行为，民法典第九百九十七条明确设立了人格权行为禁令制度："民事主体有证据证明行为人正在实施或者即将实施侵害其人格权的违法行为，不及时制止将使其合法权益受到难以弥补的损害的，有权依法向人民法院申请采取责令行为人停止有关行为的措施。"从这一条款的文义来看，人格权请求权主张时无须要求加害人主观上有过错，也不要求造成人格权的"损害"，只要求遭受"侵害"。但是，人格权行为禁令制度有别于民事诉讼法上的行为保全，其不以是否存在或可能存在相关诉讼为前提。或者说，人格权行为禁令与后续的诉讼没有关系。它的具体适用尚有待民事诉讼法等配套规定提供指引。

（二）名誉权侵害的事后追责模式

司法诉讼是新闻报道、舆论监督侵犯名誉权纠纷的事后追责机制。名誉权诉讼模式分为两种。第一种模式是"权利人 VS 网络服务商"。民法典第一千一百九十七条规定："网络服务提供者知道或者应当知道网络用户利用其网络服务侵害他人民事权益，未采取必要措施的，与该网络用户承担连带责任。"该条款确立了网络服务商知情负责规则。据此，权利人可以以网络服务商对用户侵权知情而未采取必要措施为由，向法院起诉网络服务商，让其承担连带责任。但是在司法实务上，网络服务商"知道或者应当知道"用户侵权的认定，需要借助客观、外在的因素进行判断。

名誉权诉讼的第二种模式是"权利人 VS 直接行为人"。也即权利人起诉直接实施新闻报道、舆论监督的行为人，以获得司法救济。民法典第一千零二十五条、第一千零二十六条对此做出了专门规定。王晨副委员长在向全国人民代表大会作民法典（草案）说明时指出，这两条规定是"为了平衡名誉权保护与新闻报道、舆论监督之间的关系"。民法典第一千零二十五条规定："行为人为公共利益实施新闻报道、舆论监督等行为，影响他人名誉的，不承担民事责任，但是有下列情形之一的除外：（一）捏造、歪曲事实；（二）对他人提供的严重失实内容未尽到合理核实义务；（三）使用侮辱性言辞等贬损他人名誉。"换言之，新闻报道或者舆论监督行为可以构成名誉权侵权的免责事由，但是捏造歪曲事实等情形例外。并且，按照民事诉讼案件"谁主张，谁举证"的基本原则，原告（权利人）需要举证证明存在以上三种情形之一，其诉讼请求才可能取得法院支持。

民法典第一千零二十五条所述第一种情形"捏造、歪曲事实"是指故意诽谤，即毫无根据地编造事实进行诽谤；第三种情形是"侮辱"。二者在实务上比较容易判断。第二种情形是行为人"对他人提供的严重失实内容未尽合理核实义务"，这属于过失诽谤。对此，民法典第一千零二十六条给出了指导性意见。该条款规定："认定行为人是否尽到前条第二项规定的合理核实义务，应当考虑下列因素：（一）内容来源的可信度；（二）对明显可能引发争议的内容是否进行了必要的调查；（三）内容的时限性；（四）内容与公序良俗的关联性；（五）受害人名誉受损的可能性；（六）核实能力和核实成本。"例如媒体报道时引用了政府文件等可靠的内容来源，基本上可以认为其尽到了合理核实义务。并且，依照常理而论，合理核实义务的对象需要扩大解释，也就是不只包括他人提供的事实，还包括行为人原创或自行采写的内容。

三、新闻报道、舆论监督与名誉权事先预防机制的适用

由上可知，民法典确立了人格权保护的两种快速救济机制："通知—删除"规则和法院禁止令。这两种快速救济机制不仅可以有效预防名誉权侵害，而且便于权利人低成本地快速维权。但是不同于其他人格权侵害行为，名誉权侵害行为时常与公共利益有关，并且具有可逆转性等重要特点。因此它们若适用不当，也可能过度损害新闻报道、舆论监督行为人的正当利益，甚至有损公共利益。下面，本文便从名誉权侵害行为特点出发，对这两种快速救济机制的具体适用予以探讨。

（一）"通知—删除"规则的理解和适用

名誉权侵害行为方式有侮辱和诽谤两种。而民法典确立的"通知—删除"规则较之以往立有两个重要变化。一是增设了反通知等待期，二是肯定了必要措施的多元化。必要措施可以包括合理警告、暂时取消接入、较长时间取消接入以及冻结 IP 地址或者账号等。基于利益平衡的考虑，这两种名誉侵害行为的处理期限以及相应的必要措施应当有所不同。第一，针对包含侮辱内容的新闻报道和舆论监督，网络服务商应该从快且从重处理。侮辱是指故意以暴力或其他方式贬低他人人格、毁损他人名誉的行为。侮辱行为一般与公共利益无关，

若不及时处理可能诱发大规模的网络暴力，造成难以弥补的损害。因此笔者建议，网络服务商收到投诉侮辱的合格通知书后，应当在1至5个工作日内予以处理，不可迟延甚至视而不见，否则可以推定为有过错。对于反复侮辱行为，或者同IP地址或账号多次被投诉侮辱侵权的情况，网络服务商有义务采取比较严厉的必要措施，比如对侵权账号进行禁言、封号等处理。

第二，针对与公共利益有关的涉嫌诽谤言论，网络服务商应当从缓、从轻处理。所谓诽谤，是指捏造并散布虚假的事实并损害他人名誉的行为。不同于侮辱，诽谤时常与公共利益有关，其认定难度相对于网络服务商而言也比较大。因为诽谤内容的事实真相往往只有当事双方才知道，作为第三方的网络服务商难以辨别内容真伪。网络服务商若过快删除，或者采取更为严厉的措施，很可能损害行为人的正当利益以及公共利益。另外，诽谤的救济手段比较多元化。诽谤侵害的认定是就社会一般人的评价进行客观判断。网络平台可以对涉嫌诽谤内容进行充分警示，从而在很大程度上避免其对当事人社会评价的负面影响，减少乃至消除诽谤损害风险。因此本文认为，对于与公共利益有关的涉嫌诽谤言论，网络服务商不宜过快过重地进行处理，而是应以警告提示为其采取的主要措施，事实上，类似机制早已在一些社交平台上投入运行。比如，微博管理员经常对疑似诽谤的内容标注上"真实性存疑"之类的警告标签。

（二）名誉权行为禁令的适用条件

名誉权纠纷中，权利人还可以申请法院禁止令，以及时制止侵害行为。学者指出，人格权行为禁令是一种涉及权利义务问题的独立禁令，原则上应采取诉讼解决原则，而典型的诉讼程序又将影响禁令裁决效率。因此比较妥当的思路是在民事诉讼法上将行为禁令设置为准诉讼程序——审理中是否采取公开原则、直接原则、言词原则、庭审原则等诉讼审理原则，由法官根据具体情形而定。由此兼顾行为禁令审理裁决的程序效率与程序公正。而从实体法的角度来看，行为禁令不像行为保全那样有诉讼作为最终的公正性保障，因此其颁布应更为慎重。基于民法典九百九十七条的文义分析，名誉权行为禁令的颁发至少需具备以下三个要件：首先，被告正在实施明显侵犯名誉权的行为；其次，被告行为如不及时制止将会使损害后果难以弥补，例如被告发布的文章涉及原告的核心商誉，如不及时制止将造成严重的市场损失；最后，原告无须就自己遭受的损害和被告的主观过错举证，但是仍须对涉案言论的"侵害"举证，并且有较大的胜诉可能性。法院在审查证据时必须慎重，否则禁令制度就可能过度损害行为人的权利以及公共利益。

我国目前尚未出现名誉权行为禁令的案例，但是已经出现过多起名誉权行为保全案。一个典型案例是"网易公司诉中国经营报社、新浪互联公司名誉权纠纷案"。该案中，网易公司提出申请，要求法院责令《中国经营报》停止发布标题为《跨境电商命门凸显，网易考拉现自营危机》的涉案文章，责令新浪互联公司停止在新浪网上更名转载的两篇涉案报道。法院组织双方当事人进行听证后，支持了网易公司提出的请求。法院认为：通观涉案报道全文，并未发现"网易考拉又陷入售假旋涡"这一定性的明确依据，中国经营报社也没有提交相应证明其售卖物品是假货的充分证据。在此情况下，涉案文章报道的事实可能失实，如继续传播可能对网易公司造成社会评价降低的严重损害后果，让其受到难以弥补的商誉损害。法院判决，中国经营报社应当暂时停止传播涉案文章，直至本案法律文书生效之日。①

本案是北京市首例名誉权行为保全案，其判决基本上符合民法典第九百九十七条的文义。但是正如前面所述，人格权行为禁令不与后续诉讼审理联系，因此其适用要求应比行为保全的要求更为严格。

四、新闻报道、舆论监督侵犯名誉权诉讼中的过错认定

如前面所述，新闻报道、舆论监督侵犯名誉权纠纷的诉讼模式有两种，即"权利人 VS 网络服务商"和"权利人 VS 直接行为人"。通说认为，名誉权侵权责任有两方面的构成要件，一方面是行为人在客观上实施了指向特定人的侮辱或者诽谤行为，并且为第三人所知悉；另一方面是行为人主观上有过错。一般而言，客观要件比较容易查明和判断，行为人的主观过错认定则相对复杂。下面，本文便基于民法典以及相关立法，对新闻报道、舆论监督侵犯名誉权诉讼中行为人的过错认定进行探讨。

（一）网络服务商"知道或者应当知道"规则的理解和适用

按照民法典第一千一百九十七条规定，网络服务商知道或者应当知道用户侵权而未采取必要措施的，可以推定为具有主观过错，需承担连带责任。由于网络平台上的信息内容是海量、实时更新的，网络服务商对用户上传的内容也没有编辑控制权，因此其"知道或者应当知道"的对象应该是具体、特定的侵权行为，而不是抽象地知道用户侵权行为。结合国内外司法实践来看，网络服务商"知道或者应当知道"的判定标准可分为两类。第一类是比较具体的标准。

---

① 杭州网易雷火科技有限公司与北京新浪互联信息服务有限公司等名誉权纠纷一审民事判决书，北京市海淀区人民法院，（2016）京 0108 民初 5515 号。

2014 年最高法院发布的人格权纠纷案件司法解释列举了网络服务商"应知"用户侵权的若干具体情形。例如侵权内容出现在网站首页等显著位置上、浏览量比较大、网络服务商主动对侵权内容进行了编辑处理，等等。①

第二类是抽象的理性人标准（Reason Man Standard）。所谓理性人标准，是指依照一个谨慎的普通人在相同情况下所具备的认知能力，判断行为人是否已尽其注意义务的标准。② 对于网络服务商是否应知（用户上传的）具体内容侵犯他人名誉权，应综合考虑各项标准进行认定。例如，在孙海婷诉陶菲、合肥肥肥网络科技有限公司案中，有网民在天涯论坛等网站上发布《合肥蜀山区卫生局局长遭妻子实名举报》的帖子，帖子内容包括该局长妻子的一封实名举报信及若干图片：实名信声称该局长有收受贿赂、包养情妇、实施家庭暴力等违法乱纪行为；图片则是被举报人与其"情妇"孙某的一些照片。被指称为"情妇"的孙某以天涯公司等为被告提起诉讼。天涯公司在接到法院传票后便删除了相关帖子。法院认为，网上发布的文章系对局长妻子举报信的刊登，孙某"未举证证实该举报信的内容存在恶意陷害情形，亦未证明该举报信经过网站的编辑、修改，网站已对事实进行认定或是具有侮辱诽谤性的评论"，故孙某主张天涯公司的行为侵犯其名誉权亦不能成立。③ 本案中，法院的判决便参考了多项判断标准。

（二）新闻报道、舆论监督行为人的合理核实义务

从民法典第一千零二十五条文义可知，新闻报道、舆论监督行为人可以免除名誉侵权责任，但是有三种情形例外，即故意诽谤、过失诽谤和侮辱。行为人在这三种例外情形中均有过错。实践中，故意诽谤和侮辱一般比较容易判断，兹不赘叙。过失诽谤的主要判定标准是"对他人提供的严重失实内容未尽合理核实义务"，需要结合民法典第一千零二十六条列举的各项参考因素进行判断。但是，民法典第一千零二十六条列举的参考因素为数众多、弹性很大，有可能造成司法实务上新闻报道、舆论监督行为人过错认定的不确定性。因此，有必要确立行为人违反"合理核实义务"的认定规则。

按照中文语义分析，新闻报道、舆论监督行为人履行的"合理"核实义务

---

① 参见《最高人民法院关于审理利用信息网络侵害人身权益民事纠纷案件适用法律若干问题的规定》（法释〔2014〕11 号）第 9 条。

② Rogers W V H. Winfield &Jolowicz（1971：47）. The Law of Torts. London：Sweet &Maxwell。

③ 孙海婷诉陶菲、合肥肥肥网络科技有限公司，安徽省合肥市中级人民法院，（2016）皖 01 民终 81 号。

应该是有层次的，而非一刀切。详述之。第一，如果涉案内容侵权可能性低，或者与公序良俗关联性高、时限性强，行为人便不应负有高度核实义务，只需负有一般核实义务。否则，很可能会过度损害其正当利益，甚至不利于公共利益。行为人是否尽到一般核实义务，可以通过其引用的内容来源可信度以及调查手段进行认定。专业媒体工作者还应该依照新闻职业规范和采编流程，对传播内容进行核实。例如2015年审结的世奢会起诉《南方周末》名誉权纠纷案件判决书提出："按照客观报道的要求，报道人应做到：（1）应结合口述内容正面还是负面、相关事件是被采访对象亲身经历还是转述、被采访对象所在岗位与相关事件的关联性、被采访对象是否与公司存在利益冲突，以及是否已离职、离职原因、是否要求化名等因素综合判断口述事件的可采性；（2）口述内容涉及被报道对象的负面信息，且口述者与被报道对象可能存在利益冲突时，应避免以口述内容为单一消息源；（3）上述第2点涉及的负面信息在没有其他消息源佐证或通过实地调查仍无法确信属实时，应避免直接引用。"[1] 该案判决书便体现了以新闻职业规范认定过失的理念。行为人若违反一般核实义务，则构成一般过失，但在危害严重的情况下可能构成重大过失。

第二，如果涉案内容与公序良俗关联度低、时限性弱且侵权可能性高，行为人应负高度核实义务。在此情形下，行为人必须引用可信度较高的内容源，或者采取高强度调查手段，否则便未尽高度核实义务，构成过失。但是另一方面，新闻报道、舆论监督行为人并不具备强制性调查手段，因此他们不应承担高于或类似于行政司法调查的注意义务。1998年，最高人民法院《关于审理名誉权若干问题的解释》第6问也明确规定，国家机关依职权制作的公开文书和公开的职权行为属于可靠的消息来源，新闻报道行为人据此所作的客观准确报道，不应认定为侵害他人名誉权。试举一例。最高法院关于刘兰祖诉山西日报社、山西省委支部建设杂志社侵害名誉权案的复函指出，"贾卯清和刘兰祖合谋侵吞公款的行为已经有关纪检部门予以认定，并给予贾卯清相应的党纪处分，山西日报社和山西省委支部建设杂志社将相关事实通过新闻媒体予以报道，没有违反新闻真实性的原则，该报道的内容未有失实之处，属于正常的舆论监督"。

第三，转载行为人的类型不同，他们应履行的注意义务也不同。首先，按照相关规定，专业媒体机构的转载行为需承担内容核实义务。2009年3月，国家新闻出版总署颁布的《关于采取切实措施制止虚假报道的通知》明确提出，

---

[1]　参见北京市第三中级人民法院民事判决书，（2014）三中民终字第07694号。

"报刊转载新闻报道事先必须核实,确保新闻事实准确无误后方可转载,不得转载未经核实的新闻报道、社会自由来稿和互联网信息"。其次,商业网站、个体网民的转载行为一般无须内容核实义务,只须承担形式审查义务。因为网络传播的基本特征是交互性,要求商业网站和网民对转载内容的真实性负责并不合情理,也没有现实可操作性。但是商业网站和网民仍需承担形式审查义务。最高法院 2014 年颁布的司法解释第 10 条规定,"法官认定网络用户或者网络服务提供者转载网络信息行为的过错及其程度时,应当综合以下因素:……对所转载信息是否做出实质性修改,是否添加或者修改文章标题,导致其与内容严重不符以及误导公众的可能性。"这一规定实质上确立了个人用户和商业网站转载信息内容的形式审查义务。

五、结语

随着互联网时代来临,新闻报道、舆论监督不再只是新闻工作者的职业行为,而是出现了多种行为主体和行为模式,从而对名誉权救济产生了复杂影响。在此背景下,民法典突破了以往单纯依法诉讼的名誉权救济模式,确立了事先预防与事后追责结合的名誉双重救济机制。名誉权快速救济机制包括"通知—删除"规则和法院禁止令,名誉权诉讼模式有"权利人 VS 网络服务商"和"权利人 VS 直接行为人"两种。名誉权双重救济机制的具体适用应基于利益平衡原则,兼顾名誉权主体、新闻报道或舆论监督行为人的正当权益以及公共利益。简言之,在"通知—删除"规则的适用中,网络服务商应该从快且从重处理用户上传的侮辱内容;并且从缓、从轻处理与公共利益有关的涉嫌诽谤言论。新闻报道与舆论监督引发的名誉权纠纷应慎重适用法院禁止令。在司法诉讼实务上,网络服务商的过错认定是其承担责任的关键因素,应综合考虑法定的具体标准以及理性人标准加以判断;新闻报道或者舆论监督行为人应尽的合理核实义务应分为两层,即一般核实义务与高度核实义务;转载行为人应承担一定的审查义务。

参考文献

[1] 魏永征:《〈民法典〉中"新闻报道"行为的主体》,载《青年记者》2020 年第 7 期,第 71—74 页。

[2] 李洋:《中国宪法语境中的舆论监督含义探讨》,载《南京社会科学》2013 年第 5 期,第 105—111 页。

[3] 陆晔、周睿鸣:《"液态"的新闻业:新传播形态与新闻专业主义再思

考——以澎湃新闻"东方之星"长江沉船事故报道为个案》，载《新闻与传播研究》2016 年第 7 期，第 24—46 页。

［4］杨立新、袁雪石：《论人格权请求权》，载《法学研究》2003 年第 6 期，第 57—75 页。

［5］罗斌：《传播侵权研究》，国家图书馆出版社 2018 年版，第 167—171 页。

［6］王晨：《关于中华人民共和国民法典（草案）的说明》，《人民日报》2020 年 5 月 28 日第 6 期。

［7］刘文杰：《"通知删除"规定、必要措施与网络责任避风港——微信小程序案引发的思考》，载《电子知识产权》2019 年第 4 期第 4—13 页。

［8］王利明：《人格权法研究》，中国人民大学出版社 2005 年版，第 502 页。

［9］郑海平：《网络诽谤案件中"通知—移除"规则的合宪性调控》，载《法学评论》2018 年第 2 期，第 102—115 页。

［10］王利明、杨立新：《人格权与新闻侵权》，中国方正出版社 2010 年版，第 308—312 页。

［11］张民安：《无形人格侵权责任研究》，北京大学出版社 2012 年版，第 401 页。

［12］陈兴良、马怀德、张卫平、卞建林：《民法典对其他部门法会有哪些影响》，载《人民检察》2020 年第 15 期。

［13］王泽鉴：《人格权法：法释义学、比较法、案例研究》，北京大学出版社 2013 年版，第 155—159 页。

［14］罗斌：《新闻传播注意义务标准研究——〈民法典（草案）〉第八百零五条的意义与问题》，载《当代传播》2019 年第 5 期，第 83—87 页。

民法典与新闻侵权的抗辩事由

耿成雄①

[摘要] 新闻侵权抗辩事由，是指在涉及新闻侵权诉讼中被告免责或减轻责任的事实和理由。《中华人民共和国民法典》"人格权编"及相关司法解释，初步确立了合理使用抗辩、基本事实抗辩、合理审查抗辩、公正评论抗辩等新闻侵权诉讼中的抗辩事由。

[关键词] 民法典；合理使用抗辩；基本事实抗辩；合理审查抗辩；公正评论抗辩

2021 年 2 月 1 日，《中华人民共和国民法典》（以下简称民法典）正式实施。其中，独立成编的"人格权编"不仅是民法典的一大亮点，一些法条内容也是媒体进行新闻报道的"抗辩指南"。

抗辩事由（Defense）是指在民事侵权诉讼中被告免责或减轻责任的事实和理由。在新闻侵权诉讼中，基于新闻报道的本质特性，国际上已经形成了以真实原则、公正评论原则及特许权为主的三大抗辩事由。② 由于中国没有专门的新闻法，侵权责任法中也没有针对新闻媒体侵权的特别规定，同其他民事侵权行为的抗辩事由相比，新闻侵权的抗辩事由一直散落在零散的司法解释中，未能以法律条文的形式固定下来。此次民法典的制定，吸收了国际上通行新闻侵权抗辩原则，并改造了我国以往以司法解释形式存在的新闻侵权抗辩事由，一定程度上弥补了这一缺憾。

---

① 作者简介：耿成雄（1969—），男，陕西绥德人，西北政法大学新闻传播学院讲师，北京市金诚同达（西安）律师事务所兼职律师。
② 潘祥辉、白明琴：《国际三大抗辩事由对中国新闻侵权诉讼的启示》，《浙江传媒学院学报》，2013 年 8 月，第 4 页。

一、合理使用抗辩

民法典第九百九十九条："为公共利益实施新闻报道、舆论监督等行为的，可以合理使用民事主体的姓名、名称、肖像、个人信息等；使用不合理侵害民事主体人格权的，应当依法承担民事责任。"

第一千零二十条："合理实施下列行为的，可以不经肖像权人同意：……（二）为实施新闻报道，不可避免地制作、使用、公开肖像权人的肖像。"

合理使用（Fair Use）本来是著作权法中的一项重要的制度，是指根据著作权法的规定，以一定方式使用作品可以不经著作权人的同意，也不向其支付报酬。在一般情况下，未经著作权人许可而使用其作品的，就构成侵权，但为了保护公共利益，对一些对著作权危害不大的行为，著作权法不视为侵权行为。这些行为在理论上被称为"合理使用"。

我国著作权法第二十二条规定，在下列情况下使用作品，可以不经著作权人许可，不向其支付报酬，但应当指明作者姓名、作品名称，并且不得侵犯著作权人依照本法享有的其他权利：（一）为个人学习、研究或者欣赏，使用他人已经发表的作品；（二）为介绍、评论某一作品或者说明某一问题，在作品中适当引用他人已经发表的作品；（三）为报道时事新闻，在报纸、期刊、广播电台、电视台等媒体中不可避免地再现或者引用已经发表的作品；（四）报纸、期刊、广播电台、电视台等媒体刊登或者播放其他报纸、期刊、广播电台、电视台等媒体已经发表的关于政治、经济、宗教问题的时事性文章，但作者声明不许刊登、播放的除外；（五）报纸、期刊、广播电台、电视台等媒体刊登或者播放在公众集会上发表的讲话，但作者声明不许刊登、播放的除外；（六）为学校课堂教学或者科学研究，翻译或者少量复制已经发表的作品，供教学或者科研人员使用，但不得出版发行；（七）国家机关为执行公务在合理范围内使用已经发表的作品；（八）图书馆、档案馆、纪念馆、博物馆、美术馆等为陈列或者保存版本的需要，复制本馆收藏的作品；（九）免费表演已经发表的作品，该表演未向公众收取费用，也未向表演者支付报酬；（十）对设置或者陈列在室外公共场所的艺术作品进行临摹、绘画、摄影、录像；（十一）将中国公民、法人或者其他组织已经发表的以汉语言文字创作的作品翻译成少数民族语言文字作品在国内出版发行；（十二）将已经发表的作品改成盲文出版。前款规定适用于对出版者、表演者、录音录像制作者、广播电台、电视台的权利的限制。

在民法典中，"合理使用"实质上是一种媒体特许权（Privilege），特许权是一个从英美诽谤法沿用过来的学理概念，在新闻侵权诉讼中特指一种法律特别授权的、全部或者有条件的言论自由的权利或豁免，即基于维护公共利益的目的，允许媒体对民事主体的姓名、名称、肖像、个人信息等进行曝光、使用，甚至允许一定范围内对私人名誉的一定程度的贬低。

我国 1998 年《关于审理名誉权案件若干问题的解释》（下称《名誉权解释》）第 6 条也有类似的规定：新闻单位根据国家机关依职权制作的公开的文书和实施的公开的职权行为所作的报道，其报道客观准确的，不应当认定为侵害他人名誉权。

二、基本事实抗辩

民法典第一千零二十五条：行为人为公共利益实施新闻报道、舆论监督等行为，影响他人名誉的，不承担民事责任，但是有下列情形之一的除外：（一）捏造、歪曲事实；（二）对他人提供的严重失实内容未尽到合理核实义务；（三）使用侮辱性言辞等贬损他人名誉。

新闻机构只要能举证证明不存在民法典第一千零二十五条第 1 项所列举的除外情形，便构成基本事实抗辩，即只要被告能够证明其所作的新闻报道的内容真实，该新闻报道就不构成诽谤或损害他人名誉权的行为。

1993 年，最高人民法院在《关于审理名誉权案件若干问题的解答》（下称《名誉权解答》）中规定："撰写、发表批评文章引起的名誉权纠纷，文章反映的问题基本真实，没有侮辱他人人格的内容的，不应认定为侵害他人名誉权。"1998 年，最高人民法院在《名誉权解释》中规定："新闻单位对生产者、经营者、销售者的产品质量或者服务质量进行批评、评论，内容基本属实，没有侮辱内容的，不应当认定为侵害名誉权；其报道失实，或者前述文书和职权行为已公开纠正而拒绝更正报道，致使他人名誉受到损害的，应当认定为侵害他人名誉权。"

记者不是科学家，既要及时传播，又要保证每一个细节不出差错，约等于扼杀舆论监督。宁可让记者在报道偶尔失实时不受惩罚，也不能让记者因担心受罚而不敢批评。

三、合理审查抗辩

针对为公共利益实施的新闻报道或舆论监督，只要行为人对他人提供的内容尽到了合理核实义务，则可以免于被追究侵害他人名誉权的法律责任。

民法典第一千零二十六条：认定行为人是否尽到前条第二项规定的合理核实义务，应当考虑下列因素：（一）内容来源的可信度；（二）对明显可能引发争议的内容是否进行了必要的调查；（三）内容的时限性；（四）内容与公序良俗的关联性；（五）受害人名誉受贬损的可能性；（六）核实能力和核实成本。

由此我国新闻实践中的虚假新闻、"标题党""跟风党"或将承担民事责任。

四、公正评论抗辩

新闻评论是记者结合新闻事实，针对普遍关注的问题发表的论说性的意见。事实是客观的，评论则一定带有主观性。根据公正评论原则，对同一件事的看法可以见仁见智，这种表达观点的意见理应受到法律的保护，只要这种评论是出于公心，评论是善意的，所使用的评论语言平实、中肯，没有明显的诽谤、侮辱的色彩，就可以成为抗辩事由。杨立新教授认为，公正评论事由成立必须具备以下几个要件：一是评论的基础事实须为公开传播的事实，即已揭露的事实，而不能是由评论者自己凭空编造的事实，也不能是具有明显不真实的事实；二是评论须公正，评论的内容应当没有侮辱、诽谤等有损人格尊严的言辞；三是评论须出于社会和公共利益目的，没有侵权的故意。

前述最高人民法院的《名誉权解答》和《名誉权解释》，既是真实性抗辩事由的法律依据，又是公正评论抗辩事由的法律依据。

五、小结

民法典第九百九十九、一千零二十五、一千零二十六条首次将新闻报道的合理使用、基本事实、合理审查、公正评论作为抗辩事由正式写入法律，成为法定的侵权抗辩事由，这是新闻侵权规则体系化迈出的重要一步，势必有利于更好地平衡新闻自由、舆论监督与人格权保护三者的关系。

传媒法治与社会治理研究

新时代·新文科·新法学①
——论法治人才的传媒素养教育

李立景　李春瑶②

[摘要] 媒介化社会法治人才的传媒素养教育是新法学教育背景下复合型人才培养的时代诉求。法治人才的传媒素养培养的理论支撑点是"谁执法谁普法"责任制、普法与依法治理协同的法治经验、公众的法治文化认同感。针对当前我国法治人才培养模式单一性的现状，为适应社会媒介化、信息化深度发展的趋势，法治人才传媒素养教育应该从课程培养、专业设计、师资力量等方面进行建设。

[关键词] 新文科；新法学；法治人才；传媒素养

近年来，我国新文科建设进程逐步推进。早在 2018 年，教育部、科技部等 13 个部门正式联合启动"六卓越一拔尖"计划 2.0，全面推进新工科、新医科、新农科、新文科建设。新文科相较于传统文科体现在话语体系、内容、功能和方法上的创新，其核心为跨学科教育。新文科在法学领域的建设表现为新法学教育，新法学的提出是新时代的诉求、法治中国建设的目标要求、现代信息技术发展的要求。法治宣传教育是一种法治传播，是一种通过法文化治理的方式。反思当前法治人才培养具有单一性的不足之处，结合当下信息传播技术高速发展的背景，社会媒介化的深度加深，普法的方式也应有所更新变化，其中传媒素养是核心要求。在法治宣传教育是全面依法治国的一项长期的基础性工作要求下，为更好发挥普法的法治传播作用，实现全民普法、全民守法，构建共建共治共享法治格局，需要法治人才具备法学理论之外的传媒素养能力，从而高效地通过法的传播教育，提高人们的法律意识，进而逐渐养成法治信仰。

---

① 本文系广西高等教育本科教学改革工程项目"民族院校法学'创新创业'人才分类协同培养模式研究"（2020JGB181）成果。

② 作者简介：李立景，广西民族大学新闻与传媒研究院院长，法学院教授，博士生导师。李春瑶，广西民族大学法学院硕士生。

一、法治人才传媒素养教育是新法学教育的新时代诉求

（一）何谓法治人才传媒素养的跨学科教育

法治人才传媒素养的跨学科教育是在新文科背景下讨论的，其核心是主张法治人才拥有除法律知识能力外还需具有传媒素养的能力，这一能力与法治信息传播背景相关。新文科一词最早出自 2017 年美国希拉姆学院，近几年在我国教育部的卓越教育计划中也出现新文科教育的提法和规划。所谓新文科是相较于传统文科来说，对传统文科进行学科重组、文理交叉，把新技术融入哲学、文学、语言等此类课程中，多学科协同学习，提供一种综合性跨学科的学习。综合性、跨学科、融合性是新文科的主要特征，其核心是跨学科。新文科应当包括法学。文科是社会科学和人文科学的统称，法学属于社会科学，是文科领域的典型分支。新文科在法学领域的体现就是新法学。新法学的兴起，是新文科的重要组成部分。新法学的变化反映在人才培养能力的要求上，即新法学人才需要掌握跨学科的综合知识能力。法治人才传媒素养的跨学科教育是新法学教育的一个重要体现，是信息传播背景下法治建设发展的法治人才能力培养的核心要素。

（二）当前我国法治人才培养的现状

目前，国内大部分法学院在对法学生的培养上依然是遵循传统的法学思维训练模式，在授课内容上主要还是法学核心课程，包括法制史、法理学、宪法学、民法学、刑法学、商法、三国法、知识产权法学、三大诉讼法等。此外还开设了司法实务专题、文书写作、法庭模拟训练等法学课程。另外，从著名政法类大学的法学、新闻学专业以及法学与新闻学、传播学交叉的专业设置情况看，发现立格联盟的几家政法院校都相应设置了法制新闻、传媒法专业，如中国政法大学、华东政法大学、西北政法大学、中南财经政法大学、甘肃政法大学等。它们大多将这类法学与新闻传媒交叉的学科设置在新闻与传媒学院，仅华东政法大学将传媒法制专业设置在隶属于法学一级学科下面的一个二级学科。从立格联盟的几所院校法学与新闻学交叉学习情况看，在信息化发展下，在法治社会建设的发展目标中对法治人才培养方案作了一定的改进，即要求法治人才要具备扎实的法学理论基础知识，还要注重传媒素养的养成，体现了对法治人才的传媒素养的跨学科教育意识。但是从整体来看，国内法学院对人才培养方案的跨学科教育意识仍然偏低，还有待提高。

（三）法治人才传媒素养教育是时代诉求体现

1. 复合型人才培养的需求。法治宣传教育作为全面依法治国的一项长期性工程，体现在普法和执法中要求将法律规定生动地实施到具体个案中，从法律文本到法治理念的传递教育，提升执法普法实效，这是一个动态的传播过程。每一个执法者都是普法者，都是传播者，在新媒体传播时代如何更好地让法治宣传教育发挥实效，需要法治人才教育有多学科知识储备能力，在法治宣传教育方面即要求掌握一定的媒体传播知识，有一定的传媒素养。对拥有法学与传播学知识背景法治人才进行法治宣传教育，是新法学教育中法治人才的复合型培养需求。

2. 信息化时代依法治理的必然。新媒体传播环境下面对信息量巨大、真伪不明的信息社会，学会如何辨别、选择正确的信息是值得思考的。法律是社会治理的一种方式，目的是解决纷争、教化人们遵循法律规则，实现依法治理。法治人才在信息传播技术迅速发展的背景下如何快速、高效地将法律知识运用到实践中，发挥实效，需要法治人才掌握法学素养以外的其他素养。信息技术高速发展构成了社会的深度媒介化，这对法治人才在理解和把握信息化、媒介化的程度提出了更高的要求，其中传媒素养的养成是核心要求。

3. 社会实践发展的要求。社会主要矛盾的变化，使人们对社会需求也发生了改变，即提出了对法治、公平、正义的需求。随着普法活动的开展，全民法治观念日益加强，在新媒体时代下，对社会热点事件的关注度和舆论导向，使得法治新闻报道在新闻领域的地位逐渐提高，运用新媒体技术进行普法，"智慧普法"平台的建设等新事物逐渐兴起。培养具有传媒素养的法治人才是在当前新法学教育背景下，实现法治传播良性发展的一个必然选择。法治是保障人民群众对美好生活向往的重要方式，是人民群众实现民主权利、维护合法权益的基本保障。新时代传播生态的法治人才应该把握好法治与传播之间的关系，成为主动适应法治国家、法治社会、法治政府建设的法治人才，具备坚定的法治信仰、知识丰富、本领过硬的具有传媒素养的法治人才，这是法治传播发展的实践要求。

二、新时代"谁执法谁普法"是法治人才具备传媒素养的现实要求

（一）"谁执法谁普法"与法治人才传媒素养的内在联系

"谁执法谁普法"的普法责任是中共中央办公厅和国务院办公厅为进一步健全普法教育机制、落实国家机关普法责任而出台的《关于实行国家机关"谁执

法谁普法"普法责任制的意见》中的内容。其核心要义是强调领导干部要带头尊法学法守法用法，将普法工作与执法过程结合，坚持法治宣传教育与法治实践相结合，各级机关内部系统普法与社会普法并行的理念。推动国家机关积极履责普法，发挥国家机关在全民普法中的作用。

"谁执法谁普法"的普法责任制，实现普法与执法相结合形式，将案件的执法处理过程变成公开普法过程。用执法的一般形式推动普法的持续化渐进性效果的落实，由一种自上而下的方式转变为平等对话式的沟通交流，是一种运动式向法治化的内涵变化要求。"谁执法谁普法"的责任制内在要义体现在执法者即是普法者，执法普法一体化。在信息化传播背景中，信息多元化现象、新问题新情况的增多，使法治宣传教育的方式方法也有更新。运用新媒体传播技术普法，这就要求普法工作者需要具备与社会媒介深度发展有关联的一定的传媒素养，在媒体公益普法中体现尤为明显。一方面，全民法治观念的增强。普法活动开展，司法监督活动加强，使得法治新闻报道在媒体中占据越来越重要的位置，法治宣传报道通过媒体传播的方式越发常见。另一方面，新闻传播力、影响力的扩大，使相关法律部门和机构开始注重运用新媒体平台。除了定期召开新闻发布会通过新闻媒体向社会传递信息接受社会公众监督外，还开始注意用微博、微信公众号及时推送信息，法院、检察院也开始经营自媒体平台。在信息智能化背景的执法普法工作中有关法律工作部门需要既有法律基础知识，又具备新媒体传播知识，能够将与法有关的信息准确、及时输送给社会公众的人才，是法治人才传媒素养在"谁执法谁普法"工作中的具体体现。

（二）法治人才传媒素养的培养有利于推动"谁执法谁普法"发挥实效

新媒体传播背景中对法治人才传媒素养的培养有利于推动"谁执法谁普法"工作发挥实效。普法对于全面依法治国、法治社会建设具有重大意义。传媒素养对于普法能力提升的价值是法治人才传媒素养跨学科培养的逻辑基点。新媒体的优势在于传播范围广、互动性强、简单便捷，运用新媒体技术手段开展法治宣传教育，能够拉近法治宣传教育者与民众之间的距离、让群众在相互沟通、娱乐学习的氛围中接受法律知识和法律理念。① 法治宣传部门集中整合普法资源，把不同的普法内容和资源引入新媒体平台，吸引群众学习法律知识，接受法治理念，潜移默化地影响群众的法治观念和法治思维。法治的宣传教育是一个传播的过程，需要传播者做到普好法、正确合理地解读进而输送法律知识，

---

① 陈思明：《"谁执法谁普法"普法责任制的法治思考》，载《行政法学研究》2018年第6期。

是一个双向互动的过程。通过媒体传播法律知识的途径，相较于以往，普法者主体也相应地扩大了，从传统的法官、检察官、律师、其他执法主体到具有法律执法权限的主体都能够在执法过程中进行法治宣传教育。这意味着法治宣传教育传播方式的变化也能影响法治宣传教育的内容、形式和效果，不同岗位的法律职业主体在面对不同的案例或事件时采取不同的方式处理，往往会产生不一样的效果。在信息化社会高速发展的背景下落实谁执法谁普法的具体理念，要求法治人才不仅要具备深厚的法学功底、丰富的办案实践经验，而且要结合新媒体传播的特点，还要求熟悉媒介信息传播规律和途径，能恰当运用媒体发布法律信息，完善落实"谁执法谁普法"的普法责任要求，将执法与普法有效结合，主动接受社会公众和舆论的监督，以新媒体普法形式促进执法的规范化，进而加强法治宣传教育的实效性。

三、普法与依法治理协同是中国的法治模式与经验

（一）普法与依法治理的关系

普法是内在于法治体系中的法治信息传播系统，普法是法的实施方式的一种。我国传统法理学教材认为法的实施包括法的遵守、法的执行、法的适用。① 从法的实施类型划分，分为刚性的强制性实施和柔性的通过传播获得行为人同意的实施。普法是通过法的传播教育作用于行为人的主观世界，改变人们的法律意识、信仰，是一种通过法文化的治理方式，区别于强制性实施。通过法的传播促进法社会化，从而使人自觉遵守法治、实现法治。从 1986 年全国人大常委会关于普及法律常识的决定"一五"普法到 2020 年的"七五"普法，各地法制宣传条例的制定，使普法的法律制度性特征体制性越来越固化，具有国家权力驱动主导和法治信息传播的双重属性。十八届四中全会决议关于法治宣传教育是全面依法治国的一项长期性基础工作更是奠定了普法在中国法治建设中的地位。

普法中法的实施方式，是一种通过法的影响力实现法治的方式。它将有利于提升法的公信力、法的认同感以及以人民为主体的社会主义法治体系实施的满意度，有利于促进法的适用和法的实施。随着法治文明的进步，现代法治发展趋势是越来越重视通过强制力以外的倡导、教育引导等方式，规范人们的行为，在社会治理方面的立法中，倡导型立法方兴未艾，而倡导型立法的实现，主要依赖法的传播力。

---

① 张文显：《法理学》，法律出版社 1997 年版，第 354—370 页。

普法是依法治理的前提和基础。全民普法活动的开展，提高全民法律意识，都为社会实现依法治理奠定基础。普法是一个学法、知法和懂法的过程，没有全民普法教育，就没有全民法律意识的提高，也就达不到依法治理的效果。

依法治理是普法的结果和延伸。依法治理是普法工作的一个检验过程与实效实践。体现在基层普法工作中，要求基层领导干部和执法普法人员要严格依法办事，用法治思维解决问题。在关切人民群众切身利益的纠纷事件中用法治思维方法处理，实现案件的公平正义，促使普法工作深入人心，发挥实效，让普法成果在依法治理中实现。

（二）普法与依法治理协同的法治模式

普法与依法治理协同是我国的法治经验和模式，二者协同的典型表现在"普治共举"。学法和用法结合，法治宣传教育与依法治理相结合，理论与实践结合，将所学的法律法规运用到各项社会治理实践活动中，促进社会化管理规范化、法治化。依法治理全面推进，与法治宣传教育并行，同时在依法治理的过程中，加大普法的力度，加强法治宣传教育在全面依法治国中的基础性地位，促使有关单位和个人自觉养成学法、守法的良好风气。随着普法工作的效果凸显，依法办事、严格遵守法律法规，从政党机关到社会事业团队再到个人，这一理念都有所体现和落实。依法治理的表现还体现在相关法学会结合热点主题定期召开会议，让法学界的学者与法律实践工作者共同参与，将学术与实务结合探讨，营造良好的法治氛围，共同推进社会发展的法治化进程，更好地实现社会的依法治理效果。高校举办的法学家讲座与相关法律实务部门、企业事业单位之间的互动交流，组织多种形式的法律咨询、法律服务，积极开展各种法律法规的宣传教育与解读，让法律工作者在实际工作中牢牢树立法治精神、按照法律规范办事、依法治理社会的理念。实践证明，推行普法和依法治理社会的协同是符合我国国情和法治发展的经验和法治模式。

四、法治文化认同感是法治人才传媒素养教育的目的要求

（一）法治宣传教育的关键是实现法治文化认同

法治文化传播是法治文化教育的实践方式，法治文化认同是法治教育的内在要求。法通过对人的行为的调整而达到对社会关系的调整，从而实现法的作用和功能，而人的主观世界是这一过程的中介和决定性的中枢系统。法的教育引导、规范和预测功能的实现一方面依赖于狭义上的法的实施，另一方面更为重要的是需要法治宣传教育。而人的观念、知识素养、信仰体系和心理建构的结构性现代化改造需要传播和文化的熏陶与滋养，因而对文化的培养与认同教育离不开传播的途径。

法律规范作为一种外在的价值规范，要实现内化于心的信念和认同主要通过人们内在的情感体验和力量转化，转化为内在的价值情感和价值导向。[①] 情感上认同法治，有助于人们更深入地理解法治，从而认同法治。因而，在法治宣传教育中，要注意通过情感唤醒、呼吁和实现法治的情感认同，注重弘扬社会主义法治文化，打造法治文化阵地建设，结合地方和行业实际特色，扩大法治精神与文化的覆盖面与影响力，从而为法治的价值认同和实现奠定基础。例如法制新闻栏目，一方面，对于法治热点事件、跟人民切身利益关切的事件的报道，关注时事，督促相关部门重视，严格依法办事；另一方面，法制新闻的报道[②]对人们有教育导向作用，通过个案正义的实现，让普通民众感受到公平正义存在，自觉遵守法律，对法律规范产生认同感，营造良好的法治文化氛围。

（二）法治人才传媒素养教育是实现法治文化认同感的重要抓手

法治宣传教育过程就是一个传播的过程，通过传播实现法的功能和价值。在新时代，传播手段、方式的更新变化，对信息化媒介化提出了更高的要求，进而对法治传播者要求掌握一定的传播媒介知识，最核心的是具有传媒素养。做好法治宣传教育工作，通过传播法治，提升人民的法律认同感，增强法治信仰。借助媒介这一大众传播载体向社会、公众普及法律知识，传递法律价值、法治文化。随着我国普法活动的开展，全面依法治国进程不断推进，社会公众的维权意识和诉讼观念日渐加强，越来越多的涉法事件在自媒体曝光，作为专业的法治传播者，应该以"法治"为核心，同时具备传媒素养，在信息媒介化深度发展的社会背景下恰当自如地传递法律知识和文化价值理念。具有责任感、法治信仰的法治传播者，才会让社会法治意识提升、法治信念加强，让司法公信力提高，公众认同感增强。

法治宣传教育是法治文化的一个重要组成部分，法治传播是法治建设的一个重要环节。普法的作用不只是法律知识的传播普及，也是法治理念的渗透和法治文化的深入。实践中不少法院和检察院都推出法官、检察官深入基层社区、送法下乡活动，搭建法官、检察官与人民群众知识共享、智慧交锋的平台。理论基础在于在法治社会建设中，法官、检察官是规则的传播者，人民群众是法

---

① 姬鬐璐、王东：《当代中国法治教育的文化逻辑》，载《未来与发展》2020 年第 6 期。

② 郑瑞平：《法律新闻的传播效能与法律责任探析——评〈新闻传播与法治理性〉》，载《新闻爱好者》2016 年第 9 期。

治规则的实践者，为了让人民群众更亲切地了解法律精神，提倡法官、检察官走进千家百户，拉近民众与法院的距离，同时完善线上"两微一端"、数据库信息公开等平台，在日新月异的舆论信息主场下，法治主流媒体也紧跟潮流，打造全新的传播方式，以新型网络媒介进行网络法治文化传播。① 因而在社会媒介化高速发展的背景下，培养法治人才的传媒素养对促进法治文化认同感的养成具有重要作用。

五、媒介素养是提升法治人才传播能力的内在要求

法治人才的媒介素养的养成是在网络空间的法治建设的主观维护。随着新媒体传播方式的发展，网络言论自由化、信息多元化，要更加注重以法治方式防止谣言传播，充分发挥法治宣传教育对言论自由表达权的法治引导，适应新媒体时代全民普法的社会需求疏导，发挥以媒体平台传播方式普及法律知识教育在法治建设中的作用。以媒体公益普法为例，在播放媒体公益普法广告的同时，还要注重引导社会风尚，维护良好的网络言论环境，引导社会公众充分、有效地参与，同时完善线上线下的媒体监督机制，督促媒体法治宣传教育者遵守相关网络管理办法规定，传递给社会公众一种媒体公益法治教育积极向上的媒介素养。结合新媒体传播时代，在法治宣传教育的手段发生改变的背景下，对于法治人才的培养，除了要有扎实的法学基础理论外，还应当具有一定的传媒素养能力，即要注重对法治人才的传媒素养训练和培养。强调对法治人才的媒介素养培养，是与当下信息时代紧密相关联的，法治传播者在互联网平台、网络空间或者社交软件等传播平台上正确、合理地进行法治宣传教育，而且遵守相关网络管理规定、正确行使言论自由、做好法治的宣传，营造一个良好的传播环境是十分重要的。这要求法治人才需要具备一定的传媒素养，即在网络空间维持法治安全，抵制网络暴力，净化网络环境，传播法治力量与信仰。

信息的广泛化和迅速化流动，网络舆情风波不断，社会各阶层、主体立场的思想观点交锋。在网络传播平台上要加强法治管理维护，需要法治文化的网络传播和建设，让法治传播平台正规化、合法化，传递正能量。培养传播者的媒体传播素养，② 进而让社会民众在吸取法律知识信息的过程中把握好言论自由度，将法治文化作为网络民众共同遵循的基本准则，提升公民法治意识，强

---

① 张晶晶：《从"法治新闻"到"法治传播"——一种专业传媒教育的转型》，载《青年记者》2017年第6期。

② 赵志刚：《法治文化新媒体传播趋势漫谈》，载《法制日报》2016年第8期。

化网络法治环境。面对信息量巨大的信息社会，能够学会去质疑、选择信息十分重要，在法治宣传教育中，让普法者掌握一定的传播学知识，做到能够在运用新媒体平台进行法治宣传教育时准确识别信息、加强自律，做一个合格的法治宣传教育者。

六、法治人才传媒素养教育的建设路径

在信息传播时代下，法治人才在学法和用法的过程中也应该具备一定的传媒素养。传媒素养是指在批判性思维驱动下，通过媒体获取的信息进行选择、识别进而批判性地接收以及掌握传播或获取信息的能力。法治人才传媒素养教育需要从以下几点进行培养与建设。

（一）课程培养方面

注重交叉学科特色培养。在法学院的培养方案中根据院校特色适当增设批判性思维与阅读、新闻学、传播学课程，让法学生熟悉和掌握一定的新闻传播知识，引导法学生进行批判性思考和阅读。将普法教育与传媒知识进行结合运用，将法治宣传教育工作与新闻媒体有效衔接，达到良好的社会普法效果，主要目的是实现法治传播过程中的传媒素养的培养和运用。设置法治传媒实践课程，将法学与新闻学的课程进行融合教学，与法治媒体单位合作，提供实训平台，体现交叉学科学习的课程特点。通过学科互融交叉的培养，培养具有法理基础以及传媒素养的复合型法治人才。

（二）专业设计方面

开设第二专业课程。根据实际情况对法学生开设新闻学、传播学等传媒学课程第二专业学位，以公共课或者辅修课的形式进行，鼓励跨学科学习交流互动，掌握不同学科知识能拓宽思维和视野，用批判性思维看待事物，训练缜密的思维和逻辑能力，拥有法学和新闻学、传播学双专业的法治人才，以适应信息化背景下更好地服务于法律实践工作的复合型人才需求。

（三）师资力量建设方案

法学院应该根据情况适当引进具有传播学、新闻学或传媒学等方面的教师进行教学、讲授，配备一定比例的跨学科的教师，注重跨学科的教师教育是保障法学与新闻传播学学科交叉融合人才培养的重要基石；从源头把握新法学教育改革的脉络，实现师资专业与学科的匹配相关，为法治人才传媒素养的培养提供优质教学力量与资源。此外，应当注重建立开放性跨学科专兼职师资库，邀请专家学者或者法治传媒行业者进学校开展相关的传媒素养教育知识讲座和

学术论坛会，以丰富法学生的学科知识和拓展思维。

七、结语

在新媒体迅速发展的背景下，培养一批能正确选择、识别媒体信息、利用媒介的法治人才十分重要。法治宣传教育是一个动态的、传播的过程。法治人才传媒素养的培养不仅是新时代培养法律专业人才的需要，也是引导社会公众遵纪守法、增强社会主义法治理念、加强对司法公信力的认同，营造良好的社会主义法治文化环境的需要。培养法治人才的传媒素养不是一蹴而就的，不仅需要增强传媒素养教育理念和意识，改变以往的法律人才培养理念与方案，更需要进一步在教育评价、教育技术、模式和管理制度上的保障和推动。

参考文献

［1］杨宗科：《论法治学的创建及其学科范围》，载《法律科学（西北政法大学学报）》2020 第 38 卷第 5 期，第 61—72 页。

［2］姬贇璐、王东：《当代中国法治教育的文化逻辑》，载《未来与发展》2020 年第 44 卷第 6 期，第 12—17 页。

［3］胡雯雯：《新媒体环境下媒介素养的法律意识培养研究》，长春工业大学，2019 年。

［4］方青海：《法治宣传教育与全媒体深入融合发展研究——以广西为例》，载《中国司法》2019 年第 4 期，第 17—22 页。

［5］陈思明：《"谁执法谁普法"普法责任制的法治思考》，载《行政法学研究》2018 年第 6 期，第 102—114 页。

［6］张晶晶：《从"法治新闻"到"法治传播"——一种专业传媒教育的转型》，载《青年记者》2017 年第 6 期，第 99—101 页。

［7］赵志刚：《法治文化新媒体传播趋势漫谈》，载《法制日报》2016 年 11 月 21 日第 8 期。

［8］徐嘉辉、陈兆华：《法治文化传播载体优化论》，载《齐齐哈尔大学学报（哲学社会科学版）》2016 年第 10 期，第 96—98 页。

［9］郑瑞平：《法律新闻的传播效能与法律责任探析——评〈新闻传播与法治理性〉》，载《新闻爱好者》2016 年第 9 期，第 93 页。

［10］梁静：《新媒体环境下大学生媒介素养探究》，载《传播力研究》2020 第 4 卷第 13 期，第 166—168 页。

传统媒体参与社会治理的 PERMA 模式实践

——以陕西广播电视台纠纷化解类节目《帮忙有一套》为例

赵彩霞①

[摘要] 民生是人民幸福之基、社会和谐之本。随着社会发展，群众对于民生改善的要求越来越强烈，民生问题的促进和解决对社会治理的加强和创新也提出了更高要求。主流媒体夯实政治责任，切实担负起服务民生之社会责任，有助于构筑"共建、共治、共享"社会治理新格局。美国学者凯伦·麦金泰尔提出了建设性新闻的 PERMA 模式，其中，以唤起受众积极情感和重视解决方案为关键内容。本文以陕西广播电视台《帮忙有一套》节目为例，依据 PERMA 模式理论分析纠纷化解类节目的生产制作经验，充分表明多元纠纷化解类节目对于民生促进的重要性。纠纷化解类节目是基于"公共参与—公共协商—公共信任—公共之善"良性循环的社会治理实践。

[关键词] 建设性新闻；PERMA 模式；纠纷化解类节目

近几年来，学界和业界兴起了"建设性新闻"的研究和实践，尽管对于建设性新闻还没有统一的定义，但对于建设性新闻有两个关键组成部分——积极情感和解决方案信息②，学界和业界是普遍认可的。媒体融合不应仅是狭义地使用媒介上的融合，更应该是媒体与政治、经济、文化、社会各个层面的广义融合。在媒体融合背景下，传统媒体或可借鉴建设性新闻理论，在媒体融合实践中找准定位、发挥优势。这对于陕西广播电视台《帮忙有一套》节目的发展有一定的启迪意义。

---

① 作者简介：赵彩霞，陕西师范大学博士研究生，陕西电视台编导。
② Constructive Journalism：The Effects of Positive Emotions and Solution Information in News Stories. McIntyre，Karen.

　　美国学者凯伦·麦金泰尔提出了建设性新闻的 PERMA 模式①，即在新闻生产过程中，媒体要能够唤起公众的积极情感（Positive Emotion），要参与融入事件（Engagement），要连接社会关系（Relationship），要建构共同的意义（Meanings），要重视解决方案和任务达成（Accomplishment）。

　　实际上，在促进民生问题解决、构建和谐社会方面，我国部分媒体已有实践，其中，纠纷化解类节目即为典型。与传统电视调解节目以情感调解为主要内容不同，部分电视节目正在实践多元化纠纷解决。陕西广播电视台《帮忙有一套》是一档公益调解节目，其多元化纠纷化解主要包括：（1）纠纷类型多元化。节目涉及家庭纠纷、邻里纠纷、经济纠纷、医患纠纷、房产物业纠纷、劳动劳务纠纷等多种类纠纷，不局限于某一种单一类型纠纷。（2）纠纷化解主体多元化。首先是纠纷化解的主体人员，主力人员为帮忙记者和人民调解员，协同纠纷所涉行业、单位专业人员及相关人员开展多元化解；其次是纠纷化解的主体单位，以媒体和司法行政部门为主，根据具体纠纷会引入相关责任单位，例如街道办、企业等。（3）纠纷化解客体多元化。不同于情感调解以夫妻关系为调解客体，多元化纠纷的客体也呈现多元化特征，包括家人、朋友、邻居、老板—员工、医生—患者、商家—顾客等。多元化纠纷调解不仅体现在节目总体特征中，也常常集合于单起纠纷中。往往在一起纠纷中，也体现着多元化纠纷调解的特点，例如一起家庭纠纷中，可能涉及夫妻矛盾、婆媳矛盾、经济利益纠纷、房产纠纷等多元类型，其纠纷调解的多元主体除帮忙记者和调解员外，可能还会牵扯居（村）委会、物业公司、房产公司等，纠纷客体可能包括夫妻、婆媳、居民—公务人员、业主—物业等。这就要求在纠纷化解中，不能仅依靠情感化解，而应当利用协商民主等方法使矛盾纠纷得到解决。

一、纠纷化解类节目 PERMA 模式

（一）积极情感（Positive Emotion）

　　媒体专业人士不应该仅仅关注他们要讲述的故事，还应该关注他们在传播信息时引起的情绪（Konijn & Ten Holt, 2010）。麦金泰尔认为，在阅读新闻故事时经历积极情绪的人感觉更好，对故事的态度更积极，并且比那些经历消极情绪的人表现出更强烈的亲社会行为。《帮忙有一套》节目倡导和谐、友善、公正、法治等社会主义核心价值观，恪守不渲染冲突、不激化矛盾的节目制作原

---

① Constructive Journalism: Applying Positive Psychology Techniques to News Production. McIntyre K, Gyldensted C. The Journal of Media Innovations, 2017.

则。无论纠纷最终能否获得圆满解决，节目始终释放积极正向的情绪，从而使观众产生积极情感。在一桩父子矛盾的调解中，儿子对父亲态度恶劣，甚至声称要断绝父子关系，经过节目组调解员及帮忙记者多次上门调解，儿子终于讲出对父亲积怨多年的原因，父亲在其年幼时离家出走与别人生活在一起，并且对生命垂危的妹妹不管不顾，妹妹最终去世。虽然痛恨父亲没有尽到做父亲的责任，但是在采访过程中，记者发现，儿子内心同时又充满对父爱的渴望，拆迁安置的新房还给父亲留了一个房间，调解现场也主动提出要赡养父亲，并当场兑现生活费。化解陈年旧怨的过程很艰难，父子心结彻底解开需要足够的时间，但节目并没有给人消极无望的感觉，反而透示着于情于法的积极情感，血浓于水的亲情值得珍惜，中华民族传统孝道值得尊崇，子女赡养父母的法定义务必须履行，这些积极情绪均给人以希望。

（二）参与融入（Engagement）

被动的新闻工作者，关心的是传播新闻而不管其效果如何，而主动的新闻工作者更多地参与到报道的过程中，他们关心新闻报道的效果或者报道之后发生的事情（Peter Bro，2008）。相较于主动，更积极的新闻工作者，试图帮助当事人采取行动，而不是简单地了解他们的问题。因此，帮忙记者不仅仅是事件的记录者，更不是旁观者，而是参与者，甚至是事件走向的改变者和推动者。

因身患骨髓瘤被再婚丈夫抛弃的女士求助《帮忙有一套》，栏目调解其与丈夫、公婆的矛盾未果，但是栏目组并未停止事件参与，而是积极为该女士寻求社会帮助，帮助该女士获得经济支持以及时治疗，更重要的是，记者和调解员的持续关注和关心，给了当事人精神上的支持。经过近两年的努力，该女士身体基本康复并且找到工作，整个人的精神状态也完全改变。尽管节目介入的基本是个体事件，但对某些特殊事件的深度持续参与，改变的可能不仅是事件的走向，也可能会改变某个人的人生。

（三）连接社会关系（Relationship）

纠纷化解很重要的一个方面就是沟通，很多矛盾纠纷无法得到妥善处理，就是因为没有实现有效沟通。而纠纷化解类节目就是给纠纷相关方提供了一个平台，将异轨的纠纷相关方拉至同轨，进行沟通连接，而不是疏离分化。

党的十九届四中全会提出，到2035年，我国基本实现国家治理体系和治理能力现代化。主流媒体应当发挥自身优势，连接整合各类资源，以品牌信任为背书，不断提升自身服务能力，力争成为新时代治国理政新平台，成为地方治理体系和治理能力现代化的核心抓手。2020年6月15日，陕西省召开全省社会矛盾纠纷排查化解工作会议，陕西广播电视台《帮忙有一套》作为全省社会矛盾纠纷排查化解先进典型做经验交流，也是唯一一个政法系统之外的单位。节目集合了矛盾纠纷排查化解的各方力量，为人民群众解决矛盾纠纷打开了"一扇门"。在解决一起居民反映小区门口占道经营影响出入的纠纷中，考虑到问题存在时间长，矛盾积累深，牵扯利益相关方比较多，栏目组为彻底解决问题，召集了小区居民、物业、当地社区、街办、城管执法队、交警、民警等多个纠纷相关方，合力解决了困扰居民多年的"门前事"。

（四）建构共同意义（Meanings）

"高质量的解决方案新闻与其他好的新闻有一个简单的不同之处：解决方案新闻不是指出什么是错的，希望有人能解决它，而是指出什么是对的，希望有人能模仿它。"（Benesch，1998）不同于舆论监督类节目，纠纷化解类节目重视共同意义的建构。《帮忙有一套》致力于达到调解一案、教育一片，调解一案、化解一类矛盾的节目效果。

纠纷化解类节目建构共同意义至少包括两个层次。一是微观共识。通过节目介入，具体纠纷中的相关方，彼此达成共识，最终调解成功，矛盾纠纷得以化解。由此形成的共同意义，无疑是个案纠纷处理的最佳结果。二是宏观共识。通过个体纠纷化解，纠纷无关方在节目中学习领悟如何处理及避免同类纠纷，甚至是产生共情，形成社会整体共识。经个体观照多数是节目建构共同意义之核心价值所在。

需要指出的是，建构共同意义，达成共识，不仅仅是通过调解成功的节目案例来实现。纠纷能够得到化解，当然是最好的结果，但即使当下未能解决问题，处理纠纷的过程仍然是建构共同意义的过程。在纠纷处理中，记者及调解员依法、依规、依据社会公序良俗开展调解，其中正确积极的观念共识亦可达成，纠纷协商的规则、程序共识亦可达成，法定权利义务的尊重遵守共识亦可达成。甚至是通过纠纷化解过程激发的共情，也可视作共同意义的建构。正如哈贝马斯的观点，即使共情这样"类似举手之劳"的政治美德，于多元社会亦为可贵的"善"。①

（五）重视解决方案（Accomplishment）

纠纷化解的目的就是解决问题。纠纷化解类节目理应重视解决方案，这也

---

① ［德］斯蒂芬·穆勒-多姆：《于尔根·哈贝马斯：知识分子与公共生活》，刘风译，社会科学文献出版社 2019 年版，第 429 页。

是多类元纠纷化解节目与情感调解节目的根本区别。这里的"解决"有两层含义，其一是绝对解决，即纠纷得以化解；其二是相对解决，即纠纷没有化解，但相对于之前，对纠纷化解有推进。

麦金泰尔的研究表明，一个以冲突为基础的故事和一个包含无效解决方案的故事，都不能影响读者的感受和态度，但是一个提供有效解决方案的故事却是有影响力的。①《帮忙有一套》节目之所以能够积累群众信任，就在于其重视有效解决方案的提供。与情感调解节目习惯展示感情故事、舆论监督或民生新闻擅长表现事件冲突相比，《帮忙有一套》更重视矛盾纠纷的切实化解，这从每一期节目的制作周期上就能够体现出来。不少矛盾纠纷是日积月累的结果，解决起来也不可能一蹴而就。每一个选题在拍摄之前，记者都要全面了解情况，与调解员、律师、心理专家等就纠纷的解决途径和方法，包括结果做出预判断；拍摄过程中，要给予双方当事人足够的倾诉时间，让对方把前因后果说清楚，把情绪充分发泄释放出来，同时，又要经过足够长的时间去进行调解过程，有时调解一天两天，有时一起纠纷的调解甚至需要几个月时间去跟进；由于纠纷的复杂性，纠纷解决的结果也不是立竿见影，有些可以在调解现场签订调解协议，有些则还需要等待一段时间，并没有明确的解决结果。而且有些矛盾，特别是家庭矛盾，可能会出现反复的情况，调解时矛盾化解了，但过后当事人又反悔了。这种情况下，节目组也需要付出更多的精力和时间去处理，以稳妥给予解决。

二、结语

陕西广播电视台《帮忙有一套》节目依托陕西省司法厅，积极探索电视调解新样本，创新人民调解工作的形式和内涵，激发人民调解内生动力，将人民调解的群众性与电视媒体传播的广泛性有机融合在一起，潜移默化引导群众以法治的视角和思维方式去解决矛盾纠纷，充分发挥了"政媒融合—社会治理"实践效力，构建起共建、共治、共享的矛盾纠纷预防与化解新机制。

本文以《帮忙有一套》节目和麦金泰尔 PERMA 模式作为参照系，对纠纷化解类节目进行解读。建设性新闻的首要目标是改善个人和社会福祉（Karen Elizabeth McIntyre，2015）。无论纠纷化解类节目是否属于建设性新闻的范畴，其根本目标与建设性新闻是一致的。PERMA 模式实践，有助于重新建构媒体公共

---

① Constructive Journalism: The Effects of Positive Emotions and Solution Information in News Stories. McIntyre，Karen.

性。纠纷化解类节目，是基于"公共参与—公共协商—公共信任—公共之善"良性循环的社会治理实践。

根据麦金泰尔的观点，PERMA 模式的核心是积极情绪和解决方案。有研究者认为，经历积极情绪可以提高自我效能，而经历消极情绪则会降低自我效能，这表明阅读带有积极情绪的新闻故事可能会提高自我效能（Bandura，1986；Myrick，2013）。也有研究表明，《西雅图时报》在以解决方案为基础的报道上，观众参与度有所提高（C. Rowe, personal communication, June 23, 2014）。通过参与节目，这里所说的参与，不仅是指作为纠纷的主、客体，也包括观看节目的纠纷无关方，个体通过参与公共传播，经过公共协商，形成公共信任，构建共同意义，寻求公共之善。协商民主及其实践手段——公共协商，既是缓解风险社会压力、开启"高级现代性"的现实方案之一，也是落实其他方案——诸如促进公平正义、重建环境伦理、建设非暴力社会的保障。①

---

① ［英］安东尼·吉登斯：《超越左与右：激进政治的未来》，李惠斌、杨雪东译，社会科学文献出版社 2000 年版，第 263 页。

美国"单一出版规则"及其对于网络传播侵权纠纷中"重复起诉"防治的启示

杨　秀　刘　燕

[摘要] 美国的"单一出版规则"（Single Publication Rule）主要用于限制诉讼原告针对同一出版内容而对媒体或其他信息发布者发起无休止诉讼，尽可能地保障媒体免受重复起诉的侵扰。本文将从历史的维度，考察美国"单一出版规则"形成所涉及系列代表性判例中的司法意见及其制度规则的演进逻辑，而且，还深入分析了司法实践中"单一出版规则"的具体判定标准和方法。在此基础上进一步结合当前我国网络环境下传播内容侵权纠纷审理中存在的重复起诉问题，探讨了"单一出版规则"对于完善我国相关法律制度的启发和借鉴价值。

[关键词] 单一出版规则；再出版；诉讼标的；重复起诉；启示

近年来，新媒介技术的发展为新闻和信息的大规模传播提供了重要的渠道保障，但网络传播侵权内容的大范围传播也引发了大量的司法纠纷，其中原告针对同一侵权报道或侵权事实在不同的司法管辖区或同一法院重复提起诉讼的情况也屡见不鲜。

所谓"重复起诉"，也称"重复诉讼"主要是指，"有时序的两次诉讼之重合，即前诉和后诉相继提起"①。美国司法界在 1939 年就针对媒体侵权中的"重复诉讼或多重诉讼"问题通过判例法确立了"单一出版规则"（Single Publication Rule），用于限制诉讼原告针对同一出版内容对媒体或信息发布者发起无休止诉讼，以尽可能地保障媒体免受大量诉讼的侵扰。在"单一出版规则"确立之前，美国新闻传播内容侵权引发的诉讼往往适用"多重出版规则"

---

① 田平安：《民事诉讼法基础理论篇》（第 2 版），厦门大学出版社 2009 年版，第 118—131 页。

（Multiple Publication Rules），适用该规则的法院认为出版物的每一次发布或出版都构成一次新的诉讼事由，因此，因受侵权言论损害的原告可以在任意的州提起多重诉讼请求，从而最大限度地维护自己的利益。然而，"多重出版规则"给新闻媒体或出版商带来了诸多困扰——如果将出版物涉及相同内容每一次的发行或销售都视为一次新的诉讼事由，那么报纸或者杂志将面临无休止诉讼的困扰，这就容易对媒体的言论自由造成巨大"寒蝉效应"。为此，针对大众传播媒介出版物所引起的重复诉讼和多重索赔情况，美国许多州相继通过了统一的单一出版法规或是通过司法判例确立"单一出版规则"，由此明确规定基于任何一份出版物的大规模传播引发的内容侵权仅构成一个侵权事由，从而更好地平衡原告的利益和被告的言论自由权利。本文将深入考察美国"单一出版规则"的形成逻辑及其具体法律适用标准，并在此基础上探讨我国该如何通过制度建设，合理避免当前网络传播侵权纠纷中的"重复起诉"问题。

一、"单一出版规则"的确立及其在互联网环境下的发展历程

（一）"Wolfson v. Syracuse Newspapers 案"与美国"单一出版规则"的确立

美国"单一出版规则"诞生于 1939 年一起涉及针对报纸同一出版物引发重复诉讼的案件"沃尔夫森诉锡拉丘兹报业案"（Wolfson v. Syracuse Newspapers）（简称 Wolfson 案）中①。该案距今约 81 年，被告锡拉丘兹报业在 1935 年 12 月 16 日发表了关于原告的诽谤文章，原告在 1937 年 5 月 7 日提起诉讼之前，纽约州为期"一年的诉讼时效制度"事实上已禁止原告提起诉讼。然而，原告依旧提起诉讼所依据的事实是，在被告经营的图书馆中公众可以随时查看那里保存的旧刊物，而 1937 年 3 月被告允许第三人阅读了 1935 年 12 月 16 日的期刊和"诽谤"文章，构成了文章的"再出版"，诉讼时效也应该重新计算，因此，原告认为对此有提出申诉的权利。此案争议的焦点是第三人在诉讼时效截止后对存档出版物的查看是否能够算作"再出版"，并作为新的诉讼理由以支持原告的申诉。②

纽约法院率先提出"单一出版规则"适用本案并认为："原告主张的规则不仅允许对新闻出版商提起无时间限制的诽谤诉讼，而且其适用范围超出了新闻

---

① Wolfson v. Syracuse Newspapers, 280 N. Y. 572, 20 N. E. 2d 21 (1939).
② Leflar, R. A. (1953). The single publication rule. Rocky Mountain Law Review, 25 (3), 263—2780.

出版领域。"① Wolfson 案中法院驳回了原告的指控，其提到的主要理由是：被告向公众提供涉及诽谤争议的旧副本的行为不构成"再出版"，被告的行为本质上是"被动的"，缺乏"诱使公众或任何个人阅读被指控的诽谤内容的主观意图"。② 法院最终驳回了原告诉讼请求。

Wolfson 案首次确立了传播同一出版内容的副本并不构成"再出版"侵权事由的司法认定标准，同时法院判决也提出了应该将"被告主观意图"作为是否构成"再出版"的考量依据，即如果被告仅仅是将含有诽谤内容的文章作为存档文件被动地供第三人查看，那么被告在最初阶段将无法预期该出版物被使用的后续行为，因此并不能构成"再出版"行为。Wolfson 案中法院明确了"发行量大的报纸或杂志上发表诽谤性文章将被视为单一出版物"，因此，"诽谤罪受害者将只享有一项针对媒体或出版商提起诉讼的权利"。③ 即便如此，对于更多复杂情况下的"首次出版日期""再出版"的综合判定等问题，司法机关的认定仍然存在争议，需要更多的司法判例来完善司法认定的标准。

自从 Wolfson 案确立了"单一出版规则"以限制对媒体或个人发布者的无休止诽谤诉讼以来，该规则随后在杂志、电视、广播甚至信用报告等媒介形式上得到充分的适用和发展。1952 年，美国全国统一州法律委员会议颁布了《统一单一出版法》（USPA），美国律师协会也批准了该法案。④ 同时，根据联邦宪法的"充分信任与信用"（the Full Faith and Credit）要求，即使是在还未正式通过"单一出版规则"的州，也可以尽可能指导司法审判中避免原告就诽谤提出多重诉讼，以解决众多诽谤诉讼中"重复诉讼或无休止时效"的问题。⑤ 尽管全国

① Leflar, R. A. (1953). The single publication rule. Rocky Mountain Law Review, 25 (3), 263—278.
② Ryan, R. (1978). Torts libel new jersey adopts single publication rule in libel actions. Seton Hall Law Review, 9 (1), 130—154.
③ Kumar, S. (2003). Website Libel and the Single Publication Rule, The University of Chicago Law Review, 70 (2)：639—662.
④ 1952 年，全国统一州法律专员会议起草并批准颁布了《统一单一出版法》，委员们对该法这样评价："该法对诽谤、侵犯隐私或任何其他侵权行为（如诽谤所有权、贬低商品、伤害性虚假或类似行为）采用单一出版物规则，该规则建立在单一综合出版物的基础上。我们的用意是采纳该规则，因为该规则是在已接纳该规则的各州的普通法中发展而成的。该法案不适用于在同一出版物中被诽谤的两个或多个独立原告的诉因，也不适用于一个原告针对两个或多个独立被告的诉讼因由，每个被告都发表了相同的声明或参与了相同的出版物。"（14 U. L. A. 35）
⑤ Leflar, R. A. (1953). The single publication rule. Rocky Mountain Law Review, 25 (3), 263—278.

统一州法律委员会议颁布了《统一单一出版法》，但是该法律在各州的适用仍需要通过判例来不断地加以完善。

随着网络传播技术的发展，互联网为新闻和信息的便捷和大规模传播提供了更多可能。因网络传播引发的侵权诉讼也因传播的便捷不断增加。而对于因网络出版物引发的侵权诉讼中的"重复诉讼"争议是否能够适用"单一出版规则"，美国学界和司法界也存在很多争议。有学者认为在传播侵权纠纷的审理中，互联网出版和纸质出版具有本质区别，适用于印刷媒体的"单一出版规则"不应延伸到互联网，因为互联网是一种比印刷媒体更具普遍性和传播影响力更广的媒体，印刷媒体的影响力主要局限在它出版时产生的影响，而且，其影响力会随着时间的推移而逐步地消逝。相比之下，存储在互联网上的新闻或信息却是可以被永久性地查看的。此外，印刷出版物一旦流通就很难收回或轻易变更，而网站上的信息仍是可以随时编辑或更改的。[①] 虽然，理论界对互联网环境下适用"单一出版规则"存在很多担忧和质疑，个别的州法院也在网络传播侵权案件中判定不适用该规则，但是，随着因网络出版物"再出版"而引发的重复诉讼或多重诉讼问题的不断凸显，纽约州、佐治亚州、得克萨斯州、加利福尼亚州的法院以及新泽西最高法院等都相继在网络传播侵权案件的审理中适用了"单一出版规则"并进一步证明了其合理性。

（二）　"单一出版规则"在网络传播侵权诉讼中的适用遭遇障碍：Swafford v. Memphis Individual Practice Association 案（1998）

最初，法院在涉及网络出版物侵权纠纷案件的审理中也判定"单一出版规则"不适用。在 Swafford v. Memphis Individual Practice Association 案（1998）中[②]，原告针对一份通过网络发布的对其违反医疗治疗标准的医疗服务报告提出侵权诉讼，该案被告通过互联网向国家执业者数据库（"数据银行"）提供了该报告，数据库中的信息是机密，只能由卫生保健实体查看。在原告提出诉讼请求前，该数据库向至少三个独立实体进行了该信息的传播。该案争议的焦点是针对同一份报告的三次传播，每一次该报告的被查看行为能否构成独立的诉由，从而提起诉讼。原告认为每一次传播都构成"再出版"，虽然他错过了前两次传播的诉讼时效，但是第三次的传播仍然应该能够支撑其提出诉讼请求。田纳西州上诉法院最终支持了原告的诉讼请求，认为"单一出版规则"不适用

---

① Braun, O. (2002). Internet publications and defamation: Why the single publication rule should not apply. Golden Gate University Law Review, 32 (3), 325—338.

② Swafford v. Memphis Individual Practice Association, 1998 Tenn. App. LEXIS 361, at *2.

于本案的情况。霍莉·利拉德（Holly Lillard）法官认为，"本案中的报告不存在'预期的集合发布'（Aggregate Publication as Contemplated），因为访问信息的实体是在'单独和不同的场合'下完成"。因此，"单一出版规则不适用本案"，同时"本案每一次信息发布都应该有单独的诉讼期限"。于是，法院认为"多重出版规则"适合本案，并将其发回审判法院，以确定数据库向卫生保健实体提供涉嫌侵权信息的日期。根据这些日期，初审法院将确定适用法规的时效。也就是说，法院认为由于本案中该报告并不是类似报纸、杂志等大众媒体那样面向不特定的群体公开的大规模传播，相反，案件中侵权信息面对的是特定或有限受众，并且每一个卫生保健实体对数据库的访问都是独立的，因此，每一次的访问都构成一次单独的侵权行为。

Swafford 案的判决结果让互联网中适用"单一出版规则"面临着更多的挑战，因为互联网出版物与发行有限的印刷出版物有着很多的不同——网络出版物的传播影响范围和能够到达的受众在理论上是无限的，而且，每次在搜索结果中出现供读者查找和阅读的"已出版"出版物时，都可能会构成"再出版"。因此，Swafford 案法院的判决表明，如果"单一出版规则"要适用于互联网传播侵权案件，法院必须要考量和明确以下争议性问题：（1）法院必须辨明网络是否是类似于报纸、广播、电视和电影的传播介质；（2）法院必须明确网络传播环境下出版物诉讼时效何时开始；（3）法院必须判断侵权内容在互联网上的持续出现是否构成"再出版"——这种情况下该文章或报道将不受"单一出版规则"的保护。Swafford 案虽然否定了"单一出版规则"在网络传播侵权诉讼中的适用，但是却从司法层面提出了网络传播侵权能否适用"单一出版规则"的空间和正当性等问题，并为今后进一步地明确"单一出版规则"的适用标准奠定了基础。

（三）明确"单一出版规则"在网络传播侵权诉讼中的可适用性：Firth v. State 案（2002）①

随着网络传播侵权诉讼司法判例的不断增多，美国大多数司法管辖区的态度是改变 Swafford 案对"单一出版规则"不适用网络传播的立场，扩大了"单一出版规则"的适用范围，将单一出版规则适用于内容传播不受时空限制的互联网空间。

---

① 在 Firth v. State 案（2002）前，亚利桑那州在 Simon v. Arizona Board of Regents. 案（1999）［28 Med L Rep 1240（Ariz Super Ct 1999）］中将"单一出版规则"应用于网络环境，但是 Firth v. State 案（2002）在系统性地探讨"单一出版规则"适用的合理性和正当性方面更具有开创性和典型性。

美国 Firth v. State 案（2000）开创性地将"单一出版规则"适用于网络传播环境，并提供了其适用的法律正当性和合理性依据。在 Firth 案中，原告 Firth 是环境保护部（DEC）的执法司长，他起诉位于纽约州的一个网站，该网站上发表了一份针对其的诽谤性声明。1996 年 12 月，监察长办公室发布了一份报告，指控 Firth 在任职期间实施的一次武器升级行为不当。Firth 声称，这份报告质疑他是否适合自己的职位，从而损害了他的声誉，因此，被告涉嫌诽谤。并且，在原告提起诉讼时报告仍然还保留在网络上。原告认为，该报告在互联网上的公开传播对其名誉损害构成了"持续的损害"，并且文章每天都会不断被第三人查看，因此每一次被查看都应该构成"再出版"。本案的争议焦点主要集中在两个方面：一是互联网上诽谤文章的更新是否都构成一次"再出版"，由此导致诉讼时效的无限延长；二是诽谤文章在网络上的存在是否构成"持续的损害"。本案中，法院适用了"单一出版规则"，并对诉讼时效的起点以及"再出版"界定提出明确的认定标准，同时也进一步回应"单一出版规则"适用网络传播环境中的合理性和正当性问题。

首先，诉讼时效的起点是从调查报告最终公布时间算起。法院首先明确了诉讼时效的起点，认为"调查报告最终的公布标志着索赔产生的时间点"，并驳回了 Firth 关于诉讼时效的主张，他认为因互联网上每天都会更新一遍文章而需要重新计算时效。根据法院的说法，诉讼时效开始于"诽谤材料的最初发布"，在"单一出版规则"下，原稿出版的日期是"向公众提供该作品的时间，而该文章在互联网上后续的点击是不能作为新的诉讼时效起点的依据"，因此并不能构成无限的诉讼时效。

其次，诉讼审理期间诽谤内容被再次查看并不构成"再出版"，除非出版物内容被实质更改或其形式被变更，否则不发生再版，也不能够更新诉讼时效。法院进一步明确了"再出版"的标准，明确以出版物内容或形式发生实质变化来衡量"再出版"；同时，法院还驳回了原告关于存在"持续的损害"的论点，法院认为，"持续的损害"理论只有在"存在持续的非法行为，而不仅仅是先前非法行为的持续影响"的情况下才可以适用。Firth 因该文章出现在互联网上而遭受的任何损害都将是"早期不法行为的持续影响"。

最后，"单一出版规则"适用互联网传播环境符合该规则的立法意图，并确保诉讼时效的法律效力。Firth 案中法院的意见认为，"没有合理的依据来区分通过传统印刷媒体出版的书籍或报告与通过互联网提供文本的方式出版的书籍或报告"。也就是说，Firth 案将 Wolfson 案确立的"单一出版规则"的立法意图融入网络传播环境中，指出"为了避免诉讼的重复性和明确索赔的诉讼时效，该规则在互联网的出版物上的适用具有一致性，网络空间中适用该规则的现实需要不亚于在传统印刷媒体中的需要。除非出版物内容被实质更改或其形式被更改，否则不发生再出版，也不更新诉讼时效"①。因此，法院最终驳回了 Firth 的诉讼请求。

由此可见，Firth 案明确了网络诽谤中适用"多重出版规则"将会导致诉讼时效制度的失效，更重要的是开创性地明确了"单一出版规则"在网络传播空间中适用的正当性和价值，并进一步明确"再出版"的标准——需要对出版物内容和形式是否发生实质变化进行考量。但是，Firth 案对于如何具体地认定形式与内容的实质变化等问题并未给出详细的解释。

（四）"单一出版规则"在网络传播侵权诉讼中适用标准的逐步完善：VanBuskirk v. New York Times Company（2003）

继 Firth 案之后，VanBuskirk v. New York Times Company（2003）案再一次明确了互联网传播环境下适用"单一出版规则"的必要性。② 在 VanBuskirk 案中，原告起诉《纽约时报》在其网站上发表一封涉及诽谤的信件。据称，这封信使 VanBuskirk 因犯下战争罪而被起诉，于 1998 年 6 月 8 日首次出现在《纽约时报》的网站上。尽管如此，VanBuskirk 直到 2000 年 1 月 14 日才提出索赔，但距离这封信首次出现在网上已经过去一年半多了。该案的争议焦点是这封信在互联网上每天更新是否也意味着诉讼时效无休止地更新。遵循 Firth 案中法院明确的诉讼时效起点规定，VanBuskirk 案法院认为，单一出版规则适用于互联网出版物，诉讼时效从材料最初发布时开始，因此，当先前出版的材料后来分发时，时效期不延长。同时法院还援引了 Firth 案的意见并一致认为，没有任何理由可以证明为计算诽谤索赔的诉讼时效而以不同于传统出版物的方式对待互联网出版物是正当的。法院指出，"作为纽约法院通过的规则，单一出版规则的目的支持它适用于互联网上内容出版，以保护诉讼时效作为一个休庭规约的意图效果"。此外，VanBuskirk 案法院在 Firth 案的基础上进一步回应了"单一出版规则"在网络诽谤中适用的争议，而且还主张应扩大其适用范围。

法院认为，互联网环境下媒体或出版商随时有能力从其网站上撤回涉嫌诽谤的材料并不影响其受"单一出版规则"保护的资格。"单一出版规则"适用网络传播的一个争议焦点就是：一方面，网站编辑或发布者能够轻松编辑或更

---

① Vaibhavi Pandey（2014），The "Single Publication" Rule of Defamation on Social Networking Websites，https：//vlex. in/vid/rule-defamation-networking-websites-538962694.

② VanBuskirk v. New York Times Co.，No. 99 Civ. 4265，2000 U. S. Dist. LEXIS 12150，at ＊1（S. D. N. Y. Aug. 24，2000）.

改诽谤内容；另一方面，网络传播的无限性对诽谤受害者造成的损害和负面影响远远超过传统媒体带来的伤害，因此其不应该受到"单一出版规则"的保护。根据 Gregoire v. G. P. Putnam's Sons 案（1948）① 中纽约上诉法院的判决意见，"出版商出售库存图书不构成再版"。VanBuskirk 案法官由此指出，Gregoire 案库存图书与互联网上正在讨论的诽谤内容并没有本质区别，也可以很容易地收回，只是范围大小的区别，但这一点事实并不妨碍"单一出版规则"的适用，而传播范围或影响力最终只能作为衡量损害赔偿的依据。因此，法院裁定准许被告提出驳回原告无效诉讼的动议。

（五）社交媒体时代"单一出版规则"在网络传播侵权诉讼中的创新发展：Martin v. Daily News，L. P. 案（2014）

随着社交媒体的发展，网络新闻或信息的二次转发和分享变得更加便捷和个性化，从而使得网络诽谤诉讼中如何认定"重复诉讼"需要更加完善、细致的标准。在 Martin v. Daily News，L. P. 案中，法院在 Firth 案和 VanBuskirk 案基础上，对涉及社交媒体的信息传播中如何构成"再出版"标准进行进一步的完善。在 Martin v. Daily News，L. P. 案中，纽约法院裁定，当第三方在其网站上使用共享按钮，进一步在 Twitter 和 Facebook 等社交媒体和社交网站上传播内容时，不能认定被告在其网站上转载了以前发表的文章或信息并构成"再出版"。法院认为，被告在其网站上提供共享功能的行为只是增加了一项技术改进，为网站访问者提供了向他人转发网站内容的更多方式。当第三方决定利用该项技术改进来传播网站内容时，被告将不承担重新发布的责任。② 此外，

---

① 1948 年，在 Gregoire v. G. P. Putnam's Sons 一案中，法院将"单一出版规则"扩展到了书籍。在 Gregoire 案中，被告 Curt Riess 出版了一本名为《全面间谍》的书籍，原告认为该书含有对其诽谤的言论，于是提起诽谤诉讼。《全面间谍》从 1941 年 11 月开始发行。此后又印刷发行了七次，最后一次印刷是在 1943 年 12 月 27 日，由普特南出版社在 1944 年 3 月开始的一段时间内发行。尽管这本书在 1941 年卖出了 6000 本，在 1942 年卖出了 6300 本，但此后销量一直下滑，直到 1946 年 7 月 2 日之前的那一年，仅卖出 60 本。由于该书经过了多次发行和出售，原告如果按照书籍首次发行日期计算诉讼时效期限应该为 1 年，本次诉讼已经超过了规定时效，因此本案法院需要认定的关键问题是："图书出版商出售含有诽谤材料的书籍的存货是否构成诽谤性事件的再出版物（再版），从而产生新的诉因并重新计算诉讼时效。"Gregoire 案的上诉法院根据 Wolfson 案中确定的原则认为本案应该适用"单一出版规则"，即"如果一份载有诽谤内容的报纸或杂志以现代大众出版方式发行给数千名读者，诽谤者只能提起一次诉讼。在对该诉讼进行审判后，出售副本的数量和发生分发的领域的证据仅成为证明所受伤害程度的证据"。[81 N. E. 2d 45，48（N. Y. 1948）]。

② Allen, Adeline A. (2014). Twibel Retweeted: Twitter Libel and the Single Publication Rule. Journal of High Technology Law, 65—96.

Martin 案中法院还更为明确地指出，为出版物提供超链接本身也是一种技术行为并不构成"再出版"行为。①

此外，从纽约法院在 Martin 案的判定中，可以明确看到法院试图将传播主体主动的传播信息行为与网站间接提供分享软件或超链接等技术行为之间进行明确区分：前者在主观意图上希望能够直接传达到更多的受众，后者则只是为满足社会公众的需要提供了一种技术性的途径和可能。实质上 Martin 案可以说是对 Wolfson 案（1939）中法院提出的将发布者主观意图作为考量是否构成"再出版"的重要因素这一标准的延伸与拓展，也表明在社交媒体涉及的诽谤诉讼纠纷中同样需要区分传播主体是否是主动传播并能够合理预见后续的传播行为。

二、美国"单一出版规则"适用的基本原则与方法

从 1939 年的 Wolfson v. Syracuse Newspapers 案首次在司法判例中确立"单一出版规则"开始，美国司法界希望通过限制"重复诉讼"以保障"媒体自由报道新闻和公众利益的能力和意愿"目的和理念不断得到强化。80 多年过去了，美国司法界对于"单一出版规则"在纸媒、网络出版中适用的标准进行了不断的摸索。下文将从"单一出版规则"发展与演进的历程中进一步地揭示"单一出版规则"司法适用的基本原则和方法。由此，揭示在网络传播侵权纠纷中司法机关如何更加全面、科学地界定"再出版"问题。

（一）从"传播内容实质性的变动"角度进行考察

"传播内容实质性变动"主要指涉及网络传播中的"诽谤"或其他侵权事实——无论是内容的表达形式、内容表达的含义或者情感倾向均发生实质的变化。根据美国相关司法判例，该标准可以从两个方面来考量：一是从内容表达方式上，如果只是对文章拼写、语法错误、重新措辞句子等进行小改动则不构成"再出版"，除非重新发表的版本在形式或内容上作了重大修改。二是从内容表达含义上，如果传播内容经过修改后表达了新的诽谤意义将认定构成"再出

---

① Allen, Adeline A. (2014). Twibel Retweeted: Twitter Libel and the Single Publication Rule. Journal of High Technology Law, 65—96.

版"。正如在 Petro-Lubricant Testing Laboratories, Inc. v. Adelman 案（2018）①中，上诉庭专家指出，"根据单一出版规则，新的诉讼时效只有在'对互联网帖子的修改实质性地改变了该条内容'的情况下才开始适用。如果一项细微的修改只是减少了文章的诽谤程度，它就不应该引发新的诉讼时效"。该案还对"实质性修改和添加"的标准予以明确。有学者指出，"该判决对媒体和发布在线内容的个人都会产生积极的影响，它为在线出版商进行语法修改、重排句子和做一些小的事实改动中可能会出现的错误在法律上留下了余地，而不必担心新的责任期的出现。只有当对一篇文章的改动传达出新的诽谤意义时，新的责任期才会出现"②。

（二）从"传播主体行为的主动性"角度做出判定

在互联网环境下，网络信息传播主体呈现出多元化特点，传播主体本身既包括商业化的媒体、企业等组织，也包括使用网络或社交媒体进行信息交流的非商业用户。因此，在网络传播环境下对于"传播主体行为主动性"的考察主要是将传播主体行为的主观意图和合理预期结合个案进行具体的判定。根据美国相关司法判例，该原则可以体现在以下几个方面。（1）诉讼争议期间，网站或媒体上未删除或撤回的诽谤内容不构成连续"再出版"。正如纽约法院在 Firth 案认定，网站上的诽谤内容在诽谤诉讼审理过程中不会因为发布者或网站未将其删除或撤回导致连续的"再出版"。也就是说当诽谤性的内容出现在一个网站上，并且在未来的几年里还会继续出现在网站上时，只有在该内容被发布到网站上的第一天，该内容才会被认为正式或首次发布，因该内容引发的诽谤诉讼

---

① 2010 年 8 月，被告 Asher Adelman 在 eBossWatch. com 博客上发表了一篇文章，文章详细介绍了前雇员克里斯汀·拉福贾（Kristen Laforgia）对石油润滑油检测实验室（Petro-Lubricant Test Lab, Inc.）及其首席执行官兼共同所有者约翰·温特穆特（JohnWintermute）提起的性别歧视、工作场所骚扰和报复诉讼。这篇文章发表一年多后，温特穆特的律师给阿德尔曼发了一封信，声称这篇文章是虚假的、诽谤性的，拉福贾的申诉是毫无根据的，拉福贾和温特穆特已经解决了这场诉讼。在一封电子邮件中，阿德尔曼为这篇文章进行了辩护，称这是对拉福贾投诉的报道，并根据阿德尔曼的意见作了一些修改，阿德尔曼明确表示，文章报道了拉福贾的申诉内容。温特穆特仍然提起诽谤诉讼。最终法院认为修改后的文章属于公平报告特权的范围；随后上诉庭也指出"单一出版规则"适用该案。（184 A. 3d 457）

② CJ Griffin（2018）, NJ Supreme Court Rules "Single Publication Rule" Applies to Internet Articles and Defines Parameters of Republication to Restart the Statute of Limitations for a Defamation Causeof Action, https: //www. pashmanstein. com/nj-supreme-court-rules-single-publication-rule-applies-to-internet-articles-and-defines-parameters-of-republication-to-restart-the-statute-of-limitations-for-a-defamation-cause-of-action.

的诉讼时效从第一天发布开始计时，而不是因内容保留在网站上每过一天诉讼时效就重新开始计算。（2）除非传播者可以合理预见文章会被更多的人查看并扩大诽谤传播效果，那么将不构成"再出版"。在 Wolfson 案（1939）中，针对传统媒体的新闻或信息传播，法院就明确了被告仅仅是将含有诽谤内容的文章进行存档的情况下而被动地被第三人查看，那么被告并不存在合理的预期，因此，并不能构成"再出版"行为。（3）网站或社交媒体等第三方通过设置分享软件或提供信息发布的超链接并不构成"再出版"。在 Martin 案中判定网站上提供共享功能的行为只是增加了一项技术改进，为网站访问者提供了向他人转发网站内容的更多方式。当第三方决定利用该项技术改进来传播网站内容时，被告将不承担重新发布的责任。但是，如果第三方的传播是合理可预见的，就会构成"再出版"。① 法院同样探讨了类似于分享按钮的超链接是否构成"再出版"的问题。法院认为，"为出版物提供超链接本身并不构成'再出版'，主要包括以下的原因：首先，仅仅提供对已经发表内容方便访问的 URL 不足以提高侵权内容的危害程度，就像提供第三方使用的共享按钮一样，也不能被视为再出版。其次，尽管链接可能会被用以调出诽谤材料，但是它自身并没有呈现诽谤材料。最后，如果每个超级链接都被视为转载，诉讼时效便会无休止地被重新启动。"② 显然，上述情形中都包含着传播主体的主观意图，即是否积极、主动追求特定诽谤内容传播的态度。

（三）从"传播受众有无根本性的变化"角度加以考量

新闻或信息通过网络大规模传播最终目的就是到达并影响更多的受众。而"传播受众有无根本性的变化"这一方法主要聚焦于判定"诽谤"文章或侵权信息是否到达了新的受众，如果同一出版内容通过不同的传播形式到达新的读者，那么就构成"再出版"。根据美国相关司法判例，该标准可以体现在以下几个方面。（1）传播场合发生变化以面向新的受众，如果第二份出版物是在不同于最初出版的场合下出版的，那么构成"再出版"。针对在线内容传播，当出版商或发布者不仅发布推文，而且还积极请求第三方转发该推文，从而使得该内容在不同的发布范围中被传播并被新的不同的受众群体阅读时，在这种情况下可能存在"再出版"，因为如果出版商针对的是特定推特用户，那么，其他受众

① Allen, Adeline A. (2014). Twibel Retweeted: Twitter Libel and the Single Publication Rule. Journal of High Technology Law, 65—96.
② Allen, Adeline A. (2014). Twibel Retweeted: Twitter Libel and the Single Publication Rule. Journal of High Technology Law, 65—96.

本来是不会阅读该推文的。① （2）传播载体发生更改以面向新的受众，也可能构成"再出版"。针对纸质媒体，在 Kanerak v. Bugliosi 案（1980）② 中，一本被指控诽谤的书以平装形式再版，虽然在形式和内容上与早先的精装版完全相同，但其通过改变载体的样式最终确实接触到了新的读者群体，因此构成了"再出版"的基础。针对在线内容，如果包含已经发布的诽谤内容的网站被重新修改以面向不同的受众，仍然可以构成"再出版"而启动新的诉讼时效。

上述司法实践中关于"单一出版规则"的判定原则与方法，虽然能够为相关案件的审判提供指引，但是，这些标准的具体应用还需要从"质"和"量"两方面进行综合把握，而且需要结合具体的个案做出判定。除了以上这些原则性的标准和判定方法，学者们也在尝试从更加客观、多元的角度不断充实和细化着前面的判定标准。比如，有学者提出可以结合网络发布中"网站点击量或阅读下载流量是否大幅增加"来判定出版者的再次发布意图。③ 毋庸置疑，尽管已有的认识并不完善，但是，美国"单一出版规则"确立的判定"再出版"的基本原则和方法，对于应对媒介技术日新月异形势下更加复杂的网络传播诉讼和纠纷，特别是在防范和解决网络传播侵权纠纷中的"重复起诉"问题仍具有一定的启示意义。

三、我国网络传播侵权纠纷中的"重复起诉"问题与分析

（一）案例概况④

2017 年 3 月 15 日，原告 A 以 B 在其主办网站擅自使用其照片侵犯肖像权、

---

① Allen, Adeline A. (2014). Twibel Retweeted: Twitter Libel and the Single Publication Rule. Journal of High Technology Law, 65—96.

② ②在 Kanerak v. Bugliosi 案（1980）中，1970 年，被告 Vincent T. Bugliosi 被洛杉矶县地方检察官指派起诉对 Charles Manson 和几名同案被告的谋杀指控。原告 Kanarek 被 Charles Manson 雇用在审判中代理他的案件。1974 年，被告出版了一部所谓的非虚构作品，名为"Helter Skelter"，记录了犯罪和审判的时间。1975 年 9 月，原告对被告提起诽谤诉讼，指控书中多次提到原告是诽谤。这份诉状是指整本最近出版的精装版的书，原告认为被告以精装书的形式出版这本书，虽然书的内容和形式并无本质区别，但是却面向新的群体。法院判定，虽然被告的书在形式和内容上与早先的精装版完全相同，但其目的是并确实接触到了新的读者群体，因此构成了新的诉因。（108 Cal. App. 3d 328）

③ Kumar, S. (2003). Website Libel and the Single Publication Rule, The University of Chicago Law Review, 70 (2), 639—662.

④ 该案前诉的案号为（2017）京 0105 民初 43554 号；后诉一、二审的案号分别为（2019）苏 0505 民初 2238 号、（2019）苏 05 民终 7897 号。

名誉权为由，向北京市某法院提起诉讼。北京市某法院于 2017 年 8 月 28 日作出民事判决，判令 B 赔礼道歉并赔偿 A 经济损失 25000 元。因 B 不服上述判决，于是遂向上级法院提起上诉，后该案以调解结案。此后，该调解书的内容已经履行完毕。然而随后，A 又在苏州某法院提起诉讼，要求 B 停止侵权，赔偿经济损失。该案中双方争议焦点为该案是否系重复起诉、起诉有无超过诉讼时效。该案于 2019 年 8 月 6 日在苏州某法院立案受理后，对该案进行了审理。B 的答辩理由是，本案与北京市某法院已判决案件涉及同一侵权行为，两案诉讼当事人相同，诉讼请求重合，诉讼标的都是基于我方未经许可使用 B 肖像进行广告宣传产生的侵权法律关系，即使有多个链接也只构成一个不可分割的案件事实。因此 A 构成重复起诉，应当裁定驳回。与此同时，B 还提到，"我方作为一家社区医院，网站上的内容影响有限，基本没有点击率，不具备广告宣传性质。涉案网站照片没有对 A 进行丑化，也没有蓄意诋毁、抹黑的情形，不足以使社会大众对 A 产生误解，使 A 的公众形象和商业价值受损"。

苏州某法院审理查明，涉案网站所使用的配图与原北京市某法院一审判决认定的侵权照片相同，但文章链接不同，现案涉网页均已无法打开。对于 B 提出的 A 系重复诉讼的质疑，苏州某法院认为，本案所涉的侵权图片虽与原北京市某法院一审判决认定的侵权照片相同，但文章链接不同，系不同的侵权事实，不属于重复起诉。因 B 不服一审判决，该案又进入上诉程序，2019 年 8 月 29 日该案终审判决维持一审判决。二审法院对于一审中双方争论最为激烈的重复诉讼和时效问题也都重新作了解释和说明。对于重复诉讼问题，二审法院认定：虽然本案诉讼涉及的文章与之前北京市某法院判决中涉及的文章刊登在同一网站上，使用的是 A 同一张照片，但文章名称、内容、对应的网站链接均不相同，B 认为属于同一侵权行为没有依据，B 提起本案诉讼不构成重复诉讼。显然，该案双方争议的焦点主要是因 B 在网站上使用另外一张原告照片的行为提起的后诉究竟是否属于重复起诉？不过，值得注意的是，在另一起案情几乎相同的案件中，法院却以"现上诉人以同时期同一网站且性质相同的侵权事实在本案中再次向被上诉人主张权利，属重复诉讼"为由，作出了与上述案件截然相反的判决。① 由此可见，在司法实践中，对于因网络传播内容引发的侵权纠纷中"重复诉讼"问题的认识依然充满分歧，该问题值得进行深入的分析、探讨。

① 该案前诉的案号分别为（2015）西民一初字第 3528 号；后诉一、二审的案号分别为（2017）西民一初字第 180 号、（2018）桂 01 民终 1674 号。另外，需要补充的一点是，两个案件中后诉中所涉的侵权事实（即侵权文章）也都存在于前诉提起之前，但是，由于法院对于该"事实"仍旧持不同的看法，从而分别作出了不同的判决。

（二）关于"重复起诉"问题的现有法律及其理论纷争

2015 年 1 月，最高人民法院公布了《最高人民法院关于适用〈中华人民共和国民事诉讼法〉的解释》（以下简称《民诉法解释》）文件，该解释中第 247 条第 1 款规定："当事人就已经提起诉讼的事项在诉讼过程中或者裁判生效后再次起诉，同时符合下列条件的，构成重复起诉：（一）后诉与前诉的当事人相同；（二）后诉与前诉的诉讼标的相同；（三）后诉与前诉的诉讼请求相同，或者后诉的诉讼请求实质上否定前诉裁判结果。"① 这是我国首次在法律规范层面确立了判定"重复起诉"的基本标准。然而，对于该条如何在具体案例中适用，学界还是存在诸多质疑和争论。事实上，个案中对于"当事人相同"与"诉讼请求相同"的认定一般争议不大，判定重复诉讼的关键还在于"诉讼标的"。有人对"诉讼标的"所做的阐释是，"系民事诉讼中最为核心的概念，是指在本案判决主文中，应当被作出判断之事项的最小基本单位"。② 学界和立法层面对诉讼标的界定的模糊，也造成"审判实务界对诉讼标的的多义界定与使用"的现状，导致司法判定缺乏统一性。③

目前，关于"诉讼标的"是否同一的理论学说，主要包括旧诉讼标的理论或新诉讼标的理论两种学说。"旧实体法说（旧诉讼标的理论）认为诉讼标的应以实体法上的请求权作为识别标准，有多少个实体法上的请求权，就有多少个诉讼标的。"④ 有研究者通过针对司法案件的统计分析后认为，"虽然最高法院内部对于诉讼标的的理解有争议，但是主流观点仍然是坚持旧实体法说即以民事法律关系是否同一作为判断诉讼标的的标准"⑤。但是，"旧实体法说"存在的问题也非常明显，一是基于同一级别事实可能会产生不同的请求权；二是同一法律关系下基于不同的事实也可能会产生多个请求权。"新诉讼标的理论"分为了"二分支说"与"一分支说"标准。"一分支说以诉的声明作为识别诉讼标的的唯一标准，只要诉的声明相同不管诉的声明依据的事实和理由是否相同；

---

① 张卫平：《重复诉讼规制研究：兼论"一事不再理"》，载《中国法学》2015 年第 2 期，第 43—65 页。

② ［日］高桥宏志：《民事诉讼法制度与理论的深层分析》，林剑锋译，法律出版社 2003 年版，第 22 页。转引自刘庆国：《重复诉讼的识别与规制——以〈民事诉讼法司法解释〉第 247 条为视角》，载《山东法官培训学院学报》2018 年第 2 期。

③ 赵秀举：《论请求权竞合理论与诉讼标的理论的冲突与协调》，载《交大法学》2018 年第 1 期，第 23—32 页。

④ 柯阳友：《也论民事诉讼中的禁止重复起诉》，载《法学评论》2013 年第 5 期。

⑤ 刘庆国：《重复诉讼的识别与规制 ——以〈民事诉讼法司法解释〉第 247 条为视角》，载《山东法官培训学院学报》2018 年第 2 期。

二分支说以诉的声明和原因事实的结合作为判别诉讼标的的标准。"① 在此情形之下，有学者指出"诉讼法说（新诉讼标的理论）主张诉讼标的的识别应从诉讼法本身来考量"正是为了弥补"旧实体法说"的理论缺陷。② 由此可见，诉讼法说中的"二分支"标准，除了考虑"诉的声明"的一致性，还结合"原因事实"是否相同进行判定。此外，还有人提出了判断诉讼标的是否同一的"三步法"：第一步，考察前后诉是否属于同一原因事实，新旧诉讼标的理论均有一个前提即必须是同一原因事实所造成；第二步，若原因事实相同后再判断有无实体法上请求权之竞合；第三步，判断各该诉讼究系采新或旧诉讼标的理论。③ 综上所述，按照我国法律的规定，对于网络传播侵权纠纷中重复诉讼的判定首先需要的就是对于前诉与后诉中的"原因事实"是否相同，这是认定"诉讼标的"是否相同的基础。可见，诉讼法上"原因事实"的判定对于"诉讼标的"的认定具有重要的意义。因此，重复诉讼的认定中不仅仅要考虑该案件是否存在"请求权竞合"的问题，同时，更要注重考察其涉及的"原因事实"，进而对"诉讼标的"是否相同做出判断。

（三）"单一出版规则"与我国现有关于"重复诉讼"相关法律的关联及其启示

网络传播侵权诉讼中，原告也往往以"新闻报道或网络言论向第三者传播导致名誉损害"的法律理由和事实为诉讼标的提起诉讼请求，而法院也需要对侵权事实是否存在且构成侵权进行判定。可以说，无论是"单一出版规则"下司法机关对于"再出版"的认定，还是我国网络传播侵权纠纷涉及的"重复诉讼"中"诉讼标的"的认定，其本质却是相同的——对于网络传播内容是否构成侵权的"事实和理由"做出判断。因为按照"单一出版规则"的要求，成立"再出版"或提起诉讼的前提是存在新的诉讼理由和事实。所以说，结合美国"单一出版规则"以及其对于"再出版"情形的系统认识和判定方法，有助于进一步完善网络传播侵权案件引发的"重复诉讼"纠纷中"诉讼标的"的识别标准。对此问题，我们可以结合"单一出版规则"提供的"传播内容""传播主体""传播受众"三个方面的判定标准，由此对于网络传播侵权纠纷中涉及的"诉讼标的"问题展开分析，这样可以对上述两个案情相似，但判决却截然相反

---

① 刘庆国：《重复诉讼的识别与规制 ——以〈民事诉讼法司法解释〉第 247 条为视角》，载《山东法官培训学院学报》2018 年第 2 期。
② 柯阳友：《也论民事诉讼中的禁止重复起诉》，载《法学评论》2013 年第 5 期。
③ 同上。

的案件做出更加全面、合理的分析。

结合前述案例，一、二审过程中，法院均指出涉案的文章在内容、标题以及链接都和同一网站上的其他侵权内容存在明显的不同，由此可见，这一分析思路比较接近"单一出版规则"中对于"传播内容实质性变动"进行判定的路径。不过，对于该判决，还需要补充的是，由于互联网的复杂性，不能仅仅从"内容、标题、链接"是否存在差别的角度来判定，除了"量"（内容变得大小）还应当结合"质"（内容变动的实质影响）的维度加以考量。如果考虑"质"的方面，该案虽然在内容上的确发生了较大的变化，但是，由于互联网这一媒介的特殊性，司法机关还应将被告提出的"内容影响有限，基本没有点击率"这一实质性的评价互联网"内容"影响力的因素纳入"传播内容实质性变动"原则的审查范围，经过全面考察之后最终作出是否构成"重复起诉"的判决。此外，为了增加判决的说服力，除了"内容"和"标题"这两个方面，法院还提到B所涉及的侵权文章的链接与之前的侵权文章并不相同。对于链接同样需要进行实质性的分析。链接是指在电子计算机程序的各模块之间传递参数和控制命令，并把它们组成一个可执行的整体的过程。可以说，通过链接才构成了网络的内容，一个网站上的链接数量是海量的，所以，所有链接使得万维网构成了一个网络。这也就是说，链接是网络的基本形态，具有普遍性。同时，链接不仅是"静止"呈现，还需要动态的点击与浏览，这样才能体现其价值。反映链接质量的是链接流行度，这一概念的含义是指与站点做链接的网站的数量，链接的流行度越高就越容易被搜索引擎所收录和推广。该案中，仅仅是同一网站内的不同链接，从表面来看，其与其他链接在所呈现的内容上虽有一定的差异，但只要从本质上看，它在推广能力上并无显著性的增强，因此，作为需对其进行综合评判的法律，在前诉中已经对此类性质的行为做出了评价的情况下，也就没有必要对这一行为再次给予单独的评价。所以说，该类案件的司法审查，如果能够从"传播内容实质性变动"的角度进行"量"和"质"相结合的分析，在一定程度上也有利于提升司法判决的说理能力，而且，还能推动"诉讼标的"理论在网络传播侵权纠纷案件中的发展和更为合理的应用。

除此之外，对此问题还可以从"传播主体行为主动性"的角度进行分析，即其对于后续的"持续损害"所采取的后续行为等方面加以综合考察，也就是说，"诉讼标的"反映的"事实"不仅仅是侵权内容的持续存在，还要有行为和恶意的延伸，由此，才能更加公正、准确地对其作出法律上的判定。结合该案，从表面上看，虽然后诉中也包含与前诉不同的"原因事实"，但是，有学者认为，由于这两种情形下原告的"主观态度"是不同的，因此，在法律上的处理也应有所不同。① 据此，结合上述案件就可以看到，尽管后续涉及的"侵权内容"与前诉并不相同，但是，后诉的"侵权内容"并不能反映被告新的侵权动机和主观恶意，因此，根据"传播主体行为的主动性"原则也同样可以否定原告的起诉请求。

所以说，将"单一出版规则"的"传播内容实质变化""传播主体行为主动性"的判断方法运用于"重复诉讼"中"诉讼标的"的判断，能够帮助司法机关对于"原因事实"进行更多维度的考察和分析，从而使得结论也更加牢靠。而且，随着媒介和传播形态的日趋复杂化，网络传播侵权纠纷案例也不会仅仅出现于 web1.0 环境，而是会越来越多地涉及 web2.0 的复杂传播环境，在此情形下，也就更加需要针对网络传播侵权相关问题展开灵活、多元化的分析和判断。随着社会化传播时代的到来，结合"传播内容的变化""传播主体行为主动性"以及"受众有无实质性变化"等多种方法，能够对于网络传播行为从本质上加以认识，从而作出符合社会、经济发展需要的司法判决。当前，通过对于"单一出版规则"中基本原则和方法的借鉴，也能够进一步增强我国司法机关防治网络传播侵权纠纷中"重复起诉"的能力和水平。

四、结语

对于"再出版"问题的认识在美国也经历了一个认识逐步清晰的过程，而最终完成了从"多重出版规则"向"单一出版规则"的转变。2000 年以后，随着美国互联网进入快速的发展时期，此时司法机关通过个案的审理就对互联网环境下信息内容的传播及其侵权问题有了新的理解。随着网络传播侵权案件的日益复杂化，对于"重复诉讼"涉及"诉讼标的"相关问题的分析，已经表明网络传播领域的"重复诉讼"中的"诉讼标的"既有其特殊性，同时，也是认定"重复诉讼"的关键要素。对于"诉讼标的"的认定，除了可以对"传播内容"进行全面、深入的考察，还可以根据不同的案件结合"传播主体行为主动性"以及"传播受众有无根本性的变化"等方面进行综合的判定。通过法律制度和实践路径两方面的分析，本文提出将"单一出版规则"的相关制度合理应用于对我国网络传播侵权纠纷中"重复起诉"问题的判定，由此，进一步推动学理上对于"诉讼标的"问题的思考和认识，提升我国对于网络传播侵权领域涉及"重复诉讼"问题的治理水平。最后，"单一出版规则"的出现和形成，也是新时期对于网络传播活动中各方主体及其社会利益的动态权衡。因此，通

---

① 柯阳友：《也论民事诉讼中的禁止重复起诉》，载《法学评论》2013 年第 5 期。

过对于"单一出版规则"的合理借鉴可以在一定程序上化解当前我国网络传播侵权领域"重复诉讼"中"利益失衡"的问题，在保障人格权受害者获得最大限度救济的同时，也可以更好地保障媒体或其他传播主体的合法权益，由此服务和促进社会经济更大的发展。

我国传媒政治研究概述

孟　蝶①

[摘要] 把握我国传媒政治研究现状，才能推动新时代的进一步发展。本文将 CNKI 中国知网符合要求的 797 篇相关论文（自 1990 年始）作为文献数据来源，通过对文献数量趋势、文献被引用状况、文献和学科分类分布等六个方面的分析和概述，得到了对当前研究现状的初步认识：始于对西方的研究但初始领域后劲不足，大众传媒与思想政治教育的互动虽为研究的第一热点问题但存在观点重复度偏高、论文数量和质量不成正比的情况，以及国内研究专业团队很少、缺乏专业性和社会性。在此基础上，本文明确了未来的研究方向和趋势：注重中西方传媒政治的对比、融合、借鉴研究和我国国际政治形象的研究；发掘大众传媒与思想政治教育互动研究的创新点，提升研究质量；推动形成跨学科、多中心、团队性的合作研究趋势，同时加强国家支持力度和社会的关注度、参与度。

[关键词] 中国；传媒政治；研究；综述

传媒政治研究在我国已有几十年的历史，随着时代的发展，不断走向完善和成熟。在这里，我们在中国知网中找到"主题"中包含"传媒政治"的全部 797 篇中文文献（自 1990 年始），通过文献计量法、知识图谱、EXCEL 等方法和工具对它们的文献数量趋势、文献被引用状况、文献和学科分类分布、作者、科研实力和研究热点进行对比和分析，以期得到相关启示。

一、文献来源与研究方法

（一）数据来源

本文以中国知网作为文献数据来源，以"主题"中包含"传媒政治"作为

---

① 作者简介：孟蝶，中国传媒大学马克思主义学院思想政治教育专业博士研究生。

检索条件，发表时间、文献来源、支持基金均不限，检索时间为 2020 年 5 月 19 日，共检索出 797 篇关于传媒政治研究的中文文献（最早的文献始于 1990 年），作为本文的分析对象。

（二）研究方法

文献计量法是一种定量化的研究方法，目标是在对特定学科领域各类文献的不同方面进行研究的过程中，评价其学术成果，揭示其发展规律。知识图谱是将信息可视化技术、引文分析、共现分析等理论和方法相结合，利用可视化的图谱形象地展示某一特定学科的结构、历史、热点、知识结构等，以达到多学科有效融合的现代理论。在此基础上，本文借助 EXCEL 等工具对我国传媒政治研究文献的数量趋势、被引用状况、分布情况、作者和机构、研究热点等进行定量统计和定性分析，借助计量可视化分析的方式分析、总结我国传媒政治研究的对象、方法、深度、进展等，进而在归纳当前研究优势和不足的基础上，探索未来发展趋势和路径，推动学科发展进程。

二、我国传媒政治研究文献计量分析

（一）文献数量趋势分析

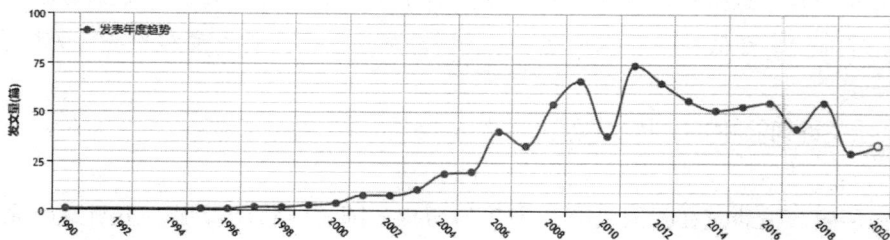

图1　1990—2020 年传媒政治论文年度发文量

文献数量是衡量知识数量的重要标准之一①，本文的文献数量变化以论文年度发文量趋势为标准。由图 1 可得：国内关于传媒政治的研究是从 1990 年起步的，比西方（1964 年开始）推迟了 26 年之久；同时，国内首篇相关论文题目为《政治选举？电视选举？——日美政治对电视传媒的渗透简析》，将日本和美国政治选举和电视传媒的关系探讨作为研究方向，表明我国关于传媒政治的研

---

① 邱均平、苏金燕、熊尊妍：《基于文献计量的国内外信息资源管理研究比较分析》，载《中国图书馆学报》2008 年第 5 期，第 37—45 页。

究是从对国外的分析开始的。之后中断 4 年，从 1995 年再次展开连续的传媒政治研究，这一年的唯一一篇论文是北京大学王岳川教授的《90 年代大众传媒的审美透视——由政治意识形态到消费意识形态转型》，作为我国在传媒政治领域将视野放在国内的第一人，王教授主要指出了 20 世纪 90 年代我国大众传媒的消费主义和玩世主义等负面价值，论述了在当时深入认识大众传媒的新意识形态属性的重要性。1996 年，时任新华社对外部主任记者，现任清华大学国际传播研究中心主任、新闻与传播学院副院长、博士生导师的李希光教授首次将视角放到西方媒体对中国的"妖魔化"报道上，开创了国内传媒政治领域将中西进行结合论述的先河。1997 年，空军政治学院的陈岸然以《浅析大众传媒的发展对思想政治教育主体的影响》为题，从思想政治教育主体这一小角度切入，第一次将传媒与思想政治教育相结合，虽论述不够完善，但为之后的相关研究奠定了基础。到目前为止，国内传媒政治文献年度发文量整体呈先上涨后略微下降的趋势，年度发文量整体偏小。其中，2011 年年度发文量最大，为 74 篇，多为传媒与思想政治教育的关系研究。以上可得，自 1990 年国内出现传媒政治相关研究至今，文献成果偏少，研究内容具有较大的空缺，发展较为缓慢且不够稳定。

（二）文献被引用状况分析

序号	篇名	作者	作者单位	刊名	年份	被引频次
1	"去政治化的政治"与大众传媒的公共性——汪晖教授访谈	汪晖、许燕	清华大学 复旦大学	甘肃社会科学	2006	133
2	媒介动员、钉子户与抗争政治 宜黄事件再分析	吕德文	华中科技大学	社会	2012	128
3	国家形象构建:政治传播及传媒影响力	李正国	中国传媒大学	现代传播 (中国传媒大学学报)	2006	98
4	传媒对大学生政治信任和社会信任的影响研究	王正祥	南京大学	青年探索	2009	93
5	试析大众传媒与思想政治教育创新	赵长渝	南华大学	教育探索	2004	88
6	议程设置的第二层与媒体政治——从《事关重要的新闻》说起	刘海龙	中国人民大学	国际新闻界	2004	86
7	大众传媒的思想政治教育功能浅析	刘东建	中国传媒大学	思想理论教育导刊	2007	84
8	论大众传媒对思想政治教育的影响	游清富	渝州大学	渝州大学学报 (社会科学版)	2001	62
9	大众传媒环境下大学生思想政治教育传播有效性研究	任艳妮	西北工业大学	西北工业大学	2015	61
10	从公众对妇女参政的认知看传媒对妇女参政的影响——一项有关传媒与妇女参政的实证研究	金一虹	南京师范大学	妇女研究论丛	2002	57

图 2　被引频次排名前十的国内传媒政治研究论文

图 2 为被引频次排名前十的国内传媒政治研究论文列表。通过图 2 可得：排名前十的论文被引用频次均达 50 次以上；发表年份均在 2015 年以前，且以 2010 年以前居多；发表的期刊以传播学、新闻学、教育学、社会学种类为主；作者全部来自国内高校，其中中国传媒大学位于第一位；论述传媒与思想政治教育关系的论文在 10 篇论文中引用频次偏下游，且与其他内容的论文比例为

4∶6。综合考量可以得知：国内传媒政治研究的相关论文整体引用频次较高，而论文被引用与否是其关注程度和学术价值的直接体现，因此2000—2010年间的论文质量相对较高；同时，1990年至今，虽论述传媒与思想政治教育关系的论文占有相当大的比例，但在被引用频次上并未体现出这一优势，说明此类论文的观点和研究方向相似性大、创新力度不强、论证深度不够，整体学术水平有待加强。

（三）文献和学科分类分布分析

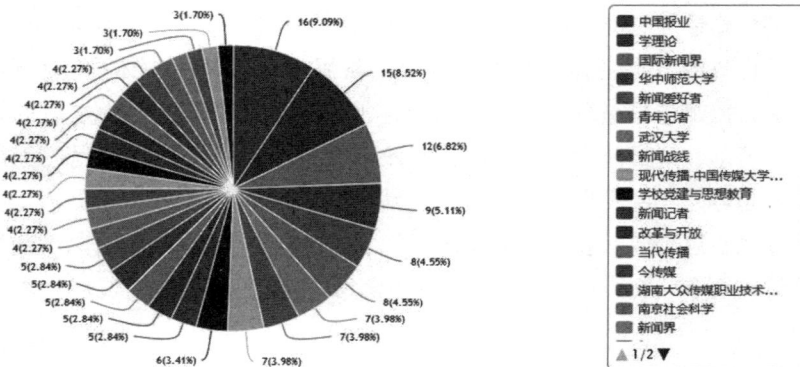

图3　国内传媒政治研究文献来源分布

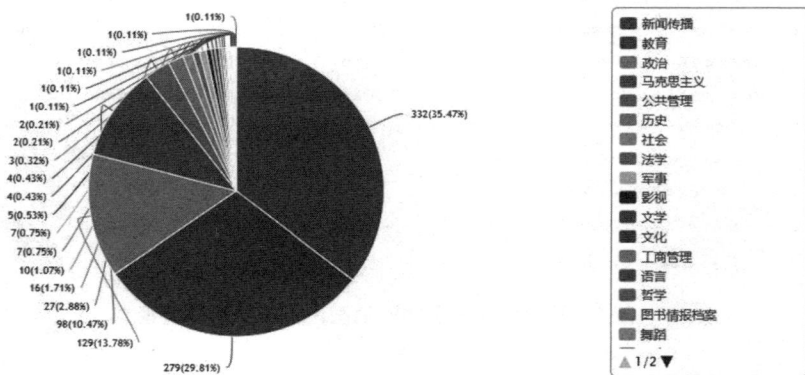

图4　国内传媒政治研究论文学科分类分布

根据图3可知，国内传媒政治研究载文量位于前十的期刊分别是中国报业、学理论、国际新闻界、华中师范大学、新闻爱好者、青年记者、武汉大学、新闻战线、现代传播—中国传媒大学、学校党建与思想教育，其中新闻类 4 种，高校学报类 3 种，传媒经济类 1 种，教育类 1 种，政治类 1 种；根据图 4 可知，与国内传媒政治研究的相关性排名前五的学科分别为新闻传播学、教育学、政治学、马克思主义学和公共管理学，且新闻传播学与教育学几乎占了全部的 2/3。在结合两图的基础上进行分析，可以看到，国内的传媒政治研究文献来源丰富，且主要与新闻传播类和学术教育类联系密切，跨学科性非常明显，且较为注重学术性、时代性和实用性，主要通过对传媒政治类知识的探索，将学术性理论运用于学校、社会和国家的新闻传播与教育事业建设实践中。

（四）作者分布分析

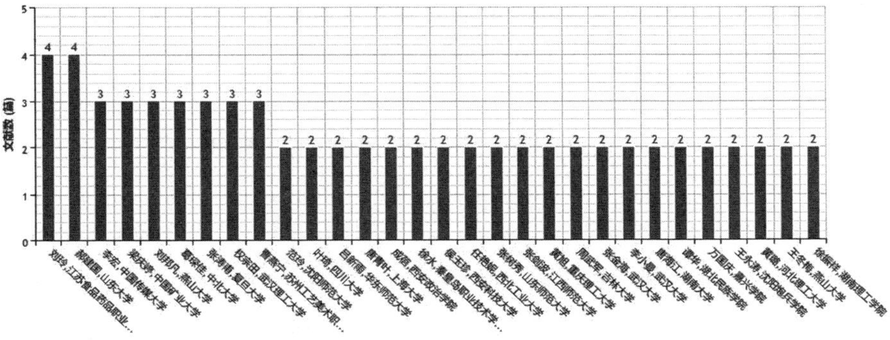

图 5　国内传媒政治文献作者分布分析

由图 5 可知，在国内传媒政治领域，撰写文献数目最多的作者是江苏食品药品职业技术学院的刘玲和山东大学的郝建国。刘玲的论文全部围绕传媒思想政治教育的内涵、功能和实践路径展开，她认为，要从时代维度、国家维度、高职维度、实践维度理解高职院校传媒思想政治教育内涵，从终身教育的"大学校"、公共领域的促建者、思想政治教育的实践场来理解现代传媒的思想政治教育功能，从"思与策""学与授""技与涵""威与众""责与引"五个角度构建传媒时代教育新路径，研究方向明确集中；郝建国的论文主要将重点放在当代中国传媒与政治关系和传媒政治的关系和内涵演变上，横跨古今中外，视野较为广阔。文献数量位于第二位的 7 位作者的研究聚焦于大众传媒与思想政治教育（梁庆婷、葛琛佳、曹燕宁），传媒与政治沟通（李宏、刘邦凡、张涛甫），传媒与政党（权宗田），传媒政治的研究述评、特征、内涵（李宏）几个方向，较为集中。但总体来看，一方面，国内传媒政治研究相关文献绝大部分为作者个人发表，鲜少出现固定的研究团队，作者分布分散，彼此之间联系很少，合作研究意识尚待增强；另一方面，计入图表的全部作者均为高职院校的教师和学生，研究者群体单一局限，在研究角度和实践经验方面限制性较大。

（五）科研实力分析

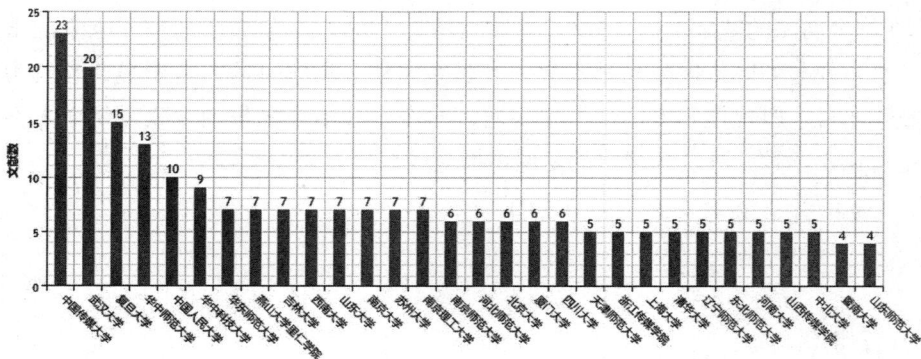

图6　国内传媒政治论文所属机构发表文献数

797篇国内传媒政治研究文献来自不同的期刊，图6为这些论文所属机构的发表文献数量。可以看出，发表文献在10篇及10篇以上的科研机构全部都是国内的985、211高校，分别为中国传媒大学、武汉大学、复旦大学、华中师范大学和中国人民大学，累计发表文献数量依次为23篇、20篇、15篇、13篇和10篇；所属机构主要集中分布于各所高校的新闻学院、传播研究院、马克思主义学院和国际（关系）学院；研究方向主要倾向于西方国家和国内的传媒与政治互动分析，传媒与思想政治教育的关系研究则少得多；与此同时，相关主题的博士与硕士论文占有很大一部分比例。据此可以分析得出，首先，我国国内传媒政治论文的所属机构全部位于高职院校，且结合图2（被引频次排名前十的国内传媒政治研究论文）可知，机构载文量排名前五高校的论文被引用频次基本处于上游，表明大学、学院在与传媒政治相关的科学研究中起着关键性作用；其次，结合上文对图6和图2的分析，可以发现，国内对传媒政治研究起到首创性贡献的北京大学、清华大学在之后反而稍显落后，发表文献数量和被引用频次不甚乐观，研究成果的引领作用有所弱化，同时，以新华社为代表的国家和社会机构对传媒政治的关注度几乎为零；再次，位于前五高校发表的81篇文献中只有5篇是跨校研究的，其余均为各高校独立研究，表明传媒政治研究机构分布零散，机构之间联系微弱，缺乏互动合作的意愿和实践，合作度不高，不能形成统一的研究合力；最后，传媒政治的相关研究多为学位论文的形式，题目过于深化和复杂，不易理解，难以推广和普及，形成常态化的研究趋势任重而道远。

（六）研究热点分析

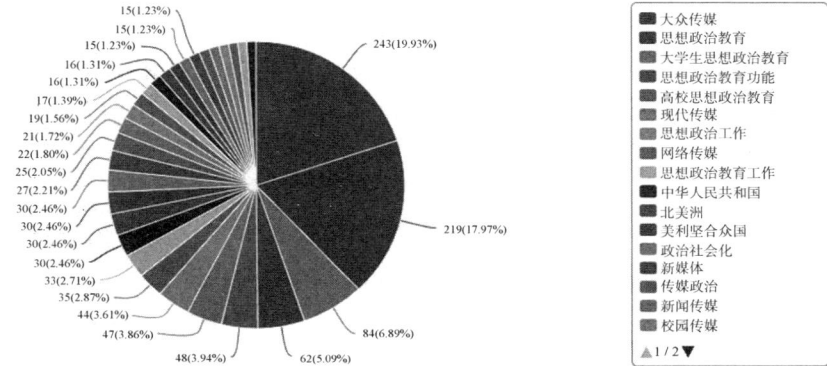

图7 国内传媒政治研究主题分布

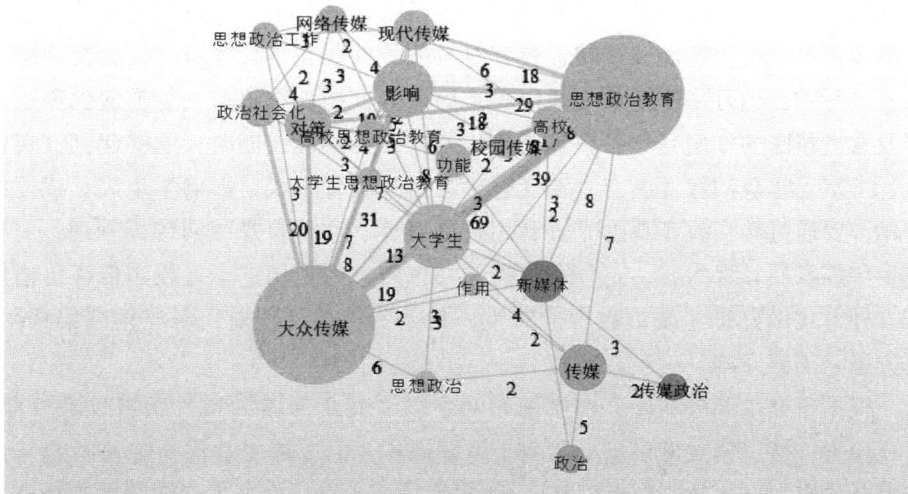

图8 国内传媒政治研究文献关键词共现网络

图7以饼状图的形式直观地体现了国内传媒政治研究主题的所占百分比情况，其中大众传媒（19.93%）和思想政治教育（17.97%）以断层优势占据第一和第二位，大学生思想政治教育（6.98%）、思想政治教育功能（5.09%）和

高校思想政治教育（3.94%）位列第三、四、五位。在此基础上结合图 8 的国内传媒政治研究文献关键词共现网络（关键词词频分布前五位分别为：思想政治教育、大众传媒、大学生、影响、传媒），可以得出，大众传媒与思想政治教育的互动研究是国内传媒政治研究的第一热点问题，基本围绕大众传媒／现代传媒／网络传媒／新媒体对（高校／大学生）思想政治教育（工作）的影响、大众传媒／现代传媒／网络传媒／新媒体的思想政治教育功能以及新时期背景下的思想政治教育路径探索展开；除此之外，也存在国内大众传媒／现代传媒／网络传媒／新媒体与民主政治参与的互动研究和西方的传媒与政治互动研究及中西方的对比研究，但未形成主流。

在国家社会科学基金支持的国内传媒政治研究中，与大众传媒和思想政治教育都相关的研究文献只有 3 篇，按照被引用频次排序分别是梁庆婷、陈勇、陈旻的《大众传媒思想政治教育功能的效果探析》，梁庆婷、陈勇、梅红的《大众传媒的思想政治教育功能初探》（该篇文献因系统或被损害问题已无法查证）和周月华的《校园传媒思想政治教育功能的影响因素和对策》。梁庆婷等认为，大众传媒具有议程设置、倍增特性、引导突发事件、偶像塑造、瀑布模式、塑造传播媒介事件六类功能，存在信息鱼目混珠、消费主义倾向、意识形态渗透、大众传媒崇拜、大众传媒沉溺的弊端，容易造成思想政治教育信息污染、主流价值观消解、工作者挑战严峻、教育对象主体性弱化、教育对象社会交往障碍的不良影响；周月华认为，校园传媒是信息咨询的获取渠道，能够起到舆论监督及营造氛围的作用，具备教育工作以及娱乐的功能，同时，能够起到宣传信息、丰富思想政治教育内容、转变思想政治的教育方式、影响学生成长成才的作用，要通过转变教育观念充分利用校园媒体、注重自身校园传媒管理、完善学生传媒素质教育内容、充分发挥校园红色网站的作用、丰富校园传媒传播内容五种方式做好思想政治教育的对策，与上一篇进行比对，研究角度偏局限，研究思路不够开阔。

根据研究主题分布图，在中国知网中以"大众传媒"和"思想政治教育"进行检索，被引频次最多且与这两个主题都相关的 3 篇文章均为赵长渝的《试论大众传媒与思想政治教育创新》、刘东建的《大众传媒的思想政治教育功能浅析》和游清富的《论大众传媒对思想政治教育的影响》。赵长渝认为，大众传媒具有受众广泛、高效、复杂的特点，具有扩大思想政治教育对象规模、丰富思想政治教育内容、促进思想政治教育方式转变的积极影响和使思想政治教育对象的价值观和行为失范、思维方式单一化、心理和社会交往产生冲击、弱化思想政治教育效果的消极影响，应从提高思想政治教育者的素质、尊重教育对象的主体性、占领大众传媒的思想政治教育阵地三个方面加强和改进；刘东建认为，大众传媒具备"没有围墙的大学"、公共议题的"指向灯"和思想政治教育"授受合一"的演练场三项功能，要在新时期通过正确引导大众传媒的娱乐化倾向、增强大众传媒的主流道德文化信息传递功能和提升大众传媒的"公信力"三种方式加强大众传媒思想政治教育功能，更侧重于从整个国家和社会的宏观角度进行论述；游清富认为，大众传媒对青年思想的影响力不断上升、使思想政治教育面对更加复杂的教育对象和教育环境和面临如何实现科学化的挑战，与此同时，为思想政治教育带来了改善物质条件、丰富教育内容、促进方式转变、开辟新途径、创造新环境、提出新课题的积极影响，也因优劣信息的快速涌入等原因对思想政治教育的积极形象、对象、反馈、效果等带来了消极影响，侧重于从思想政治教育本身的微观角度进行论述。

三、结论和建议

结合上文 8 张图及简要分析，可以得出以下结论。

第一，我国传媒政治的研究是从对国外政治选举和电视传媒的关系探索开始的（1990 年），虽滞后于西方，但却是国内关于西方传媒政治研究的起点。然而纵观国内研究时间线，该类研究并未延续这一首发优势，文献成果少，发展较为缓慢，且多为仅对西方或仅对国内的单独研究，中西方的对比、融合和借鉴研究存在较大空缺。今后的研究应该加强对创新思路和方法的运用，对西方传媒政治领域的经验去粗存精、借鉴创新、西学中用，在此基础上重视对树立我国国际政治形象的研究，为改善西方"污名化""妖魔化"中国的现有现象提供切实可行的新方法和新路径。

第二，大众传媒与思想政治教育的互动研究是国内传媒政治研究的第一热点问题，相关文献数目繁多，但其被引用频次即被认可程度不甚理想，同时，经过简要总结可知，在该主题下，基本涵盖了特点、功能、影响、路径等详细、丰富的宏观和微观内容，但存在观点重复度偏高、论文数量和质量不成正比的情况。今后的研究应在结合国际国内新时代背景的基础上，首先定义、厘清这门跨学科研究的相关概念，同时继续发掘研究创新点，不断推进传媒思想政治教育的制度化建设和探索，在保证研究质量的前提下继续扩大研究规模。

第三，国内传媒政治研究基本集中在全国各类高职院校，且多为作者的独立性研究，几乎没有专业研究团队，同时鲜少出现国家和社会性机构。今后的研究首先应注重专业研究团队甚至专业研究学派的发展，学院、学校间加强研究互动，增进合作、多多进行学术辩论，推动形成跨学科、多中心、团队性的合作研究趋势，提高研究的专业性；其次，不能将研究仅仅局限在学术领域，社会机构要增加对传媒政治研究的关注度和参与度，增加研究思路、推动理论与实践相结合；最后，研究者要充分争取和利用国家的资金和项目支持，身体力行宣传相关理论知识，增强研究的常态化和普遍性。

参考文献

[1] 周月华：《校园传媒思想政治教育功能的影响因素和对策》，载《继续教育研究》2015 年第 10 期，第 114—115 页。

[2] 梁庆婷、陈勇、陈旻：《大众传媒思想政治教育功能的效果探析》，载《思想理论教育导刊》2013 年第 1 期，第 109—113 页。

[3] 邱均平、苏金燕、熊尊妍：《基于文献计量的国内外信息资源管理研究比较分析》，载《中国图书馆学报》2008 年第 5 期，第 37—45 页。

[4] 刘东建：《大众传媒的思想政治教育功能浅析》，载《思想理论教育导刊》2007 年第 1 期，第 42—44 页。

[5] 赵长渝：《试论大众传媒与思想政治教育创新》，载《教育探索》2004 年第 7 期，第 98—99 页。

[6] 游清富：《论大众传媒对思想政治教育的影响》，载《渝州大学学报（社会科学版）》2001 年第 6 期，第 108—112 页。

[7] 陈岸然：《浅析大众传媒的发展对思想政治教育主体的影响》，载《空军政治学院学报》1997 年第 5 期，第 43—44 页。

[8] 李希光：《"妖魔化"中国的背后——美国传媒是如何讲政治的》，载《国际新闻界》1996 年第 5 期，第 5—10、17 页。

[9] 王岳川：《90 年代大众传媒的审美透视——由政治意识形态到消费意识形态转型》，载《求是学刊》1995 年第 4 期，第 61—65 页。

[10] 徐兆荣：《政治选举？电视选举？——日美政治对电视传媒的渗透简析》，载《国际新闻界》1990 年第 3 期，第 55—56、61 页。

融媒体时代网播组织的法律保护困境与
应然路径选择

焦和平　　赵迪雅①

[摘要]　在当今媒体融合时代，网播组织已成为文化产品的主要提供者。现实中网播组织主要有两种类型：传统广播组织的互联网衍生平台和独立网播平台。衍生平台依托于传统广播电台、电视台，具有天然的内容资源优势，而独立平台播放的节目通常依据其与第三方签订的合同而定。由于网播组织目前在我国版权法上的地位模糊不清，实践中网播组织遭遇信号盗播时或以传统媒体的被许可人身份起诉，或以独立的著作权人身份起诉，但在司法实践中均遭遇维权困境。为顺应技术发展趋势，保护并促进网络产业发展，我国著作权法应将网播组织纳入广播组织权的主体保护范围。

[关键词]　网播组织；衍生平台；独立平台；信号盗播；版权法

我国著作权法第四十五条为广播组织赋予了一系列权利，但条文并未明确广播组织的具体含义。根据《广播电视管理条例》的规定，我国广播组织权的主体特指广播电台、电视台，其中包括无线广播电台、电视台以及有线广播电台、电视台。② 但在融媒体时代出现了大量网播组织，这些网播组织借助信息网络技术向公众传播广播节目，在一定程度上取代了传统广播组织的地位。信息网络技术逐渐改变了公众接收广播节目的方式，收看网络广播节目逐渐成为主流，网播组织的重要性得以凸显。与此同时，针对网播组织的侵权行为也日渐增多，例如未经授权通过信息网络转播网播组织的广播节目。但我国著作权法既没有赋予广播组织信息网络传播权，也没有将网播组织纳入广播组织权的

---

① 作者简介：焦和平，西北政法大学知识产权学院副教授、法学博士，博士后，硕士生导师。赵迪雅，西北政法大学硕士研究生。
② 参见《广播电视管理条例》第8条。

主体保护范围。因此，在此类案件中，司法实践也屡屡面临网播组织地位判断问题。① 在此种背景下，网播组织的利益是否需要保护以及如何保护成为当前融媒体时代亟待解决的理论与实践问题，本文拟就此展开讨论。

一、融媒体时代网播组织法律保护面临的挑战

（一）网播组织的兴起与发展

"融媒体"概念在我国正式被提出是在 2014 年。2014 年《光明日报》成立融媒体中心，"融媒体"概念正式走进了公众的视野。但事实上，融媒体作为媒介融合的产物，在 2014 年之前就已产生，其发展路径大致可分为三个阶段。第一个阶段是在 2008 年之前，传统媒体开始上网，传统媒体开始将其内容资源转移至互联网平台。以本文论述对象广播组织为例，珠江经济广播电台于 1996 年 12 月开始在互联网上播放电台。② 这一阶段的特点是传统媒体虽然与信息网络开始结合，但只是机械相融，两者没有产生联系。第二个阶段是 2008 年至 2014 年，在这一阶段中，传统媒体开始与新媒体产生互动，但仍然没有形成紧密联系。③ 第三个阶段是从 2014 年至今，2014 年被称为媒体融合元年，在这一年中央刊发了《关于推动传统媒体和新兴媒体融合发展的指导意见》。自此媒介融合被提升到国家战略层面，而融媒体作为媒介融合的产物更是备受关注。

融媒体时代，网播组织主要分为两种类型。第一个类型是传统广播电台、电视台建造的网络广播电视台，这一平台完全依托于传统广播电台、电视台，属于传统广播电台、电视台的互联网衍生平台（下文简称"衍生平台"）。例如，中央广播电视台于 2009 年成立的中央网络广播电视台，再如湖北广播电视台于 2010 年成立的湖北网络广播电视台。现阶段，我国广播电台、电视台基本都建设了网络广播电视台。衍生平台产生于传统广播电台、电视台，其具有天然的内容资源优势，传统广播电台、电视台的广播节目往往同步在衍生平台播

---

① 如在嘉兴华数电视通信有限公司诉中国电信股份有限公司嘉兴分公司侵害广播组织权案中，被告辩称原告不属于我国《著作权法》中的广播电台、电视台，不具有诉讼主体资格。参见浙江省嘉兴市中级人民法院（2012）浙嘉知终字第 7 号判决书。
② 赵双阁：《三网融合背景下中国广播组织权制度的反思与重构》，社会科学文献出版社 2016 年版，第 33 页。
③ 栾轶玫、杨宏生：《从全媒体到融媒体：媒介融合理念嬗变研究》，载《新闻爱好者》2017 年第 9 期。

出，有观点称此种广播方式为"同步网络广播"①。但笔者认为此种称呼不甚精确，因为衍生平台除了同步播放传统广播电台、电视台的节目外，还提供回放与点播功能，此时播放的节目与传统广播电台、电视台播放的节目并不同步。第二个类型属于新兴网播组织，例如优酷视频、腾讯视频、PPTV 聚力、喜马拉雅等，下文称此种网播组织为独立平台。② 独立平台不依托传统广播电台、电视台，所以其播出的广播节目多呈点状、分散式分布。例如在新浪诉凤凰网中超赛事转播案中，新浪与中超公司签订合同，享有在门户网站广播中超赛事的权利。③ 当新浪在广播中超赛事时，广播节目的顺序以及播出时间完全依照合同而定。

（二）网络环境中网播组织的特征

首先，模拟信号时代，公众观看广播节目的最大特征是，公众需等候在电视机或收音机前，按照对应的时间表观看节目。若错过了观看时间，只能等待下次播放。但是在融媒体时代，衍生平台与独立平台均具有"回看"与"快进"功能，若公众错过了播放时间，只需点击"回看"即可。值得说明的是，网播组织也存在网络定时播放与网络直播等形式，当网播组织设置定时播放或网络直播时，公众虽不可主动获取广播节目，但在定时播放或直播结束后，直播内容会被"储存"在网播组织平台中，届时公众即可主动获取。例如，打开PPTV 聚力视频软件，可在首页看到近期体育直播的时间安排，也可看到前期直播的回放视频。由此可知，在融媒体时代，广播节目的接收渠道由单向获取转变为双向互动获取。其次，模拟信号时代，广播组织播放的广播节目通常是一个概括性概念，它更强调线性排列的广播节目整体，而不刻意凸显单个广播节目。彼时，广播节目是特定的广播组织在某一时段内播放的所有节目的统称，这些广播节目依照时间顺序进行排列，因此具有线性特征。而在融媒体时代，独立平台播放的广播节目通常依照其与第三方签订的合同内容而定，例如在新浪诉凤凰网中超赛事转播案中，新浪仅依照合同取得一定期间内广播中超赛事的权利，④ 即广播节目的播放时间并非线性排列。

（三）融媒体时代网播组织法律保护的挑战

模拟信号时代，广播组织在作品传播方面做出了巨大贡献，例如 Louis G.

---

① 郭雨洒：《新技术时代广播组织权制度变革与重塑》，中南财经政法大学 2018 年博士学位论文。
② 如无特别说明，本文网播组织概指衍生平台与独立平台。
③ 参见北京知识产权法院（2015）京知民终字第 1818 号民事判决书。
④ 参见北京知识产权法院（2015）京知民终字第 1818 号民事判决书。

Caldwell 教授在 1936 年发表的论文中主张对广播组织提供保护，其基于的理由是广播组织对广播节目之间的顺序与安排①做出了贡献。因此，著作权法为保护作品的传播，为广播组织赋予了邻接权地位。而在融媒体时代，网播组织同样为作品的传播投入了资金、付出了人力，它们也理应从作品的传播中获得回报。与此同时，互联网环境下针对广播节目的侵权行为逐渐增多，但我国著作权法并没有为广播组织赋予信息网络传播权，同时权利主体的范围仅限传统广播电台、电视台，网播组织的利益难以得到有效保护。长此以往，网播组织将缺乏传播广播节目的动力支持，不利于网播行业的良性发展，同时公众获取信息的能力也将受损。

二、我国司法实践对网播组织法律保护的探索与困境

衍生平台与独立平台同作为网播组织，他们在作品传播方面都做出了努力。但由于两者广播方式的特点不同，由此形成了两种不同的保护模式。例如衍生平台对于未经授权通过信息网络进行转播的行为，通常以广播组织身份提起诉讼，而独立平台对于未经授权通过信息网络转播的行为，通常以著作权人身份提起诉讼。

（一）授权合同保护模式

由于衍生平台与广播电台、电视台具有同一性，未经授权的互联网转播行为主要针对广播电台、电视台的广播节目，而广播组织享有的转播权又无法规制此类行为，故广播电台、电视台将通过信息网络进行传播的权利授权给衍生平台。简言之，通过信息网络传播广播电台、电视台广播节目的权利属于衍生平台，衍生平台的此种利益值得保护。

而在我国司法实践中出现的大量未经广播电台、电视台授权，通过信息网络传播广播节目的行为，虽然此种侵权行为指向的对象是传统广播电台、电视台播放的广播节目，但既然广播电台、电视台将此种权利授权给衍生平台，那么此种行为自然侵害了衍生平台的利益。简言之，通过信息网络传播广播节目的利益应属于衍生平台，而未经授权的转播行为分散了此种利益。为了保护自身利益，衍生平台通常以侵害广播组织权为由向法院提起诉讼，而被告通常的

---

① See Louis G. Caldwell. The Copyright Problems of Broadcasters. The Journal of Radio Law, 1932（2）：pp. 287—314.

抗辩理由均为原告不具备诉讼主体地位。① 深而论之，被告认为广播组织权的权利主体是广播电台、电视台，而衍生平台并不符合此要求。但在诸如此类的侵害广播组织权案件中，法院均认可了衍生平台通过授权合同取得的主体地位，② 即衍生平台有权以侵害广播组织权为由提起诉讼。同时此种侵权行为的对象多以频道为单位，③ 此种侵权特点也体现了广播节目的线性特征。在我国著作权法尚未更新广播组织权利内容之时，通过授权合同保护衍生平台的利益蕴含了利益平衡原则。

（二）狭义著作权法保护模式

独立平台作为网播组织，其与衍生平台的区别在于，前者没有广播电台、电视台的内容资源支持。独立平台只能与作品权利人或第三人单独签订合同，向公众传播广播节目。由此独立平台播放的广播节目多呈点状分布，其没有完整的节目列表，一般通过预告的方式向公众传播广播节目。例如 PPTV 聚力作为一款视频软件，在其首页会有近期体育赛事的预告，当 PPTV 聚力向公众广播体育赛事时，其身份即为网播组织。此类独立平台的身份具有复合型，当独立平台向公众传播广播节目时，其身份为网播组织，但独立平台传播的广播节目较为分散，当其不传播广播节目时，独立平台自身又"储存"了大量著作权人的作品，例如 PPTV 聚力拥有一众口碑电视剧及电影，此时其身份又为网络服务提供者。另外，除了视频软件常扮演网播组织角色外，一些综合类新闻娱乐软件也可成为网播组织，而此类网播组织仅偶尔播放广播节目，不"储存"著作权人的作品，例如新浪作为一款新闻社交软件，当其广播体育赛事时，其身份即为网播组织。

而独立平台为了取得广播节目，付出了巨大的财力，同时其自身也希望通过播放广播节目获利，而未经授权的互联网转播行为无疑侵犯了此种利益。与

① 例如，在央视国际诉北京我爱聊科技有限公司侵害广播组织权案中，被告的抗辩理由为："本案不属于侵害广播组织者权的范畴。央视国际公司不是广播组织者权的主体，广播组织权的主体是广播电台、电视台，故央视国际公司不享有广播组织权，广播组织权也不包含通过网络传播的内容。"参见北京市海淀区人民法院（2013）海民初字第21470号民事判决书。

② 例如，在央视国际诉北京我爱聊科技有限公司侵害广播组织权案中，法院认为："央视国际公司作为中央电视台的下属公司经中央电视台授权获得相关权利，包括对外授权上述节目的通过网络传播、广播的独家权利。其有权禁止未经其许可将中央电视台播放的电视转播。"参见北京市海淀区人民法院（2013）海民初字第21470号民事判决书。

③ 例如，在央视国际诉北京我爱聊科技有限公司侵害广播组织权案中，被告我爱聊科技有限公司未经授权转播了 CCTV1 综合频道和 CCTV5 体育频道、CCTV2 财经频道。

衍生平台不同的是，首先，新媒体平台的被侵权对象多为单个独立的广播节目，而非以频道为单位的线性节目。其次，独立平台多以著作权人身份向法院提起诉讼，而衍生平台多以广播组织身份向法院提起诉讼。深而论之，独立平台在传播广播节目时，其身份虽为网播组织，但其并未以广播组织身份提起诉讼，原因或在于独立平台并不依托于广播电台、电视台，以及我国著作权法尚未认可网播组织的身份。司法实践中，独立平台多通过证明广播节目的作品性，通过著作权法对其利益进行保护。例如，在新浪诉凤凰网中超赛事转播侵权案中，原告新浪通过证明中超赛事的作品性，证明凤凰网侵犯了其利益。而被告对原告的抗辩理由多为原告仅传播了广播节目，不具备著作权人身份。① 而法院在此类案件中，均认可了原告通过与第三方权利人签订合同而获取的身份，认可其诉讼主体地位，② 允许原告以著作权人的身份提起诉讼。

（三）现有两种保护模式的局限与困境

衍生平台与独立平台在遭受信号盗播行为时，都面临诉讼主体内涵不清的障碍。衍生平台通常依靠与传统广播电台、电视台之间的授权合同，证明其得到传统广播电台、电视台的授权，可以依合同约定对未经授权的转播行为提起诉讼。例如，在河南有线公司诉商丘同方恒泰侵害广播组织权案中，被告认为河南有线公司并不属于著作权法中经行政审批成立的广播电台、电视台，不具有诉讼主体资格。③ 而独立平台直接与第三方签订合同，该第三方可能为作品著作权人、体育赛事主办方或网络游戏直播主办方等。当信号盗播行为发生时，独立平台往往以著作权人身份主张权利，但是被告往往不认可原告依据合同取得的身份，如在新浪诉凤凰网中超赛事转播案中，被告认为："新浪公司主体不适格，其未获得作者授权，且其获得的授权有重大瑕疵。"④

除此之外，衍生平台以授权合同取得的主体资格，提起诉讼还存在以下问题。首先，我国著作权法规定广播组织权的授权模式为禁止模式，即广播电台、电视台不拥有许可他人转播、复制以及录制广播节目的权利，但可禁止他人未经授权转播、复制以及录制广播节目。但是在我国司法实践涉及衍生平台的案件中，传统广播电台、电视台均将通过信息网络传播的权利授权给衍生平台，这一授权方式与我国著作权法的规定相矛盾。其次，我国著作权法并未赋予广

① 参见北京知识产权法院（2015）京知民终字第 1818 号民事判决书。
② 参见北京知识产权法院（2015）京知民终字第 1818 号民事判决书。
③ 参见河南省高级人民法院（2014）豫法知民终字第 249 号判决书。
④ 参见北京知识产权法院（2015）京知民终字第 1818 号民事判决书。

播电台、电视台信息网络传播权,那么在以上案例中,广播电台、电视台如何能将通过信息网络向公众传播的权利授权给衍生平台也存在一定问题。

而独立平台以著作权人身份,规制信号盗播侵权行为时还存在以下问题。困境一:直播画面的独创性标准难以统一。独创性是判断直播画面是否属于作品的重要因素,但在具体判断直播画面的属性时,形成了两种不同的观点。如在新浪诉凤凰网体育赛事直播侵权案中,二审法官就据此认定体育赛事直播画面虽具一定的独创性,但并不构成作品。① 再如在央视诉 PPTV 欧足联赛转播案②中,法官据此认定直播画面属于著作权法意义上的作品。困境二:盗播行为侵犯著作权人何种权利难以确定。争议的焦点主要为网络实时转播行为是否受广播权规制。由于各方对我国著作权法第 9 条第 11 项中的有线转播理解不同,无法就有线广播是否包含网络广播达成一致意见,因此在体育赛事直播侵权类案件中就出现,同一侵权行为(实时网络转播)却侵犯不同权利的现状。如在央视诉 PPTV 欧足联赛转播案中,法院认定被告的实时网络转播行为侵犯了原告享有的"其他权利"(兜底权利)。③ 而在央视国际诉百度案中,法院认为被告的实时网络转播的行为,侵犯了原告享有的广播权。④ 鉴于上述两种困境的存在,已有学者主张应通过完善我国广播组织权的相关规定,规制此类案件。⑤

三、融媒体时代网播组织保护模式的应然选择

(一) 版权保护模式应成为应然选择

首先,融媒体时代,传统媒体与新兴媒体正在加速融合发展。传统广播电台、电视台利用互联网技术建设网络广播电视台,而新兴媒体也通过信息网络

---

① 二审法院认为:"在我国著作权法区分著作权和邻接权两种制度,且对相关连续画面区分为电影作品与录像制品的情况下,应当以独创性程度的高低作为区分二者的标准。仅就被上诉人意见陈述中所涉及各事例而言,本院尚无法看出其体现出了较高的独创性程度。故涉案两场赛事公用信号所承载连续画面并未达到电影作品所要求的独创性高度。"参见北京知识产权法院(2015)京知民终字第 1818 号民事判决书。

② 一审法院认为:"对于涉案足球赛事等视听节目是否符合作品的独创性的判断仍应坚持最低限度独创性的标准,以使诸等视听节目获得充分的法律保护。"参见上海浦东新区人民法院(2017)沪 0115 民初 88829 号民事判决书。

③ 参见上海浦东新区人民法院(2017)沪 0115 民初 88829 号民事判决书。

④ 参见北京市第一中级人民法院(2013)一中民终字第 3142 号民事判决书。

⑤ 参见王迁:《论体育赛事现场直播画面的著作权保护——兼评"凤凰网赛事转播案"》,载《法律科学》2016 年第 1 期。

向公众传播广播节目，即独立平台。而我国著作权法对于广播组织权主体范围的定义仍停留在前互联网时代。《罗马公约》虽然没有明确界定广播组织的概念，但《罗马公约》第 3 条通过规定广播是指无线电传播，①而将广播组织限定为无线广播组织。随着有线传输技术的发展，广播节目不仅可以通过无线方式传输，也可以通过有线方式传输。《罗马公约》对于广播组织权主体范围的规定，显然不适应广播技术的发展。因此，世界知识产权组织版权及相关权常设委员会（以下简称"SCCR"）负责缔结的《保护广播组织条约》旨在更新广播组织权的内容。在第 15 届缔结《保护广播组织条约》会议上，与会代表分别从传统广播方式的角度，定义了有线广播组织与无线广播组织。②此后，在第 27 届缔结《保护广播组织条约》会议上，与会代表放弃了分别从不同广播主体定义广播组织的方式，而采取"技术中立"的定义方式，直接将广播组织定义为"对广播节目负有编辑责任的实体"，③但是仍然排除仅通过信息网络向公众传播节目的实体。第 15 届《保护广播组织条约》会议至第 27 届《保护广播组织条约》会议，与会各方逐渐放弃以不同的技术手段分别定义广播组织，而转向以"技术中立"的角度定义广播组织。事实上，网播组织与传统广播组织的传播方式基本相同，只不过网播组织是通过信息网络向公众传播节目。而《保护广播组织条约》之所以排除将网播组织纳入广播组织权的主体范围，主要原因是，发达国家与发展中国家关于网播组织主体地位问题的意见无法调和。发达国家的网播行业较发达，其在本国利益集团的推动下，积极支持将网播组织纳入广播组织权的主体范围。④而发展中国家的大多数公众仍依靠传统广播获取信息，如果保护网播组织，收益的将是发达国家，⑤因此发展中国家不支持将网播组织纳入广播组织权的主体范围。我国虽属发展中国家，但我国的信息网络技术已在全球位列前位，网播行业蓬勃发展的同时亟须相关法律规定的完善，因此，我国应依照"技术中立"原则，为网播组织提供保护。

其次，网播组织主体地位的确定，也可帮助司法实践统一裁量结果。本文第二部分已详述我国司法实践保护网播组织的不同模式，衍生平台与独立平台同作为网播组织，两者都通过信息网络向公众传播广播节目，但却适用不同的

---

① 《罗马公约》第 3 条规定："广播"是指供公众接收的声音或图像和声音的无线电传播。

② See SCCR/15/2, para 5.

③ See SCCR/27/2Rev, para 5.

④ See SCCR/12/4, para 49.

⑤ 郭雨洒：《新技术时代广播组织权制度变革与重塑》，中南财经政法大学 2018 年博士学位论文。

保护模式。其中，独立平台作为新兴网播组织，经常以网络直播的形式向公众广播体育赛事，此时，独立平台替代了传统广播电台、电视台的功能定位，但由于我国著作权法暂未将网播组织纳入广播组织的主体保护范围，独立平台只能以著作权受到侵害为由提起诉讼。同时，当衍生平台以广播组织权受到侵害为由提起诉讼时，也多面临主体地位不清等问题。因此，为了保障法律的可预测性与司法裁判的统一性，我国应将网播组织纳入广播组织权的主体范围。

最后，SCCR 制定《保护广播组织条约》的首要目的，即规制信号盗播行为。① 前互联网时代，《罗马公约》为广播组织提供的保护已不适用于融媒体时代。我国著作权法对于广播组织权的规定来源于《罗马公约》，② 其权利内容同样需要更新。而发生在互联网平台的信号盗播行为，一部分指向了传统广播电台、电视台广播的广播节目，另一部分指向了独立平台广播的广播节目。而我国著作权法并没有赋予广播组织信息网络传播权，因此，传统广播电台、电视台无法规制通过信息网络进行转播的行为。而衍生平台由于不具有主体地位，其权利完全来自传统广播电台、电视台的授权，自然也无法规制此类行为。独立平台在遭遇信号盗播行为时，由于其不具有广播组织的主体地位，只能以侵害著作权为由提起诉讼。那么在案件审理中，围绕的中心是直播画面是否构成作品，是否侵犯了著作权人的权利，而信号盗播对独立平台的影响没有妥善处理。为了更好地规制融媒体时代的信号盗播行为，我国著作权法应承认网播组织的主体地位，将其纳入广播组织权的主体范围。

（二）立法回应：兼评著作权修订草案二稿

综上所述，我国著作权法应将网播组织纳入广播组织权的主体范围。首先，需要明确广播组织的具体含义，明确界定广播组织不仅包括无线广播组织、有线广播组织还包括网播组织。对于无线广播组织与有线广播组织，通常对应的是我国的广播电台、电视台。而网播组织由于网络技术的复杂性，不易判断主体身份。在第 27 届制定《保护广播组织条约》会议上，与会代表为广播组织规定了如下三个条件：第一，广播组织需对广播节目负编辑责任；第二，广播节目是向公众播送；第三，广播组织是一个实体。③ 我国可以在《著作权法实施条例》中规定，只有满足以上三个条件的实体才属于我国著作权法中的广播

---

① See WIPO Document SCCR/15/2 Rev. 2. Preamble.
② 彭桂兵：《网络环境中广播组织权的主体辨明与制度构想》，载《西南民族大学学报》2018 年第 5 期。
③ See SCCR/27/2Rev，para 5。

组织。

其次，应注意到独立平台区别于衍生平台的特征。独立平台由于并没有依托于传统广播电台、电视台，所以其广播的节目在时间上是不连贯的。简言之，衍生平台多以"频道"为单位连续地向公众传播广播节目，而公众只有在独立平台预告的时间段，点击独立平台，才能接收到广播节目。例如腾讯视频预告某一时间段将现场直播体育赛事，而在此时间段之外，腾讯视频并不属于网播组织，其内部"储存"了大量的电视剧与电影等内容资源，其身份更接近网络服务提供者。深而论之，当腾讯视频按照预定的时间向公众传播广播节目时，其身份为网播组织，但当其不传播广播节目，腾讯视频丧失了对广播节目负有编辑责任这一要件，公众可以任意在选定的时间点击腾讯视频，观看其"储存"在内部的内容资源。此时其身份仅为网络服务提供者。因此，我国著作权法在更新网播组织的相关内容时，还需强调"播放"对于广播组织的重要性。事实上，我国现行著作权法中广播组织权一节的标题是"广播电台、电视台播放"，该标题恰恰强调了"播放"对于广播组织的重要性。当我国著作权法更新关于网播组织的相关内容时，仍要强调，只有向公众传播了广播节目的网播组织，才属本法规定的广播组织。

最后，我国于 2020 年 8 月公布的《中华人民共和国著作权法修正案（草案二次审议稿）》（以下简称"二审稿"）为广播电台、电视台赋予了信息网络传播权。[①] 如此，广播电台、电视台可以规制未经授权的网络转播行为。但是衍生平台的利益仍然面临保护困境，因为部分转播行为的侵权对象是衍生平台所拥有的信号，虽然衍生平台的节目内容与广播电台、电视台一致，但信号盗播行为的指向对象却并不都是广播电台、电视台的广播信号。例如，在南昌广播电视网络传输中心诉中国电信股份有限公司江西分公司广播组织权侵权纠纷案中，被告未经授权转播了原告的广播信号，而非转播广播电台、电视台的信号。法院在判决书中指出："电信江西分公司截取南昌广电转播的中央电视台3、5、6、8 套节目信号并通过 IPTV 的方式实时转播上述节目信号。[②]"从中也可看出，被告截取的是原告的广播信号，而非中央电视台的信号。因此，衍生平台的利益依然没有得到保护。此外，二审稿也没有提及独立平台的利益保护问题，而上述两主体在司法实践中已面临保护困境，亟待法律完善。

---

① 参见《著作权法修正案（草案二次审议稿）》第 47 条。
② 参见南昌铁路运输中级法院（2018）赣 71 民终 62 号民事判决书。

四、结论

模拟信号时代,《罗马公约》为广播组织提供了相对完善的保护,但在进入融媒体时代后,盗播行为的普遍性与盗播行为的高发性,都使得产生于前互联网时代的《罗马公约》无法再向广播组织提供妥善的保护。其中,信号盗播行为的主要侵权对象是网播组织,而网播组织一方面包括传统广播电台、电视台建设的网络广播电视台,另一方面包括纯粹的网络广播平台。对于前者而言,传统广播电台、电视台由于不享有信息网络传播权,因此无法规制通过信息网络的信号盗播行为。而对于后者,独立平台由于不具有主体地位,在司法实践遭遇信号盗播侵权行为时,只能以著作权受到侵害为由向法院提起诉讼,但是该规制模式在司法实践中也遭遇了困境。为了更好地促进网播行业的良性发展,我国应依照"技术中立"原则向网播组织提供保护。虽然网播组织与传统广播组织利用的传播技术不同,但两者的广播过程是完全相同的,不能根据传播技术的不同,区别对待相同的传播主体。正如在《罗马公约》缔结时,与会代表认为广播一般是通过无线电传播的,那么广播组织指代的仅仅也是无线广播组织。在《罗马公约》缔结后数十年,有线传输技术的迅速发展,有线广播组织也迅速发展壮大,我国著作权法中的广播电台、电视台指代的正是无线广播电台、电视台与有线广播电台、电视台。① 那么随着融媒体时代的来临,网播组织作为正在发展壮大的群体,我国著作权法同样应对其提供与传统广播组织相同的保护,以促进网播行业的良性发展。

参考文献

[1] 王迁:《广播组织权的客体——兼析"以信号为基础的方法"》,载《法学研究》,2017 年第 1 期。

[2] 胡开忠:《网络环境下广播组织权利内容立法的反思与重构》,载《法律科学》,2019 年第 2 期。

[3] 栾轶玫、杨宏生:《从全媒体到融媒体:媒介融合理念嬗变研究》,载《新闻爱好者》,2017 年第 9 期。

[4] 赵双阁:《三网融合背景下中国广播组织权制度的反思与重构》,社会科学文献出版社 2016 年版。

---

① 郭雨洒:《新技术时代广播组织权制度变革与重塑》,中南财经政法大学 2018 年博士学位论文。

［5］Lisa Mak "Signaling New Barriers: Implications of the WIPO Broadcasting Treaty for Public use of Information", Hastings Communications and Entertainment Law Journal, p. 539.

［6］Louis G. Caldwell, "The copyright problems of broadcasters", The Journal of Radio Law, 1932.

［7］Shyamkrishna Balganesh, "The Social Costs of Property Rights in Broadcast (and Cable) Signals", p. 1323.

［8］Divyanshu Sehgal and Siddharth Mathur, "Rights and Duties of Broadcasting Organizations: Analysis of WIPO Treaty on The Protection of Broadcasting organizations", Journal of intellectual property rights, 2011.

［9］彭桂兵：《网络环境中广播组织权的主体辨明与制度构想》，载《西南民族大学学报》2018年第5期。

［10］万勇：《论向公众传播权》，法律出版社2014年版。

［11］［西］德利娅·利普希克：《著作权和邻接权》，中国对外翻译出版公司2000年版。

［12］［德］西尔克·冯·莱：《国际版权法律与政策》，知识产权出版社2017年版.

回应与拷问：涉警负面舆情解惑式处置研究

黄永春①

[摘要] 舆情是社会的皮肤，是社会时势的晴雨表。负面舆情的力量是巨大的，不可小觑。曾经一度此起彼伏的涉警负面舆情令个别公安机关应接不暇。厘清涉警负面舆情的基本概念和主要特征，明晰推行涉警负面舆情解惑式处置的现实意义和主要"不适症"，从事实呈现、主动回应、问题拷问、机制构建等新方面推行涉警负面舆情解惑式处置，使涉警负面舆情存在的问题清者更清、糊者厘清、腐者肃清。

[关键词] 涉警负面舆情；解惑式处置；回应；拷问

引言：涉警负面舆情掀起法治变革波澜

舆情是社会的皮肤，是社会时势的晴雨表。《吕氏春秋》里讲："尧有欲谏之鼓，舜有诽谤之木。"陈胜、吴广起义时让人在帛上用朱砂写上"陈胜王" 3个字，塞到鱼肚子里，并让人学狐狸叫"大楚兴、陈胜王"，一来二去令人信以为真。这是古人发挥舆情作用的典范。随着互联网化、信息化，尤其在智能手机被广泛应用和新兴传媒高速发展的今天，"人人都有麦克风、人人都是新闻发言人"和随时随地随手便可进行的"现场直播"，已经彻底颠覆了人们旧有的思维模式和习惯方式。负面舆情的力量是巨大的，也是不可小觑的。在国外，经常因不良或恶性舆情渲染，媒体大有"敢把总统拉下马"的威力②；在我国，因为负面舆情的推动和发酵，促使相应政策法律作出重大修改或重新制定的现

---

① 作者简介：黄永春（1973—），男，三明市公安局办公室副主任，法律硕士，副高级工程师，福建省公安理论研究人才库人员。

② 早先《纽约时报》公司诉萨利文案为新闻媒体利用新闻报道批评官员提供了法治保障，由此开启了"敢把总统拉下马"式的新闻调查的先河。当然，因各种丑闻事件被媒体炒作而遭弹劾、辞职、下台等现象亦屡见不鲜。

象亦屡见不鲜——孙志刚事件发生后，直接导致了对流浪人员法治的变革，《收容遣送制度》一夜间成为历史；"山东辱母案"引发了国人对"正当防卫"认定的大讨论，向全民彰显了我国司法制度的"天理、国法、人情"的有机统一。① 曾经一度此起彼伏的涉警负面舆情令个别地方公安机关应接不暇，一些民警在涉警负面舆情面前常常是"谈虎色变"，对涉警负面舆情遮遮掩掩，总是"犹抱琵琶半遮面"……

在涉警负面舆情应对中，各地公安机关主动适应新形势、积极探索新方法，真可谓八仙过海、各显神通。毋庸置疑，经过十多年努力，涉警负面舆情应对机制逐步健全、应对方式与时俱进、应对能力大幅提升。然一些涉警负面舆情虽然得到有效控制，但老百姓的"心头症结"并未真正解除，危机也未消弭于无形，仍然处于一种面上的"摆平"——许多疑点和困惑依旧"雾里看花"，称不上真正意义上的化解。因此，对涉警负面舆情引进"解惑式"的应对方法，通过事实呈现、主动回应、问题拷问、机制构建，使涉警负面舆情存在的问题清者更清、糊者厘清、腐者肃清。

一、涉警负面舆情的基本内涵和主要特征

（一）涉警负面舆情的基本内涵

1. 舆情的基本内涵

关于"舆情"一词，最早见于《旧唐书》，《辞海》解释为："众人的意愿和态度。"而不同学者曾有过不同界定，笔者比较赞同张元龙提出的："舆情是社会民众在一定的历史阶段和社会空间内，对关乎自己切身利益的公共事务或自己关心的特定事件所持有的群体性情绪、意愿、态度、意见和要求的总和及其表现。"②

2. 涉警舆情的基本内涵

一些学者认为涉警舆情就是关涉公安机关人民警察职责的社情民意③。笔者认为涉警舆情不仅关涉人民警察职责，还可能关涉非人民警察职责，既包括警务活动，也包括非警务活动，还包括队伍管理等方面内容。因此，可以表述

---

① 参见王春业、张宇帆：《简论个案对法治进程的推进》，载《江苏警官学院学报》，2019年第4期。

② 参见张元龙：《关于"舆情"及相关概念的界定与辨析》，载《浙江学刊》2009年第2期。

③ 参见陈淑珍：《涉警舆情与涉警舆论：概念辨析、内在关系与治理》，载《北京警察学院学报》2019年2月。

为：涉警舆情就是公众对关涉人民警察活动所持有的情绪、意愿、态度、意见和要求的总和及其表现。

3. 涉警负面舆情的基本内涵和主要类型

涉警负面舆情就是公众对关涉公安机关人民警察活动进行批评谴责的情绪、态度和意见的总和及其表现，其主要表现类型为：批评指责型、发泄不满型、问题反映型、监督质疑型、"猎奇"心理型、恶意攻击型，等等。

（二）涉警负面舆情的主要特征

1. 突发与速传共震

绝大多数涉警负面舆情是公安机关及人民警察在治安行政和司法活动中因存在瑕疵或不为公众所理解而招致的批评谴责，往往事先没有预料，在极短时间内一不留神引起社会关注、激发公众不满。同时，随着全程媒体、全息媒体、全员媒体、全效媒体的全媒体时代到来，快曝光、广扩散成为信息传播的显著优势，突发涉警负面舆情在媒体适时传播的助力下，极易引起共震，点燃公众不满情绪，甚至造成舆情危机。

2. 原委与假象难辨

涉警负面舆情往往突然产生，在速传过程中很难做到全面、客观、公正，加之，网络传播门槛低、信息审核机制弱、真伪辨别验证难，少数人居心叵测，为达到个人目的，人为删减、断章取义，甚至混淆视听、颠倒是非、谣言起哄、知假传假，造成失真，导致真假难辨。

3. 煽情与诋毁交织

为追求轰动效应，心态极不正常的个别人，一方面，将自己打造成一个无辜或受伤的弱者，对公安机关执法执勤引发的不满现象极力煽风点火，发泄不满，抨击世道，以博得公众的同情与支持；另一方面，对平常听到或看到一些公安机关可能存在的不合理、不公平案（事）件或现象，见风是雨，添油加醋，疯狂"加工"，对可能产生的客观危害不管不顾，恣意捏造歪曲，甚至造谣诋毁。在不满情绪的渲染下，一些盲从的民众往往容易跟风宣泄——"羊群效应"时有发生，稍不留神便形成涉警负面舆情的热点、焦点、沸点，质疑"惯性化"和偏执"一边倒"，令公安机关常常处于"爱你在心口难开"的被动地位。

4. 网上与网下同燃

自媒体、融媒体时代的到来，在这个大数据与互联网、人工智能、云计算、物联网等技术进行迭代的时代，使报刊、电视、广播等传统媒体与手机、电脑为主的新闻网站、微博、微信、博客、播客、维客、秀客、交友社区等信息发布平台和 BBS、论坛、贴吧、新闻跟评等交流评论平台，以及 QQ 群、聊天室等即时通信平台的新媒体相互补充，信息传播呈现出全球化、同步化、大众化、多样化、草根化五个鲜明的特点，在监管未能及时跟进的现状下，一些涉警负面舆情被随意在网上转发、网下流传，极其容易出现个别问题扩大化、单一问题复杂化、一般问题政治化，给公安机关的应对带来前所未有的压力与挑战。

二、公安机关推行涉警负面舆情解惑式处置的现实意义

（一）公安机关推行涉警负面舆情解惑式处置是主动适应国家治理体系和治理能力现代化的时代要求

国家治理体系和治理能力是一个国家的制度完备程度和执行能力的集中体现。公安机关是社会治理的重要力量，公安工作是社会治理的重要工作。国家治理体系和治理能力现代化涉及公安机关的方方面面，是一个系统的、全方位的工程。毋庸置疑，涉警负面舆情的应对不力必将挑战公安机关和广大民警的公信力，从而严重影响警民关系；必将影响广大民警的职业荣誉感和投身警察事业的积极性，从而动摇维护社会安定稳定的力量根基；必将影响公安机关乃至党委政府形象，从而可能引发社会对立。随着公众对社会治理参与的热情提高，与党委政府和公安机关的"对话意识"增强，公安机关在涉警负面舆情应对中也需要不断创新处置方法，大力推行解惑式应对就是一种有益的尝试。通过针对性、解惑式的"对话"互动，全面深入分析涉警负面舆情中暴露出来的各类问题，全面权衡利弊，准确识变、科学应变、主动求变，善于从舆情危机中捕捉和创造机遇，补齐治理体系的短板和弱项，切实提高涉警负面舆情应对本领和能力，从而有效提高依法履职能力，有效提高运用法治思维和法治方式解决问题的能力，使公安机关减少因外来舆情力量而警察形象受损的现象，为推进现代治理进程提升精气神。

（二）公安机关推行涉警负面舆情解惑式处置是主动回应群众呼声进行形象修复的有力推手

当前我国社会主要矛盾已转变为"人民日益增长的美好生活需要和不平衡不充分的发展之间的矛盾"，这一重大历史性变化不仅标志着中国特色社会主义进入新时代，而且对发展全局产生了广泛而深刻的影响：新时代人民的需要不仅层次提升了——对物质文化生活提出了更高要求，而且范围拓展了——在民主、法治、公平、正义、安全、环境等方面的要求日益增长。当前互动时代已来，参与更加便捷，每一个涉警负面舆情形成后，都会有公众的热点和难点，甚至全民围观，制造燃点。通过推行涉警负面舆情解惑式处置，加强警民互动，

做到民有所问、警有所答，澄清谬误、明辨是非，使公众对公安机关的不满情绪、不同看法、不解之处、不良反响得到及时答疑解惑，拔本塞源，做到"一锤定音"，以便把问题及时化解在基层，消灭在萌芽状态，减少和避免扩大化炒作，真正满足公众的知情权、参与权和监督权，在有效提升公众法治意识，促进社会公平正义，维护人民群众合法权益的基础上，对警察不良形象进行修复和重塑。

（三）公安机关推行涉警负面舆情解惑式处置是主动遵循时代发展进行自我革命的外在动力

涉警负面舆情，从某种意义而言，正是对公安机关某个方面或对公安民警某个行为的否定，推行涉警负面舆情解惑式处置是公安机关全面深化改革的有益尝试，是公安机关自我净化、自我完善、自我革新、自我提高的重要举措，是公安机关与公众交流方式方法的探索创新。让公安机关和广大民警能够主动放低身段，通过涉警负面舆情真实地了解到民之所呼、民之所想、民之所需、民之所急和民之所怨，对公众关切及时加以研判和披露，从而将最广大人民的诉求和期盼作为"晴雨表"和"风向标"，对公安机关不适时宜或违法违规的执法执勤行为进行更正，甚至倒逼公安机关勇于拷问适用法律、制度的正当性和合法性，像废除劳动教养、收容审查等一样，进行革命性颠覆，推动社会法治和公安事业蓬勃发展与进步。

三、公安机关推行涉警负面舆情解惑式处置的主要"不适症"

（一）思维观念"不适症"

1. 强权性思维作怪

公安机关作为治安行政的司法机关，许多民警长期形成的权力思维根深蒂固。在涉警负面舆情发生后，一些民警喜欢以掌握的权力进行应对，对公众提出的质疑，不积极研究问题的根结，而一味试图以各种手段单方面控制舆论导向；对不利言论，重视堵截，轻视疏导，以为"删帖"就可了事——万事大吉。孰料，在当前"人人都有麦克风、摄像机""人人都是记者"时代，一旦封堵一个，更多更大量的负面消息此起彼伏，反而引起相反的效应，给错误信息的传播留下了空间，从而造成公安机关更大的被动。

2. 固定式思维作怪

个别地方公安机关长期面对主流媒体发声的固有思维定式难以在短期内转变，习惯于主流媒体为公安机关"抬轿子"式的正面宣传，只注重媒体的"为我所用"，总是视媒介为公安机关"好人好事"等先进典型的传声筒，而对媒介的"舆论"监督功能普遍缺乏正常的应对心态，不习惯于在舆论监督下执法、执勤和工作；不习惯于一些商业媒介为吸引受众"卖点"，时不时对公安机关的热点、难点和焦点问题进行攻击炒作。偶尔遇见媒介的曝光和批评，表现得异常敏感和脆弱，不是闻过则喜，而是闻讯大怒，适得其反。

（二）应对能力"不适症"

1. 不善风险评估

一些基层公安机关对涉警负面舆情所造成的负面影响意识不高，缺乏必要的风险评估标准、方法和手段，对涉警负面舆情常常粗心大意、掉以轻心。因涉警负面风险评估不到位，往往使公安机关应对舆情被动，民警责任担当不强、干劲斗志松弛、坐视问题滋生，导致问题积累加速，造成矛盾激增、风险爆棚，有时甚至功亏一篑、前功尽弃，产生不堪设想的后果。

2. 不善主动应对

对涉警负面舆情往往预警不及时，舆情发生后过于注重管控和堵截，忽视疏导和回应，对公众质疑过于强调公安机关的保密性，常常语焉不详；依法办理、舆情引导与社会面管控"三同步"讲起来容易、操作起来难；应对媒体时常因言语不当、语意模糊，引发再生舆情危机；回应性答疑解惑技巧欠缺，常常消极应对，失去舆论先机，给混淆视听留下空间，稍有不慎又引发新的不满和热议。

3. 不善见机发声

面对铺天盖地的涉警负面舆情，个别地方公安机关无法见机发声：一些民警常常答非所问，或抓不住问题实质要害——不会说话；一些民警抱着"掖着、藏着"心态，试图"捂、盖、瞒"，认为"不说话"就不会出差错——不愿说话；一些民警一时慌了手脚，面对质疑往往"前怕狼、后怕虎"，常常选择拒绝回应——不敢说话。

4. 不善舆情修复

涉警负面舆情成功处置后，其留下的"后遗症"不言而喻，尤其是网络特有的记忆功能，对发展过程的负面影响和痕迹难以拭去，在警、媒与公众之间的隔阂在相当长的时间里难以消除，因每起舆情制定具体的修复方案的欠缺，负面舆情对民警的心理伤害难以得到"摸平"，公安机关和警察形象常常因而严重受损，"阴影笼罩"往往经历好长一段时期。

（三）体制机制"不适症"

1. 舆情治理体制待完善

公安机关作为政府组成部门，公安机关面对的舆情有很多是因为对政府不满而转嫁来的，许多涉警负面舆情是需要政府一同参与才能比较完美地解决，但目前从政府层面构建舆情治理体制还处于起步阶段，舆情治理仍然各自为阵，在培训和科技应用上都显得力不从心，直接影响到舆情处置的水准。

2. 舆情预警机制待完善

舆情的发酵，往往是信息不对称所致。个别地方公安机关和一些民警平时敏感性不强，对公众需要了解事项发布不及时，造成公众认知失调，当发生涉警负面舆情苗头时，又往往麻痹大意，加之应对应变能力和经验不足，让事项真相"躲猫猫"，从而导致被各种谣言乘虚而入，产生种种偏见与误解，甚至贻误时机，使涉警负面舆情由小到大、由轻微到严重、由可控到不可收拾，最终丧失靠前处置主动权。

3. 舆情协作机制待完善

一方面，公安机关内部舆情应对和处置缺乏一套完善的运作机制。各警种之间"自扫门前雪"现象普遍，横向快速联动不足，各部门之间任务分工还不够明确，整体舆情应对水平不高。另一方面，警媒沟通和协作仍存诸多问题，警媒利益"同频共振"难以实现，交流渠道时常不畅，警媒对话模式单一，导致时常对外发布口径不一，事实真相被歪曲报道，影响发布公信和权威。

4. 舆情纠错机制待完善

公安机关通过涉警负面舆情主动纠错机制尚未建立，往往都是随着重大舆情风波倒逼公安机关进行执法执勤、队伍管理纠违监督，对法律法规和制度性是否正确进行拷问较为被动，大有被舆情推着走的感觉。

（四）责任追究"不适症"

1. 谣言者责任追究难到位

虽然我国从民法通则、侵权责任法等法律法规规定了造谣者、传谣者应承担的相关民事责任；从治安管理处罚法等法律法规规定了造谣者、传谣者应承担的相关行政责任；从刑法等法律法规规定了造谣者、传谣者应承担的相关刑事责任；并从《互联网信息服务管理办法》等法律法规加强了网络监管和打击力度，对可能涉及的罪名也有：诽谤罪、寻衅滋事罪、敲诈勒索罪、诬告陷害罪等。但在实际法律应用中存在法律滞后性、法不责众、证据收集难、主观认定难等问题和困难，打击查处说起来容易、执行起来难。

2. 执法者自我纠错不坚决

面对涉警负面舆情，个别地方公安机关往往怕事、躲事，事态爆发后，又常常急于"灭火"，对舆情习惯于"捂"，总想在"删"字上动脑筋，而不愿意主动直面问题，对民警执法办案或队伍管理中出现的差错遮遮掩掩，尤其面对公众指责呼声，纠错态度不明朗、纠错速度不及时、责任追究不果断，容易失去透明度和公信力，影响舆情处置时机，导致一些不起眼的小案（事）件最终却形成舆情喷发的"火山口"。

四、回应与拷问：涉警负面舆情解惑式处置策略

（一）事实呈现——涉警负面舆情解惑式处置的前提

1. 呈现真相

事实胜于雄辩。在数字化时代，公共舆论的广度及其社会全方面渗透都前所未有。涉警负面舆情发生后，真言、传言、谣言相互交织交融，真假是非难辨。迅速通过多层次、多角度、多方位、高密度、持续性发布权威、真实的事实，以"定海神针"——事实呈现来还原真相、理解关切、正视问题，回应质疑、披露过错和明晰责任，达到"谣言止于真相"，严防负面舆情发酵，不能听凭造谣生事满天飞，任由主观臆断随风跑，力争"为之于未有，治之于未乱"，对负面舆情导致的危机"破窗"，要析清致乱根源，堵住"风口"，严防衍生重大风险，最大限度"止损"。

2. 呈现权威

权威的形成不可能一蹴而就，而是一个渐进式公信力形成的过程。一方面，规范权威信息审核流程。公安机关要成立专门的涉警负面舆情引导工作机制，抽调基层经验丰富、业务能力扎实、法律素养较高、文字功底深厚的人员组成领导小组，对需要对外发布的信息按层次进行审核，确保发布的权威性：（1）涉警负面舆情所涉及的警种进行反馈负面舆情的基本情况的审核；（2）分管领导进行审核把关；（3）涉警负面舆情领导小组进行研判、分析、审核、发布；（4）对一些敏感的事件，还需要经过当地党政宣传部门进行审核把关。另一方面，严格权威呈现平台选择。涉警负面舆情应对需要通过相应的平台来呈现事实，因此，在呈现平台选择中，公安机关需要进行甄别，尽量选择公信度高、群众反映好的平台，发布时务必信息真实、来源可靠、态度端正、逻辑严谨、用词规范，风格平和，最好图文并茂，令受众信服。

3. 呈现速度

涉警负面舆情处置好比一种社会"病灶问诊"。当发生涉警负面舆情时能"出奇制胜",对症下药,以最快速度呈现事实、回应关切、引导舆情至为关键。要在健全专门涉警负面舆情引导工作机制的基础上,进一步完善快速反应机制,平时加强舆情处置实战演练,提高临战处置水平,一旦发生重大涉警负面舆情,能闻声而动,下好先手棋,打好主动仗。涉警负面舆情的发生地或涉及地公安机关第一时间查清事实真相,涉警负面舆情引导小组第一时间对外沟通,弄清舆情发生的来龙去脉,统一口径发出警方强有力的声音、引导舆情正确导向,防止谣传跑偏跑调,通过以快制胜,切实掌握舆情的主导权、控制权,像"神医"扁鹊①一样将涉警负面舆情化解在无形之处。

(二)主动回应——涉警负面舆情解惑式处置的关键

1. 释疑回应

涉警负面舆情实际是公众对关涉公安机关和人民警察活动的一个心理期待反映,也是社会矛盾问题折射出来的公众心理和社会心态,在新时代新矛盾中过度去权意识与警察权威相冲突的状况更为突出。公安机关推行解惑式处置中除对方向性、根本性、全局性、原则性问题要阐明立场、观点外,还要善于倾听公众诉说、控制回应情绪、尊重公众人格、赢得公众信任,把准舆情关注的燃点、热点、焦点问题,开展针对性、专业性和及时性的答疑解惑式应对,尤其是对流言、谣言、恶意诽谤和"躺枪"等炒作,逐一公布真相,大力澄清不实,突出"靶向治疗",有力回应关切,抢占舆情主导权和话语权,对"病灶"给予根治,有效扭转涉警负面舆情因应对不力可能引发的不良"病变"。

2. 处置回应

涉警负面舆情涉及事项能否有效处置并及时回应,关乎着涉警负面舆情修复的成败。其一,对于公众合理合法诉求的,一方面,要分门别类地进行梳理,如案件类要及时将侦破情况通报公众,满足公众了解事情真相和处置情况的需求,解除公众质疑,如求助类要及时将服务内容、服务规定、服务标准和服务结果告知公众,取得谅解;另一方面,对公安机关和个别民警在执法执勤或便民服务中存在的问题和不足要迅速查明原因、依法依规处理,并以坦诚姿态快

---

① 神医之说出自古代一则寓言:有人赞美扁鹊医术高明,是了不起的神医。扁鹊回答:我三兄弟在不同地方行医,但医术最高明的不是我而是我的大哥,他总是在人没有出现病症的时候就开始治病,所以他行医的地方没有病人;二哥总是在人刚出现病情时就开始治病,所以他行医的地方只有一些小病;我却天天忙着治理各种疑难杂症,别人被我医好,称我为神医,孰不知真正的神医是我的二位哥哥。

速回应，主动"对话"，疏导公众情绪，防止小问题酿成大舆情。其二，对于明显歪曲事实、恶意炒作、蓄意抹黑、恣意煽动不满和扩大事态、造成恶劣影响的媒介及恶意造谣、传谣的公众，要迅速出击，快速查清源头，全方位固定证据，严厉追究法律责任，通过及时公布事实真相，澄清误会，处理少数，教育多数，消除负面影响，修复公安机关形象，维护民警正当权益。其三，对于公众合理诉求与不合理表达方式相互交织的，要正确区分两者界限，在积极推动解决合理诉求的同时，依法处理违法行为，绝不能牺牲法律权威以求得一时的息事宁人，应使公众明晰法律底线；对一时难以判断真相的，要先表明警方态度，及时组织警力全面、深入、细致调查，适时公布真相，防止过度炒作。其四，对于媒体互动、抱团炒作，致使一般舆情演变成热点舆情事件，甚至因对公安机关不满诱发对党委政府不满的，要及时敲打警示，坚决有效管控、依法打击，绝不允许坐大成势。

3. 回应技巧

其一，要善会"引"。进一步增强涉警负面舆情的引导意识，掌握引导的艺术和技巧，对出现的涉警负面舆情，要积极主动发声，强化正面舆情引导，牢牢掌控话语权，做到"先发制人"。其二，要善于"说"。加强网络语言、群众语言的运用能力，提升网络博弈技巧和传播素养，多用群众喜闻乐见的方式方法和语言去陈述事实，消除语言隔阂，营造沟通氛围，重点要说好"四句话"：（1）稳定人心的"定心话"；（2）在法律、法规、政策、道德范围内的"公道话"；（3）解决舆情纠缠的"关键话"；（4）不同时机进行发声的"合理话"。其三，要善表"态"。分清不同情况表明公安机关的态度，避免含糊其词，对公众批评指责、问题反映、监督质疑等确实成立的，要有执政党的胸怀，主动承认执法执勤和队伍管理中的不足和问题，并将整改落实情况及时公布，严防舆情进一步扩大升级，努力"化敌为友"；对公众发泄不满、媒介"猎奇"心理以致恶意攻击挑战警察执法权威的，要毫不含糊，敢于"亮剑"，切实提升涉警负面舆情的辨析能力和处置能力。

（三）问题拷问——涉警负面舆情解惑式处置的硬核

1. 动机拷问

涉警负面舆情形成因素很多，但每一起涉警负面舆情发生都有其炒作的动机，对炒作人的动机进行拷问，知晓其真实目的，主要从形成、传播、闹事三个环节进行拷问：其一，对发起人动机拷问。在涉警负面舆情形成过程中，要拷问最初的发起人是为自身还是为他人利益，是真受害者还是故弄玄虚、恶意诋毁，是针对警务活动还是非警务活动，是针对公安机关集体还是具体民警本身，等等。其二，对传播人动机拷问。在涉警负面舆情传播过程中，要拷问实际的传播人是事件参与者还是局外人，是传播策划者还是普通跟风者，是出于正常关注还是出于煽风点火，是直面问题还是"猎奇"心理，等等。其三，对集众闹事人动机拷问。在涉警负面舆情引发的集众闹事过程中，要拷问集众闹事人是出于自身的不满还是出于对他人的"路见不平一声吼"，是案（事）件因素还是涉及政治因素，是因事起闹还是受人教唆，是就事论事还是有人幕后指使，等等。通过对传播过程中相关人动机的拷问，避免因信息不准、情况不明、问题不清、原因不透、对策不实而导致涉警负面舆情的升级扩大，努力增强涉警负面舆情解惑式应对的指向性和区分性。

2. 能力拷问

涉警负面舆情既是对公安机关的挑战，更是对公安机关能力的考验。其一，从思维理念加以拷问。通过涉警负面舆情可以拷问出公安机关和广大民警平时是否具有前瞻思维，是否牢固树立以人民为中心的执法理念，是否坚持以法治思维和法治方式开展公安工作，是否能够上升为因党委政府形象受损高度来联合应对处置，等等。其二，从舆情预警加以拷问。重点拷问对涉警负面舆情能否早发现、早报告、早介入，做到在苗头状态便将其化解于无形，各部门之间能否信息共享、联勤联动、协同高效、运行顺畅，为做好应对危机爆发的各种准备工作赢得时间，为早处置创造条件。其三，从舆情处置加以拷问。重点拷问对涉警负面舆情化解能力，能否迅速监测研判舆情动态、准确把握舆情走势、主动接受媒体监督、及时回应公众关切、分门别类加强引导、与时俱进创新方式方法、严厉打击挑头违法犯罪、有效平息突发事件。其四，从舆情修复加以拷问。"亡羊补牢"不可忘。对每一次涉警负面舆情发生后都要拷问是否及时进行负面影响评估，是否及时通报查处情况，是否及时反馈善后处理情况，是否取得公众理解支持，等等。

3. 法治拷问

小智治事，大智治制。涉警负面舆情除了要想办法回应关切及时处置、疏导公众负面情绪外，还要对引发激烈社会争议，公众极端不满的现象、规定、法律等进行深层拷问，重点要通过问题倒逼，对法律法规和相关制度等顶层设计问题进行时代性、正当性和合法性拷问。随着全面深化改革的推进，社会治安领域各种新情况、新矛盾、新问题层出不穷，公众对公安机关和公安工作的关注度越来越高，参与的愿望越来越强烈。通过涉警负面舆情反映公安机关和公安工作中存在的问题更加突出，有时犹如一颗颗"定时炸弹"，时不时掀起

"巨浪波涛"，推动改革浪潮。如曾经一度因涉警负面舆情引发的颠覆性改革——收容遣送制度和劳动教养制度的废除，让立法机关、司法机关、执法机关重新自我审视，以倒逼拷问推动法律法规和制度的修改、废除，不断适应时代发展变化，不断满足人民群众对公平、正义的新期待，不断推动公安机关治理体系和治理能力现代化。

（四）机制构建——涉警负面舆情解惑式处置的保障

1. 法治理念构建

党的十八大强调，依法治国是党领导人民治理国家的基本方略，法治是治国理政的基本方式，要更加注重发挥法治在国家治理和社会管理中的重要作用。涉警负面舆情具有复杂多变性，运用法治思维和法治方法来解决，做到以事实为依据、以法律为准绳，更加深入人心，有利于回归法治理性范畴，使警方、公众、媒体言行的参照标准法定化，从而有效提升公众对警方执法活动和管理行为的认可度。

2. 应对机制构建

现代社会本质上是一个高度专业化分工的社会。积力之所举，则无不胜；众智之所为，则无不成。在理想状态下，社会遭遇突发事件时，精细分工和精诚合作，有助于迅速分解问题并将其各个击破①。在数字化时代，公安机关应对涉警负面舆情的数量和难度上都不可同日而语，建立专门的舆情应对机制，各部门之间像石榴籽一样紧紧拥抱在一起，以集众智化解涉警负面舆情危机刻不容缓，进一步加大复合型、协作型、创新型舆情应对人才的培养和使用，提升整体组织与策划能力；进一步加强公安宣传舆情阵地管理，提升公安舆情监管水平；进一步健全公安新闻发言人制度，发挥公安机关新闻发言人在涉警负面舆情引导中的"主心骨"作用，通过召开新闻发布会，及时发布权威事实，接受咨询、解疑释惑、参与评论，认真落实依法办理、舆情引导与社会面管控"三同步"，对错误思想敢于亮剑、敢于斗争，坚决遏制各种错误思想炒作和蔓延，积极掌握占领舆论阵地的主动权。

3. 互动机制构建

涉警负面舆情引发很大原因是信息不对称，通过构建与社会各方良好的互动机制和完善上下沟通、警种协同的机制，促进警民之间、警媒之间和警种之间的相互沟通交流，在网上"键对键"，在网下"面对面"，平时可以发挥基层

---

① 参见李晨阳：《警惕负面舆情透支公众科学信念》，载《中国科学报》2020 年 2 月 4 日第 1 版。

社区民警与广大群众融合度最高的优势，通过"百万警进千万家"的形式，增进彼此交流、掌握社情民意、摸清风险隐患，及时将涉警负面舆情化解在基层、化解在萌芽状态。当发生涉警负面舆情时，能够充分发挥各方资源优势，共同整合信息资源，形成强大应对的合力：一方面，能够迅速厘清公众的质疑和不满，耐心疏导、细致安抚、晓之以理、动之以情，从而避免过激言行；另一方面，能够迅速了解媒体的误解与隔阂，换位思考、分清缘由、主动发布、针对解读，从而避免不良炒作。通过互动，倾听民声、汇聚民智、纾解民困，确保涉警负面舆情答疑解惑处置更具有针对性和可操作性。

4. 科技机制构建

习近平总书记在全国公安工作会议上指出，要把大数据作为推动公安工作创新发展的大引擎、培育战斗力生成新的增长点，全面助推公安工作质量变革、效率变革、动力变革。① 涉警负面舆情应对要紧跟数化时代形势，积极适应移动互联时代的传播特点，充分发挥自媒体实时、互动、便捷的传播优势，积极开发升级涉警负面舆情监控系统。通过对互联网海量信息自动抓取、自动分类、主题聚焦、倾向性研判等，实现涉警负面舆情监测实时同步追踪等信息需求；通过科技平台，大力创新传播手段和表达方式，准确把握好新时代公安工作规律特点和新媒体条件下传播格局变化，适时分析可能出现的各种涉警负面舆情炒作的概率，有效评估涉警负面舆情可能带来的社会稳定风险，把握应对节奏不失控。

5. 奖惩机制构建

要强化责任意识，严格落实奖惩机制，要将涉警负面舆情处置工作纳入意识形态工作责任制考核体系，对善于预警、研判、引导和处置的，及时予以表彰奖励；对舆情意识不强、违反保密规定和新闻宣传纪律、违法违纪对外泄露内部警务信息引发负面舆情、损坏队伍形象的，严肃依法、依规、依纪追究相关人员责任，绝不手软。

结语：解惑式处置、理性化回应、直面性拷问

涉警负面舆情处置是社会治理的有机组成，是公安机关面对公众关心关注问题和矛盾冲突的化解过程。通过推行解惑式处置应对办法，理性回应公众质疑，安抚社会情绪，平息不良舆情，对涉警负面舆情暴露出来的问题进行直面性拷问，推动改革深入，并构建机制加以保障，切实提升公安机关涉警负面舆情处置能力和社会治理能力。

———————

① 2019年5月7日，习近平总书记在全国公安工作会议上的讲话中指出。

参考文献

［1］中共中央宣传部：《习近平新时代中国特色社会主义思想学习纲要》，学习出版社、人民出版社 2019 年版，第 18—19 页。

［2］陈培永、张宇晶：《以党的自我革命推动伟大社会革命》，载《红旗文稿》2019 年第 16 期。

［3］刘明辉：《网络时代领导本领提升》，国家行政学院出版社 2013 年版，第 1—7 页。

［4］杨静：《新媒体视域下涉诉信访网络表达及其处置策略》，载《江苏警官学院学报》2019 年第 4 期。

［5］关清：《法治思维在涉警舆情处置中的应用争议》，载《公安学刊——浙江警察学院学报》2019 年第 3 期。

［6］李徐铭：《"全媒体"时代公安机关良性舆论环境塑造探析》，载《云南警察学院学报》2020 年第 1 期。

新媒体与智能传播研究

试论智能传播时代新闻生产与内容消费的几个问题

黄 鑫①

[摘要] 新的历史时期，我国社会主要矛盾已经转化为人民日益增长的美好生活需要和不平衡不充分的发展之间的矛盾。如何能充分调动人民群众在新时期新闻传播中的能动性和积极性，如何根据新的时代调整促进新闻生产与内容消费的生产关系、使个人需求在当下新闻传播中有所满足，是我们现阶段要讨论的问题。本文通过概念辨析、归纳了国外较早关于新闻传播生产与消费观点的提出，阐述了智能时期新闻生产与传播消费理论的传承与当下的发展，并尝试讨论现阶段新闻生产与内容消费的关系。

[关键词] 新闻传播；生产；消费

党的十九大立足于中国发展新的历史方位，指出中国特色社会主义进入新时代的主要矛盾已转化为人民日益增长的美好生活需要和不平衡、不充分的发展之间的矛盾。马克思曾站在历史唯物主义观的角度揭示"生活"的内涵，包含"肉体生活"和"精神生活"，而二者"同自然界相联系"。这便要求具有社会属性的人类，需要进行满足不断增长的两类生活所匹配的社会生产活动，即物质生产和精神生产。而他同时指出，生产与消费二者具有"直接同一性"，产品只有转化为作为决定目的消费对象，才能体现出其使用价值和生产价值，没有需要就没有生产。

一、国外较早关于新闻传播生产与消费观点的提出

（一）"使用与满足"理论的提出

盛行于 20 世纪 70 年代的"使用与满足"理论将研究的目光投向"媒体消费"的市场。区别于从传播者的角度出发的新闻传播理论，持"使用与满足"

---

① 作者简介：黄鑫，复旦大学新闻学院博士研究生。

的理论研究者们发现了消费的能动作用，于是开始对媒体进行商品化的分析，强调应该寻找媒体消费的动机、寻求对媒体消费的需要，并在此基础上加入"人"的元素，对 Gratification Seeking（各种满足）和 Gratification Obtain（人们是否得到了满足）这两个概念进行区别，得出了"差异满足"的结论，即寻求满足和实际获得的满足之间存在差异，这个差异直接会导致在媒体消费的过程中，人们为了缩减这种差异产生的行为变化，从而倒逼消费生产。菲利普·帕尔姆格林把这种"差异化媒体消费"表述为："只有在稳定不变而且缺少选择，传媒体系缺乏相应变化的环境里，人们想要的满足才与所得的满足相一致。"

伊莱休·卡茨将"使用与满足"概括成一个互为因果的过程，在这个过程中，社会因素与心理因素叠加，产生媒介期待，从而作出与媒介相接触的行为反应，最终达到寻求满足的结果。这个过程就确定了代表了新闻传播的媒介类消费的根本价值，认为人们之所以接触媒介，源于自身的需求，会依据这种需求对媒介内容进行有选择性的消费活动。并且，这种消费活动具有能动性，具体体现在能纠正社会因素当中"受众绝对被动"的情况。这个观点的提出就揭示了新闻传播生产的使用形态具有多样性、制约性、能动性，强调以受众作为主体的消费需求的效果影响，基本上明确了新闻传播中生产和消费的关系，也是对 20 世纪 40—60 年代过于盛行的大众传播"有限效果论"，弱化传播消费行为，忽略作为消费者的受众理论做出了有力的批判。但"使用与满足"理论较多强调消费方的个人因素，尤其是心理机制，最终走向功能主义和行为主义，这就意味着违背了最初的新闻传播生产与供给的过程，过于纯粹地将消费者与新闻媒介的互动与商品买卖画等号，狭义化地规定了新闻生产、消费受众、媒介社会之间的关系。

（二）里斯曼："标准组件"论

里斯曼在"他人导向社会"概念中提出了带有"组件"标准的消费观点。20 世纪 50 年代，物质产品随着生产力水平的提高变得丰富，长期占据社会主要矛盾的经济问题由"组织生产"转向了"组织消费"。劳动时间缩短，人们从劳动时间中逐渐脱离，形成了劳动时间之外的"闲暇时间"。这便形成了由劳动主导社会导向的自我认知转向面向人本身的其他需求。物质匮乏时期，人们需要积累物质基础，获得生存资本，显示出一种生存必需的"匮乏心理"，而在物质达到了一定程度以后，"匮乏心理"被填满，变成了"富足心理"。这个变化过程需要通过一座桥梁来实现，这个桥梁就是"消费"。在社会生产中，消费满足自己的需求，在传播环境中，消费建构自己的个性。更为重要的是，在"闲暇时间"里充斥着人际交往信息的交流，人与人之间的影响波段不断增长、范围不断扩散、渗透不断深入，最终形成了在新的物质社会条件下的新型心理机制，即里斯曼所阐述的"标准组件"。这个标准不是由内部生产力来引导、调节和控制个人行为和行动目标，使其适合社会的需要；而是通过社会关系探查到他人发出的行动信号所组成的社会潮流，反馈给自己并指导行为。里斯曼认为，这种依赖于消费所完成的群体的目标变化，是现代城市、工业和科技社会的特点。

（三）鲍德里亚："符号化"的消费

把物质和商品视为"符号体系"是鲍德里亚一直倚赖、秉持的观点。在他看来，对物质的消费直接可以构成社会结构、规划社会秩序。鲍德里亚认为："消费品事实上已经成为一种分类体系，对人的行为和群体认同进行着符号化和规约化。"也就是说，在一切社会行为中，消费都不仅仅是单纯地购买生活实用品的基础性行动，而是一种观念形成的过程。这个观念就是消费者在自我消费过程中对自身的构建，消费形成了一种"人设性"的暗示，暗示了购买人的生活期待和人格期待，而消费在其中充当了证据一般的角色，这便促成了消费的符号意义，代表的不仅仅是需要，而是自我寻求表达和追求认同的符号。"符号化"的消费，生产力也就不仅仅为了满足"需要"，产品的出现既要为了市场供给，又要同时具备除了充当社会生活必需品以外的附加性质，以便能达到人们的期待。在鲍德里亚看来，这种期待最终会导致消费的"差别"，甚至划分阶级。社会中的一切生产结果，物质的、精神的，最终都不以生产需求为结点，而是不断刺激人们的满足标准，形成消费差异感。"要使它成为一种价值，所拥有的东西不应是不充分，而应是太多和多余之间具有重要意义的差别应得到维系和表现，这就是各个阶层的浪费所起的作用。"实际上，鲍德里亚在一定程度上忽视了"物化"基础，在后期陷入了虚无主义的困境，但在这一时期，符号化的消费论把消费从单纯的物质消费中扩大开来，为新闻产品等精神消费打开了通道。

（四）皮埃尔·布迪厄："区分"消费

布迪厄明确提出了文化消费的概念。他认为作为社会中的文化是商品，应当确立自己的消费者并为其提供文化消费产生的条件，在这个基础上，消费者的能动性才能激发出来，形成鉴赏。根据占有文化产品对象的不同，布迪厄将文化生产划分为两种生产场域，一种是"限定的生产场域"，另一种是"大规模的生产场域"。所谓"限定的生产场域"就是指文化产品内部的参与者，他们是生产力的主导者，生产即消费；而"大规模的生产场域"里的消费者是除了文化生产力创造者之外的社会大众，他们没有直接组成生产力，貌似没有主导地位，但却具备将文化资本转化为经济资本的巨大能量，反而刺激了生产力的创造性与导向性。这种把文化消费加以区分的研究使人们看到了消费也会成为大规模的生产，成为社会文化的重要组成。

以上学者从各自角度分析并阐明了生产与消费在文化传播场域的关系，虽然与马克思提出的观点不尽相同，但百家争鸣，为新闻行业的生产与消费问题提供了可贵的参考依据。

二、新闻生产与传播消费理论的传承

《荀子·正名篇》中说"所以知之在人者谓之知，知有所合谓之智。智所以能之在人者谓之能，能有所合谓之能。"在智能时代，智，向内指向能够指导外部行为的发展性心理认知；能，向外指向不断提高实践活动的行为方法。处在这个内外兼修的传播时代，传播内容、形态、技术都在经历着前所未有的变革，对新闻生产和内容消费的理念应秉持着传承和变革的态度。

马克思所提出的新闻生产与内容消费的关系，为我们奠定了新闻传播活动的主体和客体。生产不仅为消费提供材料，而且也为材料提供需要。消费本身作为动力是靠对象作媒介的。消费对于对象所感到的需要，是对于对象的知觉所创造的，"艺术对象创造出懂得艺术和具有审美能力的大众——任何其他产品都是这样"。因此，马克思始终立足于大众，作为"消费者"既是新闻生产的"对象"，也是直接感知新闻产品的媒介和能够创造、审视、能动的主体。因此，马克思用积极办报有效指导欧洲工人阶级运动，指导无产阶级从剥削阶级手中夺回自己的新闻传播话语权，才能占有恩格斯所说的"像精神力量这样普遍的社会力量"。新闻通过编辑、记者的精神生产，经由报纸、刊物印刷物质技术媒介，信息到达人民大众，再由人民大众形成反馈和社会化的呼声，才共同完成了新闻生产和内容消费的闭环，精神变物质，物质反作用于精神，内外部世界交互变动，"报刊可使物质斗争变成思想斗争，使血肉斗争变成精神斗争，使需求、欲望和经验的斗争变成理论、理性和形式的斗争"。

列宁在其著作中明确指出，社会主义生产不仅包含物质生成，科学和艺术可以指代精神生产，二者同样为社会主义生产的目的。"共同劳动的产品将由劳动者自己来享用，超出他们生活需要的剩余产品；将用来满足工人自己的各种需要，用来充分发展他们的各种才能，用来平等地享受科学和艺术的一切成果。"其中的"剩余产品"指向的就是消费。列宁一直在实践一线践行着党性思

想，负责编辑出版《火星报》《前进报》《无产者报》《真理报》等，始终将报刊作为夺取政权的前沿阵地，通过《论我们报纸的性质》《伟大的创举》等文章的撰写宣传共产主义、社会主义、马克思主义，同时鼓励作为消费者的工人、读者成为生产者，必须消灭资产阶级"作者写，读者读"的原则。鼓励读者投稿、工人撰稿，并主张"公开争论"，党内领导人和普通读者，可就同一问题发表不同声音，大力传播了无产阶级思想，为社会主义新闻事业的性质和我国毛泽东同志提出的"全党办报"的既定方针提供了参考。

毛泽东同志关于精神生产和消费的观点内化在其运用历史唯物主义揭示社会存在和社会意识的相互关系中。他指出："一定的文化（当作观念形态的文化）是一定的社会的政治和经济的反映，又给予伟大影响和作用于一定社会的政治和经济；而经济是基础，政治则是经济的集中的表现。"这一观点论述了政治、经济、文化三者之间的辩证关系，也是我们新闻传播研究者对于新闻生产和政治、经济关系的基本观点。因此这一时期的新闻"消费者"是全体人民群众——工人、农民、战士、党员。1940年3月25日，《边区大众报》出版清样，请毛泽东同志为其写报头，明确指出要在"群众"二字上下功夫。改其名为《边区群众报》，并提出了"报纸要办得让识字的农民能看懂，不识字的农民能听懂，要用农民喜闻乐见的形式"的办报宗旨。从写作、文风等新闻内容和呈现方式上确定新闻生产风格和标准。毛泽东同志始终将群众路线作为党媒的生命线，全党办报是把好新闻生产关，是对新闻工作者的党性要求；群众办报，是高度重视新闻消费环节。同时，推进新闻生产和消费环节的互动与转化，号召新闻工作者到人民群众中去，到实际斗争中去锻炼自己、改造自己，向人民群众学习。

进入新时期，随着形势发展，新闻舆论工作进入创新理念时期。新闻生产的内容体裁、业态体制、形式方法都要更有针对性地面向消费，讲求时度效。习近平总书记在党的新闻舆论工作座谈会上明确指出，新闻观是新闻舆论工作的灵魂。要深入开展马克思主义新闻观教育，引导广大新闻舆论工作者做党的政策主张的传播者、时代风云的记录者、社会进步的推动者、公平正义的守望者。明确了新闻生产环节的历史使命，同时"善于运用媒体宣讲政策主张、了解社情民意、发现矛盾问题、引导社会情绪、动员人民群众、推动实际工作"。将内容消费的能动作用发挥到最大化。同时，习近平同志十分重视媒介发展和媒体融合，重视新闻传媒的生产过程和传播效果，将推动媒体融合、建设全媒体看作当前新闻传播的重要课题，将新闻生产和消费环节真正打通，形成一个同心圆，"使全体人民在理想信念、价值理念、道德观念上紧紧团结在一起，让正能量更强劲，主旋律更高昂"。①

三、新闻生产与消费的理论发展

不发展理论不能前进，新闻传播事业就要停顿。在新闻生产与内容消费的理论梳理中不难发现，理论传承过程中也存在不完善的地方。由于所在社会历史条件和所面临主要矛盾的原因，马克思、恩格斯、列宁等伟大的革命导师侧重于科学地诠释"生产"的概念，几十年来这就引发了新闻是否能作为"商品"的争论，认为新闻不能作为消费品，和面包、黄油一样摆在货架上售卖。事实上，《资本论》中早已提出演剧、邮局也是商品。20 世纪 50 年代，中国学者王中也曾提出"报纸是商品"的见解，把新闻传播的过程看作生产与消费的过程，是有其时代意义和历史价值的。

首先，新闻传播业作为中国特色社会主义在新时期的首要改革行业，处在市场经济的大环境背景下。完善社会主义市场经济体制，是涉及各个行业的精细化流程，传媒业界并不例外。事实上，在各类新闻机构的体制和建制中，早已进行了市场化的优胜劣汰。尽管在网络空间治理、新闻生产监管中还存在一些管理层面的问题，但总的来看，新闻产品市场体系逐步提高标准，竞争日益有序公平，人才合理自由流动，出现了一批活泼、新颖的新闻呈现和适应移动端消费的新闻创作团队，产出了一批形式多样、全媒化的新闻产品。《人民日报》的微信公众平台端口，经常根据重大节日设计互动 H5，如八一建军节的"我穿军装"通过图片换装使受众参与互动，形成主动传播效应。微博端也经常根据热点话题发起投票、互动，群众参与新闻事件讨论，生产与消费方同为彼此传播链条上的一环，生产关系的高度黏合使得生产力迅速扩大，极速促进了生产力的再次发力。因此，在深入贯彻落实新时代加快完善社会主义市场经济体制的一系列重大战略部署中，新闻传播业界和学界要不断强化问题导向，突出新闻工作的战略重点，着力培养更多具有活力的新闻主体，同时加快全面完善监管和良性竞争，促进生产与消费的良性互动。

其次，智媒时代的新闻生产与消费，是个具有多层次含义的大概念。黑格尔提出"依照思想，建造现实"的概念，将人的生产付诸对现实的能动实践。由此，将新闻仅仅看作实践活动，确实无法接受"新闻生产"这一概念。然而现阶段的新闻不但是创作者的实践活动，更要通过接受者的审视和检验，更要经得起甄别和推敲。马克思进一步完善了黑格尔的能动性实践观点，指出这种

---

① 2016 年 2 月 19 日，习近平总书记在党的新闻舆论工作座谈会上的讲话中指出。

自由的有意识的生命活动是作为生命外化的生命表现，同时揭示了社会生产。这便揭示了精神生产的本质，不仅是人类本质，还是人类社会的本质。因此，"新闻生产"的第一层含义，是作为动词，要能涵盖狭义的新闻写作、采访、编辑、播出等实践环节。第二层含义，还要能解释作为精神生产其本质是主客的相互关系。在这个关系中，打破新闻是由新闻工作者创造的概念，新闻的源头来自群众，来自社会生活，取材于民，因此"人民群众是第一生产力"，同时也是新闻作品的接受者。在"新闻生产"的概念下，主体与客体可以互相转化。第三层含义，具有包容性的新闻生产概念，要能涵盖媒介技术行为。全媒体时代，媒介与信息交织并进，要重视媒介的作用，但不能割裂其与新闻的关系。新闻生产与消费，就是能将媒介技术融合，互为所用，成为新闻事业发展中的重要组成部分。

最后，新闻传播的生产和消费，要回归到马克思、恩格斯原著中去。甘惜分教授讲"立足中国土，回到马克思"，即将马克思主义作为新闻学研究的指导思想，并形成一整套马克思主义新闻观。习近平同志也多次强调马克思主义新闻观的重要价值和意义。"从无产阶级革命家那里寻找理论光芒，再结合中国的实际经验来建立具有中国特色的新闻理论体系。"但这并不意味着，要套用马克思主义的一般原理来代替新闻学，机械地用马克思主义的辩证唯物主义和历史唯物主义概念来解释新闻现象。在革命战争时期，关于"生产"的问题要突出于"消费"的问题，新中国成立以后，一定时期的经济处于计划生产，物质和精神生产都较多地关注于生产力的增长。而在现阶段的新闻传播过程中，"消费"问题逐渐显露出来，要具体问题具体分析，读原著，学原理，以马克思主义的一般原理为指南，探索新时期新闻事业的新规律。

四、智能时代新闻生产与消费的关系

智能媒体条件下，新闻的生产和消费呈现出新的手段和新的表现，这是时代的进步，同时也是新闻传播学科进步的新的特点，媒介取得手段有了根本性的变化。20世纪50年代，大众媒介中的新闻生产与内容消费关系是原始性的商品消费关系，报纸由各单位公费订或由消费者自费订，而这种直接的消费没有获得直接的内容选择，受众需要从大量的新闻产品中进行二次筛选，满足需求。同样，付费时期的广播电视节目也是如此，需要交付有线电视费用换取作为商品的电视频道及其所涵盖的新闻内容，这一阶段是以扩大范围式的消费取得需要筛选的产品，而筛选过程中产生的数据也成为了新闻产品的产出依据，在对应的时期，民生新闻、财经消息都曾形成阶段性生产力的爆发。

现阶段，促进人的全面自由发展必须实现个人与社会、自然发展的统一，二者互为前提。为满足人民群众日益增长的物质文化需求，为人的全面发展提供和谐的社会环境，精神消费和物质消费的问题变得日益突出。进入数字时代，新闻消费的渠道变得多样化。一方面，在移动通信的技术支持下可以通过移动端直接进入消费环节，不必通过付费平台；另一方面，更加有针对性的消费也在逐渐打开局面，消费者愿意通过支付行为获取自己感兴趣的新闻产品，形成了一种"链条式"的生产关系。在这个链条上，看似是一个开放性的环，新闻生产者题材更加广泛，呈现更加多样化，实际上生产的开口紧连着消费。而消费者获取产品的平台五花八门，信息流来自四面八方，但消费者实际上是"被消费着的消费"，链条的开口实际上对接着生产。如何能充分调动人民群众在新闻传播中的能动性和积极性，怎么根据新的时代调整促进生产关系，使个人需求在当下新闻传播中有所满足，是我们现阶段要讨论的问题。

（一）发展生产力

精神生产作为社会全面生产的一部分，受物质生产所制约，因此第一个历史活动就是生产满足这些需要的资料，即生产物质生活本身。另外，精神生产是物质生产的直接产物，人们的想象、思维、精神交往在这里还是人们物质行动的直接产物。因此，新闻生产和消费的发展问题要建立在社会生产力和经济基础上。改革开放以来，我们看到了国家日新月异的经济变化，这直接引发的是艺术、传媒业界的繁荣。大力发展生产力，增加城市职工工资、落地农村扶贫项目，增加城市的生活设施，直接拉动消费自主增长。物质性的产出与精神需求的满足呈正相关。多样化的消费方式也使多样化的新闻机构和新闻创作成为可能。近些年，澎湃新闻、今日头条、新浪微博等机构性新闻走进大众视野，逐步被市场所接受，如何进行合理规划、差异发展、良性竞争、素养提升，让新闻生产和消费标注逐步提高，是接下来亟待解决的问题。

（二）更开放的政治环境

互联网是一座透明的墙，不仅使信息双方变得"貌似透明"，更使信息获取渠道方式的透明度大大增强。在国内无法看到的新闻媒体可以"翻墙"去看，甚至"消费"去看。这些摸不到但有可能"看到"的新闻消息让国内新闻生产媒体与消费之间同样建立起来一道透明的隔阂。

（三）降低消费成本

我国网络普及速度和覆盖率可以用日新月异来形容，已经到来的 5G 时代让世界见识了中国速度。但是在绝大部分地区，手机流量费用过高限制了移动端新闻消费的可能，新闻的生产和消费人群集中化，久而久之，新闻生产视域将变窄，继而引发更多集中竞争和由于长期不对等接收信息而造成的社会化问题。而消费成本较高的问题实际上暴露的是生产的问题和人民群众收入不够的问题。

（四）进一步发展科学技术

伊尼斯在《传播的偏向》中认为，一种新媒介的出现将会伴随着新文明的产生，新的文明会迭代旧的文明。随着人们对时空破壁要求的提高和沉浸化体验的需求，VR新闻、MR新闻逐渐走进人们的视野。重大活动的全媒体直播已经成为常态。但网络直播依旧要依赖流量的限制，VR、MR新闻不仅穿戴设备昂贵，而且制作周期长，无法满足新闻的基本特性和基本规律。同时，沉浸式新闻的内容选择有其局限性，过于强烈的视觉冲击，如灾难、战争等包含血腥暴力的内容不适合客观新闻的消费的判断，同时，穿戴设备大多较为笨重，佩戴长时间容易引起生理不适。包括播出平台的呈现等问题还无法解决。因此，尽管VR新闻成为业界讨论的焦点，但现在仍没有成熟的平台推出常规性作品。

生产和消费的问题不是一个新问题，但作为我国新闻业界将其提出是在改革开放以后。甘惜分教授曾说，要回到"马克思主义上来"，现在恢复到历史的本来面貌，回到马克思主义固有的议题上来讨论在新时期新闻生产和内容消费，理论积累很不够，对于新闻传播的生产和内容消费问题最终属性的认识，是能够推动新闻媒体市场化运作、解放思想取得发展性作用的。作为刚刚在这个领域研究的学生，我愿意从基础开始，从新闻学子开始就要牢牢地打下马克思主义的基础，要懂得马克思主义的生产观、消费观、关系观。勤奋努力，积累成果，和在座各位一起为新闻传播的发展尽绵薄之力。

参考文献

[1]《资本论》第一卷，人民出版社2004年版，第47—194页。

[2]《马克思恩格斯文集》第七卷，人民出版社2009年版，第374—376页。

[3]《马克思恩格斯文集》第一卷，人民出版社2009年版，第180—200页。

[4]《列宁全集》第13卷，人民出版社，1987年第2版，第13页。

[5]《毛泽东选集》第5卷，人民出版社1992年版，第395页。

[6] 习近平：《决胜全面建成小康社会，夺取新时代中国特色社会主义伟大胜利》，中国共产党第十九次全国代表大会报告，2017年10月18日。

[7][美]伊莱休·卡茨、保罗·F.拉扎斯菲尔：《人际影响：〈个人在大众传播中的作用〉》，张宁译，中国人民大学出版社2016年版，第34—177页。

［8］［美］大卫·里斯曼：《孤独的人群——对美国人变化中的特性的研究》，王昆、朱虹译，南京大学出版社2003年版，第19—57页。

［9］［美］道格拉斯·凯尔纳：《鲍德里亚：批判性读本》，陈维振、陈明达、王峰译，江苏人民出版社2005年版，第55—90页。

［10］［美］鲍德里亚：《物体系》，林志明译，上海人民出版社2001年版，第9—22页。

［11］甘惜分：《牢记马克思的思想遗产》，载《新闻研究资料》1993年第2期。

［12］童兵：《从马克思论商品看新闻的商品性》，载《新闻研究资料》1993年第2期。

［13］童兵：《试析列宁社会主义建设时期的新闻思想与政策实践——为纪念列宁150周年诞辰而作》，载《新闻大学》2020年第3期。

［14］刘保全：《关于报纸和新闻有无商品性问题讨论论综述》，载《中国人民大学学报》1994年第2期。

［15］单波：《关于新闻的商品性问题的思考》，载《现代传播——北京广播学院学报》1995年第1期。

［16］丁柏铨、彭婷：《60年来马克思主义新闻思想研究评析》，载《西南民族大学学报（人文社科版）》2010年第1期。

［17］罗红杰、平章起：《马克思精神生产思想的生成逻辑、理论要旨及其当代启示》，载《中共福建省委党校学报》2019年第6期。

［18］陆杰荣、徐海峰：《论马克思的精神生活观》，载《哲学动态》2015年第10期。

［19］陈昌凤、王宇琦：《新闻聚合语境下新闻生产、分发渠道与内容消费的变革》，载《新闻出版》2017年第12期。

［20］程明、赵静宜：《论智能传播时代的信息生产：流程再造与信息连通》，载《编辑之友》2020年第9期。

［21］齐爱军：《我国马克思主义新闻理论体系建构的知识演进路径考察》，载《新闻与传播研究》2017年第7期。

智能时代公共危机中舆情沟通建议

徐晗溪①

[摘要] 风险社会中，威胁与挑战成为现代社会发展的"新常态"。公共危机的特点和结构。需要运用治理的思维应对，而在公共危机中做好舆情沟通是媒体人的责任与使命。文章对风险、治理进行了界定，从而提出风险治理的逻辑。接着，从舆情沟通的角度讨论了公共危机信息传播的疏导与管控。随后，文章讨论了智能技术与舆情的关系，认为以 AI 为代表的新技术可以有效提高舆情沟通。最后，文章提出公共危机中舆情有效沟通的建议。

[关键词] 风险；公共危机；舆情；沟通；治理

当今世界面临着动荡（Volatility）、不确定（Uncertainty）、复杂（Complexity）与模糊（Ambiguity）的危机。在 VUCA 时代，"黑天鹅"与"灰犀牛"事件叠加，冲突与合作、突发与常规、沟通与封闭对政府有效治理提出了挑战。这次肇始于中国但已席卷全球的新型冠状病毒肺炎疫情就是 VUCA 时代对政府治理能力与国家治理体系的一次"大考"。疫情防控中出现的体制错配、结构矛盾、沟通不畅、信任危机等问题事实上是历次政府改革所积累"沉疴"的集中爆发。以史为鉴，笔者认为公共危机中的公共治理需要有效沟通。

风险：现代社会的新常态

乌尔里希·贝克（Ulrich Beck）在《风险社会：新的现代性之路》（*Risk Society：Towards a New Modernity*）一书中提出"风险社会"的概念。贝尔认为，风险就是一种应对现代化本身诱致和带来的灾难与不安全的系统方法。"现代性

---

① 作者简介：徐晗溪，女，哲学硕士，海南日报社记者。

正从古典工业社会的轮廓中脱颖而出，正在形成一种崭新的形式——‘风险社会’。"① 风险（Risk）相对于危机（Crisis）、灾难（Catastrophe）、威胁（Threat），其核心特质就是现代性（a Modern Concept）与不确定性（a Possible Catastrophe Which Could Occur in the Future）。② 由此，贝克所定义的"风险社会"就有如下特点。（1）人为性占主导地位。（2）不可控性明显。全球风险建立在科学、诱导性无知和规范性分歧（Normative Dissent）的基础上。（3）非边界性突出。全球风险的原因和后果不局限于某个特定地理位置或空间，它们大体上无所不在。（4）不可赔偿性。

风险的上述特征在现代社会中又被进一步叠加和放大，且无法用传统的方法应对。以本次新冠肺炎疫情为例，（1）从空间层面上看，疫情不以一个国家内部任何一个行政区划或任何一个民族国家为边界，它会影响每一个人，并会很快发展成全国性和全球性的风险和危机。根据约翰斯·霍普金斯大学实时统计数据显示，截至 2020 年 7 月 30 日，全球已有逾 66 万人感染疫情死亡。（2）从时间层面上看，风险具有很长的潜伏期。在 SARS 暴发 18 年后，新型冠状病毒肺炎暴发，其间毫无征兆。从社会层面上看，疫情可能的危害及其责任主体难以确定，它是多方行为综合的结果，传统的个人安全边界不复存在。

通过对风险社会特征的描述与结合新冠肺炎疫情的分析可以看出，风险的预测和评估不能局限于传统行政区划和民族国家范围，对于外生性风险要有充分的考虑和估计。因此，对风险和预防和应对准备应是长期的、经常的。现代风险使每个人都难以置身事外，它使整个社会乃至全球成为名副其实的命运共同体。所以，对现代风险的控制更需要整体思维，更需要区域合作、全国合作和全球合作。由此，从国家治理的角度看，有学者进一步提出"风险社会的来临及其挑战，将直接催生出风险国家（Risk State）这样一种新型的后行政国家的治理体系"③。

---

① ［德］乌尔里希·贝克（Ulrich Beck）：《风险社会：新的现代性之路》，何博闻译，译林出版社 2004 年版，第 2 页。

② Beck, U. (2014). Foreword: Risk Society as Political Category. In Rosa E., Renn O., & McCright A. (Authors), The Risk Society Revisited: Social Theory and Risk Governance (pp. Xiii - Xxiv). PHILADELPHIA: Temple University Press. Retrieved July 27, 2020, from www. jstor. org/stable/j. ctt16kdvsx. 3.

③ 刘鹏：《风险社会与行政国家再造：一个行政学的阐释框架》，载《学海》2017 年第 3 期，第 69—76 页。

一、风险社会的危机治理

2013 年 11 月，党的十八届三中全会《关于全面深化改革若干重大问题的决定》提出，深化改革的总目标是"完善和发展中国特色社会主义制度，推进国家治理体系和治理能力现代化"。国家治理现代化成为继工业现代化、农业现代化、国防现代化、科学技术现代化等"四个现代化"后的"第五个现代化"，从微观具体的领域改革拓展到宏观全面的体制改革。国家治理体系是指所有参与治理的主体活动的相互结合所形成的总体状态，国家治理能力是指各个治理主体，特别是政府在治理活动中所显示出的活动质量，两者的公共关键词是"多元主体"与"开放互动"，即强调治理主体的多元性，治理过程的动态性，治理方式的开放性与治理关系的协同性。

治理（Governance）源于拉丁文和古希腊文，原意是控制、引导和操纵。治理理论的兴起是与市场的失灵和政府的失效联系在一起的，是为补充政府管理和市场调节的不足应运而生的一种新的管理范式。其主要特征是：（1）政府、市场、社会之间需合理分工与有效协作；（2）治理包括正式制度、政府行为和与非正式机制、非政府行为；（3）治理强调"公共性"并关心问题的真正解决。① 在 VUCA 时代，这种失范、失序、失灵与失效的矛盾被进一步放大和突出了，其表现包括：（1）无法归因，因果关系动态地交织在一起，推断和解释他人和自己行为的原因变得越来越困难；（2）预测失灵，VUCA 社会的运行和发展总是面向多种可能的，并且因为极端的不确定性而难以预测；（3）难以掌控，企业、社会、国家等组织系统的有效的控制需要实时且大量的行动；（4）难达共识，信息的碎片化与需求的个性化，导致广泛且强有力的共识越来越难以形成。② 而治理理论所强调的多元性、动态性、开放性与协同性就为应对 VUCA 时代的病灶提供了破题的思路。国家治理体系和治理能力现代化的一个应有之义就是妥善协调各方利益，回应各方关切，满足各方需求。

二、公共危机中的舆情沟通

如果把危机看作"梗阻"，那么不断的交互沟通就如同"穿刺"，最终让"梗阻"疏通。因此，在危机治理研究中，如何实现信息的有效沟通一直是公共

---

① 薛澜、张帆、武沐瑶：《国家治理体系与治理能力研究：回顾与前瞻》，载《公共管理学报》2015 年第 12 卷第 3 期，第 1—12、155 页。

② Stiehm, Judith Hicks and Nicholas W. Townsend（2002）. The U. S. Army War College：Military Education in a Democracy. Temple University Press：6.

治理研究中的一个重要的研究主题。诺贝尔奖得主赫伯特·西蒙（Simon）提出有限理性概念，强调个人和组织加工、处理信息的能力是有限的。组织管理大师詹姆斯·马奇（March）指出组织过程中的政治联盟行为，即参与决策过程的各方会策略性地运用信息，因此执行过程是组织决策的信息被策略性利用和再解释的过程。经济信息学指出信息不对称问题、委托—代理关系问题、合约关系问题等，并由此探讨了组织激励机制设计问题。① 事实上，治理现代化所要求的整体性治理（Holistic Governance）也是以有效沟通为治理手段，以信息技术为治理媒介，以协调、整合、责任为治理机制的整体型服务的政府治理图式。②

危机治理中的有效沟通尤其实现的环境与要件，从信息传播的过程上看具体包括：（1）沟通要有信息，这样就必须具备可供沟通的确定的观念的意见；（2）沟通应考虑沟通接收者和沟通的方法，沟通发出者应根据沟通接收者的特点发出信息；（3）在信息的传递过程中，会出现各种各样的干扰和噪声，因而信息发生者应当尽力保证沟通渠道的畅通；（4）发出者发出信息后，接收者必须注意接收信息，否则沟通还是不能形成闭环；（5）接收者收到信息后，还应努力分析和理解信息发出者发来的信息的意义；（6）信息接收者找到了信息并加以领会之后，就应当在行为活动中有所反应。③

对于危机治理的主体之一，政府如何构建有效沟通的结构与模式直接关系影响到沟通的效率与效果。当然，没有一种放之四海而皆准的"完美"模式，需要权变地根据具体的情景和场合使用最适合的结构与模式。沟通结构模式包括：（1）聚联式沟通结构，即有一个点处于整个沟通系统的中心，起着聚集沟通内容和统一向其他各点沟通内容的任务。在这个结构中，所有的点都只与处于中心的点发生沟通关系，各点之间没有沟通关系；（2）单联式沟通结构，每个点只与旁边的点发生沟通关系，各点之间依然没有沟通关系。因为没有信息发出与回收的核心点，所以单联式沟通结构不利于组织领导和沟通；（3）互联式沟通结构，在这种沟通结构中，每一个点都与其他各点发生沟通关系，各类信息沟通得比较广泛，沟通关系较为发达；（4）分联式的沟通结构，在这种结构中，沟通系统分立成不同子系统，子系统内部形成了沟通关系，但与另一子

---

① 周雪光：《中国国家治理的制度逻辑》，生活·读书·新知三联书店 2017 年版，第 222 页。

② 应验：《政府数据开放共享与共享社会建设：海南的举措和探索》，载《电子政务》2019 年第 6 期，第 82—90 页。

③ 王沪宁：《行政生态分析》，复旦大学出版社 1989 年版，第 271 页。

系统没有沟通。①

这四种结构形式，各有优点和缺点：（1）聚联式的沟通结构有利于形成行政权威，有利于统一指挥、统一处理信息、统一安排，能有效地加强行政指挥的效力，提高行政能量，但容易形成专权式的行政系统和行政领导，不利于行政主体充分、广泛地参与行政活动；（2）单联式的沟通结构有利于控制沟通关系的幅度，使沟通关系形成紧密的网络，缺点是信息沟通面不广，不利于行政领导的形成；（3）互联式的沟通结构有利于沟通关系的广泛开展，促成民主行政，将有关信息传达到最大数量的点上，但是这种结构效率不高，各种信息都进入了传递渠道，而且不加选择地传递到每一个点上，容易造成沟通紊乱；（4）分联式的沟通结构的长处是形成了次沟通子系统，有利于有一定关系的各点之间的信息沟通，但它的缺陷是整体被分割成为两个没有沟通关系的小集体，造成了行政活动的分散和分化，结果也会降低行政效率。②

三、人工智能技术与舆情

人工智能（AI）是计算机科学的一个分支，它是一种能够模仿人类学习和解决问题过程的智能技术。机器学习（Machine Learning）和深度学习（Deep Learning）都可以视作广泛意义上人工智能领域的子集。人工智能中的几个重点领域，包括机器人、视觉和声音分析、自然语言处理等多个维度，无一不和媒体相关。机器人可以协助进行新闻报道，视觉和声音分析可以实现视频和音频的自动化处理，而自然语言处理更是上述应用的基础。③

从全球实践看，上述智能技术已经渗透到媒体日常生产的全部环节，包括线索发现、内容采集、内容写作、内容分发、效果反馈、内部协同、自动处理等。同时，通过自主研发、开源软件、购买服务等方式，媒体拥有从内容管理系统到平台级应用等丰富的智能工具选择。具体来看：（1）人工智能让获取信息的渠道空前拓展，传播信息的主体空前增加。目前，智能手机成就了规模最大的移动互联网传播体系，这让"万物皆媒""万众皆媒"。有数据显示，中国移动互联网活跃终端已经突破 10 亿，到 2025 年中国有望成为全球最大的 5G 市场。随着移动端成为用户接触互联网的最主要方式，基于移动端传播的全媒体产品标准正在加速形成。与此同时，人工智能的运用，正在空前加速这一变革，

---

① 王沪宁：《行政生态分析》，复旦大学出版社 1989 年版，第 275 页。
② 王沪宁：《行政生态分析》，复旦大学出版社 1989 年版，第 276 页。
③ 沈浩、元方：《智能化媒体与未来》，载《新闻战线》2018 年第 1 期，第 55—58 页。

将使新闻产品的样式形态与传播模式被重新定义。（2）人工智能能够提升内容分发和内容创造的效率。路透研究院发布的一份报告显示，人工智能在传媒业的运用，已经有了多个维度。比如，个性化推荐、新闻采编助手与事实的审核、流程的优化等。以"快手"平台为例。他们可以根据用户的行为和特征抓取其特点，从而通过历史的浏览习惯评估和预测他当前的兴趣点，把用户可能感兴趣的信息以更快、更有效的方式推送给用户。更重要的是，在人工智能的加持下，他们能够实现大规模、实时的信息分发，在短时间内把数万亿个视频和用户进行匹配，这在过去是难以想象的。（3）人工智能革新了新闻的样式形态和传播模式，提升了用户参与度和体验感。智慧媒体必然以用户的感知为核心，移动互联网与人工智能的结合创造出许多新的信息交互场景，人工智能在使新闻生产变得更高效、精准的同时，也革新了新闻的样式形态和传播模式，借助人工智能技术，用户能够置身其中，参与内容生产和传播。

当然，人工智能不仅是一种技术，也是一种思考的方式，人也需要用自己的经验识别与纠正数据的偏差，将冰冷的数据赋予人的温度与情感，也为机器提供知识提炼的方向。智能媒体应该是一种人机协同的媒体。机器提升效率、拓展能力，而媒体人则秉持自己的新闻理念，实现媒体的公共价值。这实际上对新一代媒体人提出了更高要求，不仅要探究真相、表达观点、传递价值，更要学会使用机器、理解机器、驾驭机器，这将是未来媒体人必须拥有的新能力。

四、有效舆情沟通的行动建议

在 VUCA 时代，不论是非常态的危机应对，还是常态化的公共治理，有效沟通都是通向决策治理科学化、民主化的必有之路。如何有效沟通历来是一个"常为新"的问题。诺贝尔文学奖获得者鲁道夫·欧肯（Eucken）曾说："人类历史中有非常古老又常新的疑问。这类疑问之所以非常古老，是因为任何生活方式都含有一个对这类疑问的解答。之所以常新，是因为构成这类生活方式基础的周围情况不断变化，在危急存亡阶段，周遭情况一变，几代以来视为当然的真理就变成了尚未解决的问题，而产生出矛盾和困惑。"

为了使沟通更加切实有效，沟通应当遵循信息传播的一般规律和原则，包括沟通前、沟通中和沟通后的全过程管控（Manipulation）：一是沟通前力求澄清思想，系统分析与沟通有关的问题和观点，分析沟通的目的及有关情况；沟通必须有明确的目标，每次沟通的目标越集中越好；分析沟通的物质条件和人际关系以及分析沟通的环境；沟通前征求有关行政主体的意见。二是沟通时注意语调、表情和情绪，以提高沟通的效果；传递与沟通对象有切身利害关系的信息，时时考虑沟通对象的实际情况、希望和需求。三是沟通后核实沟通的效果，引导沟通对象发表看法和意见，建立有效的反馈机制；沟通后要考虑长远效应；以实际行为和政策支持沟通；沟通应是一个相互了解的过程，沟通主体也须注意倾听沟通对象的看法。①

党的十九大报告要求，"必须坚持一切行政机关为人民服务、对人民负责、受人民监督，创新行政方式，提高行政效能，建设人民满意的服务型政府"。如果说危机管理是政府特殊性工作，那么建设服务型政府与治理现代化则是政府的常态性工作。服务型政府是以公众为中心，通过政务公开和政府与公众广泛互动，以公众满意度为目标，重视公众参与的政府职能模式。② 如何实现互动，如何实现满意，如何鼓励参与都需要政府的有效沟通。习近平同志在《之江新语》曾写道："我们担负领导工作的干部，在对重大问题进行决策之前，一定要有眼睛向下的决心和甘当小学生的精神，迈开步子，走出院子，去车间码头，到田间地头，进行实地调研，同真正明了实情的各方面人士沟通讨论，通过'交换、比较、反复'，取得真实可信、扎实有效的调研结果，从而得到正确的结论。"哈佛大学教授皮帕·诺里斯（Norris）在分析美国和欧洲舆情治理后也指出，尽管新闻媒体的一些负面新闻报道可能会对公众对于一些具体的政策问题的支持造成不良倾向，但一般来说，在公众对新媒体的关注与他们对政治知识的了解、对政府的信任以及政治参与之间还是存着连贯而积极正面的关系。③周志忍教授也认为，发达国家政府绩效评估中虽有"顾客至上"等理念，但并没有落地为考核的指标。中国政府强调"以人为本"理念和"服务型政府""和谐社会"目标，实实在在地把群众满意不满意作为衡量各项工作的根本标准。④

参考文献

[1]　[德] 乌尔里希·贝克（Ulrich Beck）：《风险社会：新的现代性之路》，何博闻译，译林出版社 2004 年版，第 2 页。

---

① [美] 西斯克（Sisk, H. L.）：《工业管理与组织》，段文燕译，中国社会科学出版社 1985 年版，第十五章。
② 朱春奎、李燕：《政府 2.0、开放式政府与服务型政府建设》，载《上海行政学院学报》2014 年第 15 卷第 3 期，第 59—66 页。
③ [美] 皮帕·诺里斯：《新政府沟通：后工业社会的政治沟通》，顾建光译，上海交通大学出版社 2005 年版，第 4 页。
④ 周志忍：《论政府绩效评估中主观客观指标的合理平衡》，载《行政论坛》2015 年第 22 卷第 3 期，第 37—44 页。

［2］Beck, U. (2014). Foreword: Risk Society as Political Category. In Rosa E., Renn O., & McCright A. (Authors), The Risk Society Revisited: Social Theory and Risk Governance (pp. Xiii–Xxiv). PHILADELPHIA: Temple University Press. Retrieved July 27, 2020, from www. jstor. org/stable/j. ctt16kdvsx. 3.

［3］刘鹏：《风险社会与行政国家再造：一个行政学的阐释框架》，载《学海》2017 年第 3 期，第 69—76 页。

［4］薛澜、张帆、武沐瑶：《国家治理体系与治理能力研究：回顾与前瞻》，载《公共管理学报》2015 年第 12 卷第 3 期，第 1—12、155 页。

［5］Stiehm, Judith Hicks and Nicholas W. Townsend (2002). The U. S. Army War College: Military Education in a Democracy. Temple University Press: 6.

［6］周雪光：《中国国家治理的制度逻辑》，生活·读书·新知三联书店 2017 年版，第 222 页。

［7］应验：《政府数据开放共享与共享社会建设：海南的举措和探索》，《电子政务》2019 年第 6 期，第 82—90 页。

［8］王沪宁：《行政生态分析》，复旦大学出版社 1989 年版，第 271 页。

［9］王沪宁：《行政生态分析》，复旦大学出版社 1989 年版，第 275 页。

［10］王沪宁：《行政生态分析》，复旦大学出版社 1989 年版，第 276 页。

［11］沈浩、元方：《智能化媒体与未来》，《新闻战线》2018 年第 1 期，第 55—58 页。

［12］［美］西斯克（Sisk, H. L.）：《工业管理与组织》，段文燕译，中国社会科学出版社 1985 年版，第十五章。

［13］朱春奎、李燕：《政府 2.0、开放式政府与服务型政府建设》，载《上海行政学院学报》2014 年第 15 卷第 3 期，第 59—66 页。

［14］［美］皮帕·诺里斯著：《新政府沟通：后工业社会的政治沟通》，顾建光译，上海：上海交通大学出版社 2005 年版，第 4 页。

［15］周志忍：《论政府绩效评估中主观客观指标的合理平衡》，载《行政论坛》2015 年第 22 卷第 3 期，第 37—44 页。

浅析新时代智能传播生态中的
传媒法治人才培养路径

赵国栋①

[摘要] 在新技术不断驱动和媒体融合持续推进的过程中，传媒生态已经在技术革命、行业变革和社会转型的三重冲击下发生着深刻改变，新时代的智能传播生态对传媒法治人才的能力和素养提出了更高要求，培养"懂法律、懂传媒、懂智能"的复合型、实践型、国际化卓越传媒法治人才成为一个新的课题。改变办学目标、强化学生的法律思维、批判思维、跨界思维、智能思维等思维意识，优化课程设计、注重应用与实践相结合，改变当前考评体系，注重师资力量等方式将成为新的路径。

[关键词] 传媒法治人才；复合型新闻人才；路径

在新技术不断驱动和媒体融合持续推进的过程中，传媒生态已经在技术革命、行业变革和社会转型的三重冲击下发生着深刻改变，习近平总书记在2019年1月25日的中央政治局集体学习会议上指出，全媒体不断发展，出现了全程媒体、全息媒体、全员媒体、全效媒体，导致舆论生态、媒体格局、传播方式发生深刻变化。因此，随着大数据、云计算、人工智能、物联网等技术的进一步成熟和5G时代的即将到来，新的技术革命必将推动媒体融合向纵向深的进一步发展。

在媒体深度融合的背景下，传媒业生态将被新时代智能传播所全面重构。媒体不再遵循原有的传播形式，而是呈现出新的传播路径。同时随着全国依法治国的全面推进，高校在这样的新时代智能传播生态下，如何培养出适应新时代的优秀传媒法治人才，已成为当前高校亟待研究和解决的课题。

---

① 作者简介：赵国栋，陕西省西安市阎良区人民检察院司法警察大队队长。

一、国内外高校传媒法治人才培养的探索

法治新闻宣传一直是新闻宣传中的一个十分重要的领域，特别在依法治国成为国家治理的根本遵循的新时代背景下，法治新闻有了更为重要的发展空间。2020年9月2日，中共中央政治局委员、中央政法委书记郭声琨到法治日报社调研并召开政法宣传舆论工作座谈会时强调，要坚持以更好回应人民群众需要为出发点和落脚点，把遵循执法司法规律和遵循新闻传播规律、互联网发展规律结合起来，抓住融媒体发展机遇，守正创新、融合发展，讲好与群众工作生活密切相关的政法故事，不断提高政法宣传舆论工作能力水平。而要做好法治新闻宣传，则离不开优秀的传媒法治人才。

纵观国内外大学新闻教育的发展历史，主要有两种培养理念：一种是基于新闻专业本身进行有针对性的新闻职业技能培训，而另一种则是将新闻学与其他社会学科结合起来培养复合型人才，这两种培养理念被概括为"专才式培养理念"和"通才式培养理念"。复合型新闻人才培养模式采用通才式的培养理念，不局限于培养新闻人才的专业技能。我们所探析的传媒法治人才就是既懂法律又懂新闻学的复合型人才。

（一）国外高校传媒法治人才的培养

法律人和新闻人在一些发达国家中，被称为"社会的良心"。英国和美国都十分重视传媒学和法学的复合型人才培养。这些大学多开设传媒法项目和课程，分别设立在新闻学院或法学院，目的是培养懂法律的职业媒体人或懂媒体的法律职业者。如美国的密苏里大学新闻学院和马里兰大学新闻学院较早开始进行复合型新闻人才培养的探索，其经验比较丰富。

1. 密苏里大学新闻学院的传媒法治人才培养模式

密苏里大学在美国大学中最早设立了新闻系，其采用新闻学院和法学院联合办学的模式培养传媒法治复合型人才，其联合培养已经达到硕士、博士层次，如新闻学硕士与法学博士双学位项目；法律与冲突解决方向的新闻学硕士培养项目；新闻学博士"法律与冲突解决"辅修项目兼获法律博士学位新闻学博士项目。

其中双学位项目是为了解决学生的就业选择空间问题，培养既懂新闻又懂法学的复合型人才；法律与冲突解决方向的新闻学硕士培养项目目的是为培养计划从事法律类的记者或编辑提供专业发展，同时让他们对媒体法律的环境有所了解，新闻学博士"法律与冲突解决"辅修项目是专门为新闻学院那些有兴趣从事新闻、法律和冲突解决教学、研究的新闻学博士提供的课程。

2. 英国东英格兰大学法学院的传媒法治人才培养模式

英国东英格兰大学法学院设有传媒法法律硕士项目，该项目设立的目的是让学生对传媒和相关法律问题有系统的了解。主要包括以下内容：英国传媒行业的介绍；传统管制的主要模式；主要社会、管制和技术的影响对大众传媒发展的塑造等。该项目还包括诽谤和隐私保护在内的与维护声誉相关的问题，以及与新闻相关的法律问题。

（二）国内高校传媒法治人才的培养

近年来，在新一轮卓越人才培养计划下和全面依法治国的推动下，我国的法学教育、传媒教育都得到较快的发展。目前我国各高校采用传媒法治人才的方式各不相同。

1. 中国人民大学光明新闻传播学院传媒法治人才培养模式

2014 年，光明日报社与中国政法大学实施开展"部校共建"，成立了"光明新闻传播学院"，是全国首家中央媒体与高校实现共建的重点大学新闻学院。学院现在成为全媒化复合型专家型新闻传播人才培养基地，学院设有法治新闻、传播法与传播伦理两个研究方向的传媒法治人才的新闻传播学硕士学位。学校还设有中国政法大学政法宣传与舆情研究中心、中国政法大学法治传播研究中心、中国政法大学传播法研究中心、中国政法大学法制新闻研究中心、新闻传播与新闻法制协同创新中心。

2. 西南政法大学新闻传播学院（融媒体学院）

西南政法大学新闻传播学院（融媒体学院）始终秉承"中国立场、全球视野、法律正义、社会责任"的发展定位，走出一条与综合大学新闻传播学院错位发展之路。2010 年，学院首次提出以培养具有全球视野的法治新闻传播人才为办学定位，设有法治新闻研究中心、成渝地区双城经济圈发展传播研究院等。新闻学硕士下设有法治新闻研究方向，传播学硕士下设有传播法学、法治传播与危机公关研究方向。

3. 西北政法大学新闻传播学院

西北政法大学新闻传播学院按照"通晓新闻、熟悉法律、注重素养"的人才培养定位，强调人才的特色发展，拥有我国西北地区创办最早的新闻学专业，学院的"法制新闻与传媒法"和"网络政治传播学"是西北地区最早设立的具有鲜明学科交叉特色的硕士学位授权点；设有新闻学（法制新闻）等本科专业，该学院是全国重要的法治新闻人才培养教育基地。学院注重实务导师建设，先后从人民日报社、新华社、中央电视台、法制日报社等媒体和宣传部门聘请业务能力强的高水平资深专家30余人担任学院的实务导师和客座教授。学院已形成以法治新闻与传媒法、网络政治传播学、跨文化传播与社会心理传播研究为主干的特色研究方向。

4. 华东政法大学传播学院

据华东政法大学传播学院官方网站介绍，华东政法大学进行法制新闻教育的历史在全国是最早的，学院招收新闻学（法制新闻方向）本科生和传媒法制专业硕士研究生，学院目前培养法制新闻传播专业人才，同时依托雄厚的法学资源，培养与文化研究、文化传播相关联的复合型人才，设立了法制新闻研究、传播法研究、文化产业法律研究中心、文化产业研究中心、中国廉政与法治文学研究中心等学术机构。

5. 中国传媒大学政法学院

学院设有传媒政策与法规硕士专业1个，设有传媒政策与法规专业方向的博士研究生教育专业1个，在法律专业本科教学中，率先开设了《传媒法概论》课程，此外还开设了传播法基本理论、广播影视法专题、媒体侵权、媒体的管理等课程，丰富了法学核心课程的内容。设有媒体与法规政策研究中心。

6. 中南财经政法大学新闻与文化传播学院

学院新闻传播学类专业设置了法制新闻这个特色的方向，以培养富有创新意识和开拓精神的复合型人才为目标，以"应用型、通融性、开放式"为办学特色。设有法律与文学研究所。

7. 中国社会科学院研究生院法学系

该系硕士研究生招收传媒信息法方向研究生。其将传媒法治人才培养放在了法律系。

二、国内外高校传媒法治人才培养比较后存在的问题

随着新时代的推进，传媒法治人才越来越缺乏。因此，没有比较，就不能发现问题，只有借鉴并且结合我国的实际，才能不断地发现问题，并且不断实践，不断完善。

（一）英美高校传媒法治人才培养的特点

从英美高校传媒法治人才培养的特点来看，其办学目标一般定位比较明确，具有鲜明的实务导向，在具体的各种培养设计中，注重专题讨论会、研讨会等形式，而非教师单独讲授，注重教师引导、学生参与的双向互动，比较关注学

生的主体性，注重培养学生独立思考的能力。考试也采取灵活多样的形式，注重效果而非分数，而且根据学生的不同，还注重利用网络教学，开展在线讨论与在线授课。

（二）我国高校传媒法治人才培养的特点

我国的高校传媒法治人才培养多设立在政法类大学的新闻传播学院或者专业的传媒大学下设的法律院系下，多是传媒下的法治专业或者法治下的传媒专业教育，都是依托本校的特色资源，进行传媒法治人才的培养。设立的院校数目少，学生毕业后大部分在公检法司等政法单位从事政法宣传或者法制类媒体从事政法宣传工作

（三）我国高校传媒法治人才培养存在的问题

1. 传媒法治专业人才的培养被严重忽视或轻视

我国目前正面临媒体转型、技术更迭、社会转型、智能时代等浪潮，跨专业、跨行业的传媒人才需要已经刻不容缓，政法机关和政法媒体更是缺乏传媒法治人才，这些传媒法治人才不仅要掌握传统基础的采写编评摄制能力，还需要具备法律、网络推广、动漫设计、视频制作、新媒体等方面的综合能力。尽管这样的复合型人才奇缺，但政法机关由于考虑到人员成本、培养时间和适用问题，一般更倾向于从其他政法单位选调直接能够进入岗位就得心应手的传媒法治人才，这样就会造成其他基层政法单位或者偏远政法单位传媒法治人才奇缺的现象。加之，新媒体时代传统新闻人才的就业去向发生大变化，大量新闻人才流向新媒体和自媒体机构，这些机构对人才的需求更偏向技术型和复合型，而且薪水一般高于政法机关。而当前国内高校在形式上大多参照美国传统的复合型培养模式，对于新时代复合型新闻人才培养的方向和理念缺乏清晰的定位，在日新月异的传媒技术面前有些被动。在传媒行业和就业市场发生极大变化的情况下，旧的复合型人才培养方向也应该随之转变。

2. 人才培养与市场需求严重脱节

从现实情况来看，政法单位也想通过公务员招录来弥补传媒法治人才的缺失，但是一般招录的人员不能迅速适应岗位的需求，甚至有时还不如在本单位通过单位多岗位轮岗而培养出的人员。于是政法单位加上本身的特殊性，多选择了招录法律专业的人才，这与当前国内高校复合型传媒法治人才培养的课程设置有着必然的关系，如课程体系混乱、实践课程较少、学科深度融合不足等问题。跨法学、新闻学学科教育是培养传媒法治复合型人才的重要途径之一，通常是将新闻学与学校的法学学科结合起来，在课程设置上既确保有法学又确

保有新闻学的主干课程，目的是拓宽学生的视野，但却忽视了法学与新闻学的深层次融合。从实操层面来看，当前大多数学校的课程设置实际上只是杂糅了不同的科目，并且只是要求学生修一些相对比较基础、概论性的课程，课程设置在深度融合方面所做的还是远远不够，同时学生的实践课程较少，教师本身的实践少之又少，教师几乎没有在政法单位的宣传岗位上工作过的经历，这样培养出来的学生，仅仅是学分层面上的"跨学科"，而未能达到知识体系上的"跨学科"，对跨学科内容学习不够深入，导致在政法单位实践中往往感觉较为吃力。

3. 师资力量较为薄弱

当前，传媒法治人才培养中，既拿到法学学位又拿到传媒学或新闻学学位的复合型教师偏少，真正能够在新闻和法学两大领域都有较深造诣的教师更是凤毛麟角。由于师资力量的缺乏，必然会导致教学效果的不理想。当下国内高校大多数专业教师知识面过窄，面对多学科融合与专业交叉，恍然无措，实务教师又由于本身的工作和用人制度而不能很好地从事实务教学，这将严重影响到新技术形势下复合型传媒法治人才的培养。

理论研究与传媒实践严重错位。当前高校在对师资的考核体系中，科研水平成为超过教学质量和效果、影响教师职称晋升的重要考核因素，但是教师科研水平的高低与教学效果的好坏并非绝对的正比关系，这也导致不少教师将大部分精力投入科研当中，而在教学方面草草应付，导致教学效果不理想。尽管这一现象目前教育部门已经意识到，但是仍旧没有得到有效的改变，从事理论研究的人大多没有深入实践，所以理论研究就不能很好地服务传媒法治人才培养的实践。

三、完善我国高校传媒法治人才培养的路径

"预则立，不预则废。"这句中国古老智慧名言告诉当今高校教育工作者的是，凡事都要有章法。在新技术不断涌现的时代背景下，对于传媒法治人才的培养来说，不仅要教给学生"术"，更要授予他们"道"，不过教师如何懂"道"，才能给学生授予"道"，这也成为一个新课题。围绕这一方向，高校可从成立法治新闻教育专业委员会指导规范人才的培养、改革教学方式，培养学生的思维模式转变、构建理论研究与教学实践的综合平台、建立人才的订单培养模式，拉近教育与人才市场的距离、重视师资建设，在人才的长期培训和终身教育等方面着手加强传媒法治新闻人才培养。

（一）成立法治新闻教育专业委员会指导规范人才的培养

在教育部和各高校成立法治新闻教育专业委员会，以从制度设计上指导规范传媒法治人才的培养，注重以就业为导向，密切高校与政法单位、政法媒体等用人单位的联系，改革传统的单一教学方式，注重社会实践和实务导师队伍的建设，为传媒法治人才培养方案提供专业性、建设性、指导性的意见，确保高校培养出的传媒法治人才能够高质量地服务和推动地方政法单位、政法媒体的发展。

（二）改革教学方式，培养学生的思维模式转变

传媒法治人才培养模式的核心是课程，课程内容设置的优劣、形式的好坏对人才培养模式改革的实现至关重要。对于传媒法治人才的培养来说，课程体系的优化应该坚持四个原则：

1. 体现法学与传媒学、新闻学等学科交叉融合

要实现传媒法治人才培养，课程体系上就必须坚持跨学科、跨专业、跨院系横向交叉融合。课程设置上要扩大法学、新闻学、传媒学等基础课程在总课程当中的比例，提升学生平衡的思考能力，宽泛的知识结构与良好的知识迁移能力，全面提升学生的综合素养；打破院系内部选课的壁垒，设置相应的跨专业、跨院系选修课学分，既可拓展学生的课程渠道，也可缓解院系的师资压力。

2. 注重用人单位的需求

课程设置要根据社会的发展，特别是全面依法治国战略的深入推进，党的十九届四中全会后社会治理体系和治理能力现代化的大背景下，课程设置不要不断调整和变化，注重基层政法单位传媒法治人才和政法媒体单位传媒人才的需要，加大技能实训类课程的比例，增加学生的专业技能训练，努力实现毕业与就业的无缝连接。

3. 注重因材施教，尊重个性发展

通才式培养理念并不意味着忽视学生的个性，而是要在充分尊重学生个性发展的基础之上进行模块化的课程体系设置。从学制上可以实行选课制、主辅修制、素质学分制、双学位制等，鼓励学生们选择自己感兴趣的、跨专业学科领域的选修课程；学分上可以增设一些创新学分，课程上可以设立实践课程，鼓励学生通过项目形式与政法单位、政法媒体进行合作，让团队协作、发挥特长。

4. 注重学生思维模式转变

传媒法治人才要求学生在学校学习中就要培养出智能思维、法治思维、新

闻思维等思维模式，这些思维的形成就需要学生在学校期间，就要注重关注政法媒体、政法单位的宣传与其他机关单位、企业宣传的联系与差异。

（三）注重市场对人才需要的导向，强化综合能力

如何做好传媒法治人才的评价，不是仅仅靠几篇核心期刊的论文或者获得了几个奖项就可以进行评价的，相反，用人单位的需要才是最具有导向作用和示范作用的。在当前高校的考评体系中，教师存在重论文、轻教学的问题，学生则存在重成绩、轻能力的问题，不利于传媒法治人才培养。要改变这一情况，就必须坚持以"注重市场需求的变化，强化综合能力"为原则，建立科学的人才评价体系。

在教师层面，要变革以唯论文、课题为导向的评价体系，将教师的教学、科研、社会服务、挂职锻炼等综合指标纳入平等的地位。当下一些学校在教师考评和职称晋升方面都是科研至上，直接导致很多教师将主要精力用在发表论文、申报课题、争取经费上，而不愿投入到提升教学质量、做好社会服务上来。人才培养是大学的本质职能，本科教育是大学的根和本，因此，学校资源首先要在本科教育配置，教师精力首先要在本科教学集中，这一点也必须体现在人才考核机制上。

在学生层面，要将人的全面发展纳入考核体系，突出品德和能力评价。目前中国高校的考评机制侧重学生的知识结构，在人格、求知欲、创新和探索能力方面都涉及不多，新时期高校考核机制改革的方向，就是从以绩点为核心的考评体系，转向以学生全面发展为核心的考评体系。最重要的是两点：一是强化品德教育，培养学生为党为国为人民的深厚情怀和担当意识；二是注重综合能力，以培养造就具有综合协调能力、撰写能力、探索挖掘等为主要宗旨，给学生更大的成长发展空间。毕竟传媒法治人才最终面临的将是实践性很强的政法宣传工作。

（四）注重师资建设，注重终身教育

坚持开放办学，制定灵活的引智机制，将业界师资、院外师资、国外师资引入本院系传媒法治人才培养。新闻学科与一线法律业务实践紧密挂钩，吸纳业界精英进入人才培养过程，可以将最新最活的政法行业动态和实务技能及时教授给学生。目前很多新闻院系都在引进业界师资方面做了很多积极的尝试，如选聘业界导师、邀请业界专家授课、设立卓越记者驻校项目等；开放办学也要打破学校和学院的界限，各个学校、各个专业之间加强交流与合作，共享资源；在国际合作上，则可以聘请国际知名教授授课，增加招收外国留学生，同

时鼓励自己的老师和学生走出去。

同时还要加强师资建设。一方面，引进一流的教育学术人才，尤其是跨法学和新闻学、传媒学专业背景的老师，尽快充实人才培养的队伍，为传媒法治人才培养注入新的活力，从以往的单一学科的师资队伍向多学科、多层次的师资团队转型；另一方面，盘活学院的人力资源存量，助力现有师资队伍完成转型，可以通过学历教育、继续教育、挂职锻炼等多种形式进行。

此外，传媒法治行业还是一个需要终身教育的行业，因为时代在发展，传媒法治行业也在不断更新，需要从业的人员，不断更新知识结构，更新知识体系，这就需要与时俱进，注重终身学习。

总之，随着媒体改革向纵深发展，智能融媒时代已经到来。新的传媒法治业态对应着新的人才需求，传媒法治人才的培养必须不断更新教育理念，不断创新培养路径，立足现实，面向未来，才能与新时代的媒体智能融合进程同频共振。

参考文献

[1] 童清艳：《智媒时代我国媒体融合创新发展研究》，载《人民论坛·学术前沿》2019 年第 3 期。

[2] 彭兰：《智能时代的新内容革命》，载《国际新闻界》2018 年第 6 期。

[3] 黄瑚：《创新新闻教育理念培养全媒型、专家型人才》，载《光明日报》2016 年 04 月 08 日，第 2 版。

[4] 杨斌成：《复合型传媒人才培养的研究现状及其系统架构》，载《钦州学院学报》2018 年第 9 期。

[5] 许向东：《对中美数据新闻人才培养模式的比较与思考》，载《国际新闻界》2016 年第 10 期。

[6] 李建新：《中国新闻教育的百年流变与重要问题读解》，载《出版发行研究》2019 年第 4 期。

[7] 张文祥、陈绚：《新闻—法学复合型人才的培养模式与路径——基于对国内外高校新闻传播与法学学科教学科研融合做法的分析》，载《中国大学教学》2013 年第 1 期。

"居家云办公" 机制运作的影响因素
及升级对策刍议

曾静蓉①

［摘要］新冠肺炎疫情深刻地改变了全球经济社会的面貌，带来了突如其来的挑战。本文试图探讨 2020 年新冠肺炎疫情暴发以后，信息和通信技术等因素对工作者居家工作模式产生了哪些影响及其影响程度，以期为疫情常态化模式下的居家办公机制提供经验借鉴。

［关键词］疫情常态化；居家云办公；第五媒体；"工作—生活"平衡；劳动力数字化

在传统的工作模式下，上下班的概念往往假定在遥远的单一工作场所和家庭之间有一个清晰的划分。然而，并不是所有的工作都完全发生在一个工作地点。进入 21 世纪后，信息和通信技术的飞速发展对工作实践产生越来越大的影响，居家工作模式逐渐兴起，并被越来越多的工作者所接受。工作者能够在远程办公地点（如家里）远程工作，或在一天内从多个地点进行日常工作。

2020 年，全球性新型冠状病毒肺炎疫情暴发，居家隔离成了政策规定的制止新冠病毒传播的必要举措。各个城市公共场所人流量大幅下降，各行各业均就人流量大跌的形势发布了行业预警。居家云办公极大地冲击了传统的工作模式，也对传统的企业运营模式产生了深刻的影响。许多企业为了维持公司运营，启动了居家办公机制，尝试摸索出在虚拟世界中维持组织运营的新方法、新思路、新模式。

一、"居家云办公" 机制运作的影响因素

早在 1976 年，"居家云办公" 就被提出并作为一种替代做法，以解决日常

---

① 作者简介：曾静蓉，西北政法大学新闻传播学院戏剧影视文学系主任。

工作通勤造成的交通拥堵问题。工作者决定居家远程工作的动机包括通勤时间、压力和对独立的渴望，但在家里分心和错过工作场所的社会化是工作效率受到负面影响的关键因素。而组织采用远程工作机制的障碍主要包括管理者和工作者对传统工作空间的适应惯性、对个人职业发展的担忧以及在线协作的陌生化。

2020 年暴发的新冠肺炎疫情对经济有不利影响，但也催生了新模式。在线医疗、零售电商、在线文旅、在线教育等，产业模式和运作方式越来越多元。消费方式的在线化催生相关产业的迭代升级，从而焕发行业新生机。在线经济作为新的增量，有助于弥补疫情造成的减量，还能增强经济、社会的"抗疫性"。①

在线经济发展过程中，居家云办公成了工作者普遍的工作新型态，"屏对屏"的工作模式取代了共同工作空间协作的传统工作模式。工作多态化、生产效率提升、劳动资源优化等伴随着居家云办公凸显出来，并逐步发展为成熟的新型生产作业体系。然而，普遍开展的居家云办公模式使服务业领域的许多企业处境艰难，对"联合办公空间"的新商业模式也构成了极大的生存威胁，但这个体系对一些特定的行业却产生了积极的影响，如中国旅行公司携程的呼叫中心员工采用居家办公模式比集中办公模式生产效率有了明显提升，员工们普遍认为居家工作环境更专注、更舒适。那么，这些差异主要由哪些因素造成呢？笔者认为对居家办公模式的实践效果产生影响的因素主要有两个方面：一是工作者家庭信息通信设备条件以及工作者对于信息通信技术的掌握程度和使用效率；二是"居家云办公"情境下员工个体的"工作—生活"平衡及工作协作方式的事先制定等管理问题。

二、新媒体技术的发展对"居家云办公"机制运作效果的影响

新媒体是"基于数字技术、网络技术、移动技术，通过互联网、无线通信、卫星等渠道并基于电脑、手机、数字电视机等终端向用户提供信息和娱乐服务的传播与媒体形态"②。随着通信技术和传播形态的发展，作为移动数字平台的手机、机载移动端和平板电脑开始崛起并被定义为"第五媒体"。新媒体的发展极大增强了人们获取信息的便捷性和即时性，也呈现了在媒介整合和分化、信息简化和知识过载矛盾下，信息获取方式的多样化和碎片化等特征。新媒体技

---

① 樊宇、金旼旼：《数字经济增强中国经济"抗疫性"》，新华社，2020-02-23（2020-04-15），http://www.gov.cn/xinwen/2020-02/23/content_5482296.htm。

② 储昭卫：《发挥新媒体平台功能 创新科普传播形式》，载《科协论坛》2017 年第 11 期，第 25—28 页。

术的发展也不断推动现代企业管理模式和工作模式的革新。

事实上，早在 2020 年疫情暴发前，就有各种基于新媒体技术发展衍生的新型商业模式和工作模式的尝试，但由于工作生活惯性、成本、技术条件等多方面原因，没得到真正普及。新冠肺炎疫情的暴发，倒逼云服务优化升级，并推动企业数字化转型和智慧化生产。各个企业不得不进行线上工作模式转型，同时也催生了 5G、高带宽快速传输的数据中心等智能城市网络基础设施的加速建设。2020 年之后，疫情防控新常态使新的商业模式、工作和生活方式，如企业数字化转型、在线教育、居家办公等得以进一步稳定下来，成为工作、生活的新常态。

就基于新媒体技术的发展得以普遍实现的"居家云办公"机制而言，远程居家办公模式能解决集中办公带来的隐患，有效阻隔疫情期间病毒传播。同时，基于新媒介技术的运用，居家办公机制不仅实现业务简化，有效节约成本，还能有效提升企业的安全性指标、成长和生产性指标、收益性指标及流动性指标等，做到实时、高效地统计、分析企业人员办公及资产重点占用情况和个人工作效能、管理效能及整体业务情况，并实时作出准确的战略决策。

从企业发展趋势看，新媒体技术的高频、高效开发和运用，使得居家云办公模式的工作方式、业务类别等朝高科技化、兴趣化方向转变。目前，居家云办公模式在技术、法规、业务等方面都已逐渐完善。比如在疫情期间，我国数字认证已通过全流程闭环交付的电子合同服务，使远程线上签署得以实现，在保障合规安全的基础上，能够快速满足各金融业务的签署要求，提升风险管控能力，降低管理和仓储成本，缩短业务办理周期，加快业务拓展效率。又如，对于物流行业，可实现物流平台和发货方之间更快速、准确地完成交接，信息流转高效，并能实时调阅、核验。尤其对于教育行业，居家云办公机制的运作，大力推进了各大线上教学平台的升级换代，也迫使大多数教师不得不快速提升个人的新媒体实践能力，使线上线下混合式教学模式得到广泛试验和高效运用。

从整体上看，新媒体技术的掌握程度和新媒体硬件条件的具备程度，对于"居家云办公"的工作效能产生直接影响。在疫情发生初期，"居家云办公"机制普遍推行初期，对于新媒体技术能更为熟练运用的知识工作者和知识型工作类别，使用远程居家工作机制的效能更高，但随着工作者新媒体技能的迅速提升、成熟新媒体条件的日益完善以及"居家云办公"机制的升级迭代，越来越多工作者和工作范畴能熟练操作新媒体，并在"居家云办公"模式下，实现工作效能的有效提升。

三、"工作—生活"平衡及工作协作方式等问题对"居家云办公"机制运作的影响

工作者就"居家云办公"情境对于"工作—生活"平衡的影响，主要有以下三种态度。

第一，一部分工作者认为，"居家云办公"有利于平衡工作与生活。首先，时间上，"居家云办公"不仅可以节省着装、化妆、通勤、工作餐等费用和时间成本，还可以根据个体工作进度和具体情况，同时执行多重生活和工作任务，充分利用个人的碎片化时间。其次，"居家云办公"能使工作者快速、个性化地实现生活角色和工作角色的无缝对接和随机转换。最后，"居家云办公"赋予工作者个体的工作自主性，使其获得对生活和工作更高的满意度。①

第二，一部分工作者认为，"居家云办公"对"工作—生活"的平衡关系主要产生消极影响。虽然，"居家云办公"使工作者们的"工作—生活"的冲突问题有所改善，如改善了投入工作和生活活动的时间比例，"工作—生活"的心理参与程度得以兼顾。但是，"居家云办公"转换了工作的空间情景，打破了生活和工作的时空界限，工作状态容易直接受到生活状态影响，极大降低了工作效率。同时，"居家云办公"赋予的工作自主性同时导致工作者更大的心理压力，所以在工作满意程度上产生一定程度的失衡。

第三，还有一部分工作者认为，"居家云办公"对"工作—生活"的平衡关系的影响不仅仅受到工作空间转换的影响，更多的是受到了包括社会政策、工作性质、家庭成员、生活环境以及工作者个体因素的多重影响，变量较多，不能一概而论。

以上这些不同的观点反映出：首先，"居家云办公"模式只是工作所在情境的转换和工作物理空间的转移，工作者并没有从所在组织和整个关系社会脱嵌；其次，"生活—工作"的时间和空间重叠，促使工作者个体在工作中更有机会发挥主观能动性。

员工"居家云办公"工作的主观能动性的发挥和工作效率的提升，必须有管理层面对于"云办公"工作方式和协作方式的预先规定，并形成制度化的规约，从而为工作者协调"工作—生活"事务提供必要的制度化支持。如保障"居家云办公"的工作者享有共享工作制、弹性工作制、带薪休假等权利；设置

---

① Hill E J, Ferris M, Martinson V. Does it matter where you work? A comparison of how three work venues (traditional office, virtual office, and home office) inf luence aspects of work and personal/family life [J]. *Journal of Vocational Behavior* , 2003（63）：220—241.

"居家云办公"模式下的绩效考评机制和协同工作机制；持续关注"居家云办公"工作者的身心健康，并适当为工作者协调生活事务提供便利和支持。

工作者个体也充分认识到，"居家云办公"也是未来常态化的办公形式之一，"生活—工作"时空重叠并非意味着工作负担降低，应更好地发挥"居家云办公"情境所赋予的能动性和自主性，一方面要保持与同事和组织积极沟通，保持良性互动协作，积极寻求组织的理解和支持；另一方面，应最大限度地规避家庭成员、生活环境等结构因素对居家工作的干扰和限制，在家规划出独立的工作空间，坚持做"工作—生活"事务的日程管理，注意二者的时间平衡，合理作息，劳逸结合，并积极维护自身休息的权利。

劳动力数字化和"居家云办公"机制，成为企业数字化转型面临的新挑战。"数字化背后是一个个活生生、有血有肉的人，不能只看到大手笔的高精尖设备、令人心惊的倒计时和冰冷的数字。"① 在企业、工作者和工作模式全面"云"化的时代潮流中，只有基于"以人为本"的人性化管理和与时俱进的新技术革新，才能使企业和工作者在技术变革和数字化转型中平稳过渡、迅速成长。

---

① 融融：《数字化：从面向业务到面向员工》，载《中国质量》2020年第10期，第10—11页。

智能传媒时代新闻类人工智能生成物著作权保护研究

钱 凯①

[**摘要**] 随着我国传媒行业的不断发展，智能媒体时代已经来临，有力地推动着我国传媒行业的发展。在当前人工智能进入超人工智能时代，具有独立自主意识的超人工智能将会爆发井喷式增长，对新闻类人工智能著作权的保护显得越发重要。囿予现行《中华人民共和国著作权法》对人工智能著作权主体和作品著作权保护的缺失，导致人工智能相关著作权保护存在困境。为了推动科技进步和新闻事业的健康发展，应当给予超人工智能拟制限制行为能力主体资格，将其生成物列入著作权保护作品范围，明确人工智能所有者为其代理人地位，并对人工智能在侵权时的责任主体给予明确划分，同时对人工智能监管制度进行具体设定。

[**关键词**] 新闻类人工智能；著作权；拟制限制行为主体；作品

一、引言

随着科技的高速发展，人工智能逐渐渗透到社会的各个领域，无论是从无人驾驶还是到机器人记者，人工智能在其中都发挥着不容忽视的作用。党的十八大确立了人工智能发展战略目标，并颁发了《新一代人工智能发展规划》，当前中国的人工智能专利申请数量位居世界第二位，准确把握了未来科技发展的主导权。人工智能逐步渗透到人类日常生活的方方面面，其无疑将在未来引领世界发展新潮流，成为经济发展社会变迁的主要动力。

智能媒体时代的来临是传媒行业发展的必然趋势，但是机遇与挑战并存。人工智能不仅在科学技术领域大放异彩，它同样也涉及了文学艺术领域：当前

---

① 作者简介：钱凯，男，法学博士，南阳理工学院教师，研究方向为民商法、知识产权法。

世界各大报社均引进了机器人写稿的模式，机器人写稿不仅在效率上远高于自然人作者，其产出的稿件也和自然人作者无异。机器人作者的产生使文学艺术领域发生了一场新的变革，随着机器人记者、作家的进一步普及，AI 新闻的版权问题是一个关乎法律层面的大问题。例如，人工智能新闻在文字、图片、H5、视频等方面所运用的模板，是由编码写成的，同时也包括来源于网络的内容，一定程度上涉嫌侵权。在新媒体技术高速发展的今天，内容侵权的形式更加多样，而对此打击的方法却是捉襟见肘，缺少预见性的措施。以 AR 新闻为例，AR 出版物的版权归属问题，图片、文字的版权归属于作者，AR 模型的版权归属于其所有权人，同一作品的多层版权问题由此而来。因此对于以上问题的解决，面向未来应当对新闻类人工智能著作权主体资格及其生成物作品的认定、其生成物侵权时责任承担、监督机制以及人工智能应当如何遵循社会普遍道德指引等进行法律规制，从而回应著作权法的立法目的，具有重大现实意义。

二、新闻类人工智能著作权主体资格认定

对新闻类人工智能主体资格进行法律上的确认，是新闻类人工智能生成物获得有效保护的前提条件，但目前大多数国家仍坚持将作品视为自然人的智力劳动成果，唯有自然人才能视为作者，使得人工智能处于无法得到法律认可的尴尬地位。

（一）著作权主体现有规定

我国著作权法第 11 条明确规定，著作权属于作者，作者是指创作作品的公民，当其代表法人或者其他组织的意志创作，并且由法人或者其他组织承担责任的作品，法人和其他组织可以视为作者。根据现有法律规定可知，我国并未将人工智能划归为著作权主体，从未承认其法律地位，进而也未对人工智能著作权的享有进行具体分配。依据人工智能在不同阶段表现的不同能力作为划分标准，目前人工智能尚属于弱人工智能时期，其原理是依托于计算机软件的"算法智能"阶段。在此阶段，人工智能未能脱离"人"的因素的参与，其所具有的"创造性"是在已有逻辑和数据模式下的排列组合，或是在原有逻辑下的"重新学习"，是建立在现有知识体系下的学习与模仿行为，此阶段的人工智能关键在于它的算法。[①] 目前仍然需要自然人的命令输入，或者对人工智能产品进行具有特定目的性的操纵才能产生出生成物。虽然现阶段的人工智能生成

---

① 王小夏、付强：《人工智能创作物著作权问题探析》，载《中国出版》2017 年第 17 期，第 33—36 页。

物已经具备了独创性表达，与人类独立创作出的作品并无二致，但它并没有自主意志，仍需在人类的指令和操控下完成具体的行为，其性质更像是为人类提供服务的辅助工具，完全可以依照现有的著作权法进行调整。针对人工智能时代的到来，英国是当前世界唯一对人工智能主体资格及其创作物归属、权利进行明确立法的国家，其已经将通过计算机产生的生成物的著作权人明确归属于自然人。但毋庸置疑，随着人工智能的深层次发展，人工智能将进一步破译人类思维模式与情感表达，完全模仿出人的思维方式与过程，具有完全自主的意志，随即进入超人工智能阶段。此时，若将人工智能凭借独立自主意志且不在自然人的控制下生成的产物仍完全归属于自然人，难免不符逻辑且有悖公平原则。《伯尔尼公约》第3条将文学艺术作品的作者界定为公民，同样否认了人工智能作为著作权主体的法律地位。经过多年来科技的飞速发展，如今的人工智能不仅能够完成过去完全属于人类的类型化活动，而且逐渐发展出了具有某些自主认知能力的人工智能，我们现今研究的对象，也即本文所讨论的重点是具有深度学习功能和自主认知功能——处于超人工智能阶段的人工智能。

（二）人工智能著作权归属相关学说评析

对于人工智能能否成为真正的作者进而享有著作权，诸多学者提出了自己的观点。熊琦教授认为，在私权体系中，权利主体与权利客体是相互对立的，它们彼此之间的法律地位不得转变，权利客体永远无法成为权利主体。其中能体现人的因素的内容被称为权利主体，对于新出现的人工智能生成内容，在肯定其最低限度创造性的基础上，完全可以将人工智能的所有者视为其作者。[①]当今的人工智能所有者确实是把意志输入给人工智能的主体，但该观点忽略了在超人工智能状态下并不需要所有者的意志输入，在创作生成物时完全不需要人的介入，此时将人工智能著作权单独归属于所有者并不符合客观事实。并且，吴汉东教授指出，人类的遗传基因已经否定了传统民法理论中的权利客体与权利主体对立的局面，遗传基因不仅仅能作为权利客体，它在一定程度上具有主体因素。[②] 不过有的学者则完全依据现有著作权法规定，认为作品是人的自由意志外化的表现形式，作者对作品享有著作权是由于作者在作品中加入了自己的个人意志表达，因而作者的精神和人格印记映射到作品之上，作品是作者个

---

① 熊琦：《人工智能生成内容的著作权认定》，载《知识产权》2017年第3期，第3—8页。

② 吴汉东、张平、张晓津：《人工智能对知识产权法律保护的挑战》，载《中国法律评论》2018年第2期，第1—24页。

人思想的表达，只有自然人才有可能具有思想，人工智能不是自然人，从而无从做出思想的个性表达。[1] 作为一种建立在他人实践基础上的直接表达，人工智能不属于著作权主体。该观点机械地限制了人工智能主体范围，否认了拟制人格的可能性。也有学者从责任承担的角度来说明人工智能不能成为权利主体，认为从私法角度，若想成为著作权主体，必须要有相应的责任能力，在侵害他人权益时可承担相应的民事责任。我国著作权法规定，侵犯著作权的责任承担方式有停止侵害、消除影响、赔礼道歉、赔偿损失等，人工智能虽自身能创造作品，通过传播产生利益，却无法进行赔礼道歉等具有人身性质的责任承担。由于人工智能无法成为责任主体，自然就不能成为权利主体。该观点忽略了民事主体可以是突破自然人之外的权利主体，由可以承担人身性质责任的利益相关人代为承担有关责任。民事法律体系中将法人和非法人组织认定为具有拟制地位的权利主体，这也就意味着其否认了人工智能的拟制人格性。

（三）人工智能著作权主体资格判定

可以预想的是，若将人工智能认定为享有民事权利的主体将会导致整个民事法律体系的"动荡"，人类惯有的传统思维模式也会受到较大冲击，因此对于人工智能主体地位的认定要谨而慎之。笔者以为，对于人工智能著作权主体资格的认定，可赋予其具有拟制资格的主体地位：拟制人。它与法人和非法人组织的存在具有一定相似性：相对于自然人而言，它们都不具有独立的生命状态，都不具备自然人所拥有的生理上的功能，都不能发挥人脑的机能，但同时也都可以产生财富、创造利益。人工智能与法人的不同点在于，在超人工智能状态下，其可以脱离人类的控制进行自主思想、自主决策，通过自我深度学习按照自己的意志解决问题。而法人则必须在代表其意志的法定代表人的实践中实现其目的，法人不能脱离法定代表人的活动而单独行为，其缺乏自主决策能力。《欧洲议会关于机器人民事法律规则决议》对智能自主机器人的自我学习途径总结如下：（1）通过传感器或通过与环境交换数据和分析这些数据而获取自主能力；（2）从经验和互动中学习的能力；（3）通过机器人物理支持的形式；（4）通过调整自身行为以适应环境的能力。[2] 综上所述，人工智能能够通过自我学习来支配自身行为从而引起民事法律关系变动，其具有一定的行为能力，不应属于无民事行为能力的拟制人。当人工智能通过自我学习处于自主意志状

---

① 李成亮、王惠敏：《机器人创作物的可作品性》，载《理论观察》2017年第6期，第87—89页。

② 《欧洲议会关于机器人民事法律规则决议》（欧洲议会于2017年2月16日形成决议）。

态时，其拥有诸多自由活动的能力，在某些实践中可以按照既往的学习经验进行远超自然人行为的决策活动。但不受支配的行为往往存在隐患，为了防止它滥用自主能力和自由意志进行损害他人或公共利益的行为，从而危害甚至威胁到人类的生存发展，故不能认可其和自然人作者一样具有完全民事行为能力，应当对其权利行使进行必要的限制。人工智能的开发者、所有者或者使用者应当对其预先设定一定的必须遵守的程序规则，如根据阿西莫夫法则，必须为人工智能设定保护人类的整体利益不受损害、在人类遇到困难时要及时救助、不得伤害人类、在必要时候保全自己等一系列义务要求，当其违反义务时要受到停止运行、销毁等强制措施。此时，人工智能开发者、所有者或使用者就可视为具有拟制人资格的人工智能的代理人，当人工智能引发侵权行为时，由于人工智能本身的局限性不能承担责任，应当由其代理人代为承担，确保权利义务责任之间相协调。因此，应对人工智能赋予拟制限制行为能力主体资格。

三、新闻类人工智能著作权作品认定

关于新闻类人工智能生成物究竟能否被赋予作品地位从而受到著作权法保护这一问题，目前尚未达成定论。随着人工智能的不断发展，这一问题将会导致大量无主作品、孤儿作品产生，造成著作权市场混乱。对于人工智能生成物可版权性的主要认定依据是对其独创性的判断，传统观点认为独创性必须有思想或情感表达这一构成要素，而这就阻碍了将机器人作者的生成物认定为作品的道路。若对独创性的具体内容仅进行形式上的判断理解，会更利于人工智能生成物的保护。

（一）著作权作品现有规定

根据我国《著作权法实施条例》第 2 条规定，所谓作品是指具有独创性并能以某种有形形式复制的智力创造成果。也就是说若要认定为作品，必须要具备独创性、思想或情感的表达、可复制性并且由法律规定的外在形式表现出来这四个构成要素，其中思想和情感的表达就从侧面要求了作品反映的是"人"对客观世界的理解与认识。目前我国《著作权法》仅将文字作品、口述作品等九类创作物归入文学、艺术和科学领域的作品范围内。《伯尔尼公约》采用列举式的方法来表述文学艺术作品，并没有赋予作品一个明确的含义。而英国目前已经认定计算机生成物为作品，但它在将其认定为集体作品的同时又认为该作品由计算机完全生成且不存在任何"人"的参与，[①] 这样的客体认定在一定程

---

① 熊琦：《人工智能生成内容的著作权认定》，载《知识产权》2017 年第 3 期，第 3—8 页。

度上存在矛盾。从以上列举可推知，世界各国对作品的认定均有一个共同性要求：独创性。独创性是作品受著作权法保护的必备也是关键性要素。美国版权法中所使用的原创性是指：作品要得到版权法的认可和保护就必须证明自己的作品是独立创作完成而非对他人作品的抄袭，并且要求作品包含最低程度的创造性。① 在司法实践中，通常将独创性理解为由主体独立创作的，并且具有适度创新性和独创性思维的表达方式，创作物要与作者有较为亲密的联系，并能够体现作者的独特表达方式。

在司法实践中，对于独创性的判定经常与作者本身的思想、人格等主观因素结合考察，然而对于主观性的判断是极其虚无缥缈的，正如一千个读者有一千个哈姆雷特，我们根本无法统一地感受到作者的主观思维情感，在作品中所能获得一致性认识的唯有作者的表达内容本身。因此对于独创性的判断要逐渐抛弃对于主观因素的主要认定方式，将判断方式外观化、形式化，使之能够较直观地表现出来。当判定人工智能生成物是否具有独创性，主要判定在其表达创作过程无须任何自然人控制的前提下，其是否根据社会生活材料进行具有目的性地判断、选择，再融入自身构思加入不同的观点、看法、感受而形成与之前不同的艺术形象和表达形式。

（二）人工智能作品性质有关学说评析

对于人工智能生成物是否属于作品，国内学者存在多种不同观点。有的学者依据著作权法的传统观点认为著作权只能由自然人享有，任何独立于人之外所产生的生成物均不属于作品。这种观点将会直接导致人工智能产生的生成物处于缺乏保护的状态，产生大量的"无主作品"，从而对于那些需要对作品进一步利用的使用者来说，将更倾向于选择与具有著作权作品并无区分的免费的"无主作品"进行使用，而这将大幅度减少自然人创作作品的使用价值和收益价值，不利于作者创作能力的激发，也同样阻碍了人工智能的进一步发展。王迁教授认为，应当在不考虑主体的前提下对是否构成作品进行判断，以相关内容的产生过程为切入点，分析它们是否符合独创性的要求，所指的不考虑主体的前提和以相关内容的产生为切入点进行分析，是为了防止由传统观点所带来的逻辑循环。② 该观点避免了现今对于机器人是否属于作者的无休止讨论，直接

---

① 刘辉：《作品独创性程度"三分法"理论评析》，载《知识产权》2011 年第 4 期，第 65—69、78 页。

② 王迁：《论人工智能生成的内容在著作权法中的定性》，载《法律科学》2017 年第 5 期，第 148—155 页。

把独创性的认定聚焦于生成物本身，无须考虑生成物是否与自然人存在紧密联系，化解了人工智能生成物缺乏保护的危机。刘影教授则认为，计算机可以完成逻辑性较强的工作，因为逻辑建立在清楚而简单的规则之上，但是思想或情感却很难用机械的方式解释。① 在此条件下，很难理解人工智能会拥有同人类一样的思维模式和感情表达。所以，即使能够承认人工智能生成作品具有独创性，但由于缺乏思想情感的表达形式，便不能认定其为著作权法意义上的作品。笔者认为，这一观点对于情感表达的理解是存在误区的，应对情感表达进行扩张解释，自然人的情感表达是建立在人脑的基础上对观念的直接表达，而人工智能的表达方式是建立在代码程序的基础上转化生成的表达，也应属于表达的方式。还有人从著作权法保护客体的角度出发，认为著作权只是对作品进行保护而不保护思想本身，在此基础上讨论人工智能是否具有思想情感就无足轻重了，只要人工智能生成物符合作品构成要件，就可认定为作品。②

（三）人工智能作品判定标准

随着阿法元的出现，人工智能系统已经不再需要人类所设置的程序模板，也无须将人类任何先验知识再进行输入，已经完全可以通过自主能动学习进行自我认知提升，并能够达到人类目前的知识能力无法达到的深度。通过人工智能所产生的生成物在外观表现形式上已经达到了与人类作品无法区分的程度。据悉，机器新闻写作是一种自然语言生成引擎，利用算法程序，通过采集大量的各种题材以及高质量的数据，建立各种分类的庞大数据库，借助人工智能（AI）实现从数据到知识、见解和建议的提升和跨越，最后由机器自动化生产新闻。③ 这表明，经过人工智能的深度学习和深度神经网络模拟，机器人写手不再仅仅对简单的事实状态进行复述描写，而是通过一定的价值判断，为文章增加些许不同的要素，使之能够与人类作者相当，甚至超越人类作者。

无论是英美法系还是大陆法系国家，的立法或理论，对作品的认定都要求独创性标准，虽然不同国家对标准的界定各有不同，但均要求作品不是对他人作品的复制抄袭，作品的来源应是作者本身。美国对独创性的传统表述为"额头上的汗水"原则，即衡量作者所投入的劳动量多少，作为判断生成物是否属

---

① 刘影：《人工智能生成物的著作权法保护初探》，载《知识产权》2017 年第 9 期，第 44—50 页。

② 李成亮、王惠敏：《机器人创作物的可作品性》，载《理论观察》2017 年第 6 期，第 87—89 页。

③ 付松聚：《从 8 月 CPI 报道看机器新闻与人工新闻差异何在》，载《中国记者》2015 年第 11 期，第 111—112 页。

于作品的标准，但由于该传统认定主观因素较强，单纯的复制劳动也会导致体力的付出，却无法体现作者对其生成物的独创性发展，故"出汗原则"逐步被最低限度创作性原则所取代，它不但要求作品是由作者独自创作并付出一定劳动的，而且要求这种劳动必须加入必要限度的创造性因素，英美法系对独创性的判定更加侧重于对创作性的判断以及在创作过程中所投入的技巧、劳动的数量；大陆法系国家，如德国关于独创性的表述是"创作高度"，所谓创作高度是指超过一般大众标准的创作活动，将与大众标准相同的生成物排除在作品之外，侧重的是对作者人身利益的保护。法国则直接要求作品需显示"作者的个性"。由此可知，无论是英美法系还是大陆法系，认定作品的标准都要求具备创造性，只是创造性的标准、侧重点存在不同。人工智能生成物也明显具备创造性这一要求，在某种程度上它甚至能达到相对于人类而言更高的独创性，所以人工智能生成物理所当认定为作品。同样也有学者提出，因为著作权法对独创性的要求主要体现在作者的个性上，由于人工智能的非人性导致其无法体现个性层面的要素，因此在认定人工智能生成物作品时，可将其与自然人作者进行些许区分，对人工智能生成物独创性的认定标准为客观差异性。只要其未曾在以往出现过，并具有一定高度的创作表达，就可将其认定为作品。①

四、新闻类人工智能著作权保护困境

现今的人工智能仅具有在人类的指令下帮助人类生产实践的功能，仍可以将其认定为一种辅助工具，但随着科技的日新月异，人工智能势必会进入超人工智能领域，这必将深刻地改变我们的生产生活方式，给现有的生活模式带来极大的挑战，同时也为民事法律制度、著作权市场带来极大冲击。有关著作权主体、作品的认定、人格权的理解、侵权责任的承担都要随着超人工智能的产生做出必要的调整，以回应超人工智能所引起的法律问题。

（一）人工智能权利主体尚未明确

民事法律关系主体的认定是任何一个民事法律关系产生、变革和消灭的基础，是一切权利义务责任承担的前提。2017 年 5 月，人类历史上第一部完全由人工智能机器人小冰创造的诗集《阳光失了玻璃窗》正式发表，意味着人工智能已经完全进入文学艺术领域。但随即各大网络和杂志上便出现了该诗集的盗版形式，网络上也有无数人争相引用该诗集的部分词句，由于目前大部分国家

---

① 石冠彬：《论智能机器人创作物的著作权保护——以智能机器人的主体资格为视角》，载《东方法学》2018 年第 3 期，第 140—148 页。

对人工智能作品的著作权主体归属还没有确定，导致该作品缺乏明确的著作权人，从而陷于无处维权的困境。我国目前已对拟制著作权人做出了相对应的制度设计，著作权法第 11 条规定，由法人或者其他组织主持，代表法人或者其他组织意志创作，并由法人或者其他组织承担责任的作品，法人或者其他组织视为作者。这是作者在代表法人意志情况下做出的拟制著作权的规定，有学者称可将人工智能生成物视为职务作品，将法人认定为作者。这是对于在特殊情形下，自然人有时是作品的创作者却不是利用者这种创作人和利益相分离局面的回应，立法者设计出一种拟人化的新型作者类型：视为作者。有学者建议将人工智能主体认定为"视为作者"，但是超人工智能已完全可以根据自己的意志进行创作，是作品的独立创作者，此时若将人工智能仅仅赋予"视为作者"的名义，则弱化了人工智能在创作过程中的地位，有失公平原则。此外，著作权权利主体的缺失，还会导致权利的无从归属和义务的无处承担，致使人工智能作品处于无人认领、无法保护的尴尬地位。

（二）人工智能生成作品未被列入作品范畴

如前所述，我国著作权法还未将人工智能认定为具有著作权主体资格，也未将人工智能生成物认定为作品，这主要是由大陆法系中对于著作权的认定是以人格价值作为哲学基础，要求作品必须体现作者的一定特点，注重作者人格利益保护等原因造成的。大陆法系国家的著作权理论认为，著作权来源于"天赋人权"，作品不是一种普通的商品，而是作者人格权的延伸，[1] 作品是在作者灵魂的映照下完成的，是具有作者显著特点的智力成果，从而大陆法系国家更倾向于将著作权认定为应当由人类所享有的权利。随着人工智能的进一步发展演进，未来社会中将会出现越来越多更加高级的人工智能生成物，这些生成物若仍按照大陆法系国家对于作品应与作者人格紧密相连的认定标准判断，它们均不能属于法律意义上的作品。而对其主体资格与保护的缺失不但对于激发人工智能开发者的创造性，促使其产生更多更好有利于人类的作品，促进文化发展等方面非常不利，而且会引发大量著作权法律争议纠纷，冲击现有著作权制度体系。因此，为了更好地实现著作权法在维护著作权人利益和公众利益方面所做的努力，实现其促进著作权市场繁荣发展立法初衷，同时也从保护文化多样性的角度出发，在人工智能发展进行到另一高度时，我们有必要打破现有法律制度的束缚，对人工智能生成物进行法律上的认定。

---

① 吴汉东：《知识产权法》，法律出版社 2014 年版，第 187—188 页。

（三）人工智能作品权利归属不明

此处所讨论的人工智能作品权利困境，是基于人工智能主体资格已经认定及其生成物已被承认为作品前提下的进一步探讨。现行著作权法所设置的著作权人享有的著作权包括著作人身权、著作财产权以及相关邻接权，著作人身权主要包含发表权、修改权、保护作品完整权、署名权，但由于人工智能的拟人性导致其本身并不能真正享有人格利益，在此情形下便要根据著作权所具有的人身权类型的性质判断其是否能适当转化为财产权，对于不能转化的人格利益便要在人工智能的开发者、所有者、使用者之间寻找合适的利益承担人，这样才能使人工智能作品的各项权利合理分配给参与作品形成过程的相关主体，契合了私法上的公平原则。若缺乏对人工智能作品权利的赋予，市场主体的趋利性势必会导致对人工智能作品的大规模侵害，人工智能作品海量出现却不受保护，不但有碍自然人作者的创作动力，而且对于投资使用人工智能的企业来说，将会给企业造成巨大的损失。作品在传播过程中所产生的价值是企业利益的来源，在传播过程中所面临的侵害若没有正当权利的保护，这种结果无益于人工智能的发展和社会秩序的维护。

（四）人工智能作品侵权责任归属不明

自机器人产生之后，有关机器人侵权的事件便从未停止过，其中人工智能系统致人损害的情形最为普遍。如前述，人工智能是通过深度自我学习来创作作品，而这一创作过程一定会经过人类已有的知识来进行学习和价值判断，在人工智能对已有资料进行学习、筛选与挖掘时，如果在未经著作权人许可的情况下对已有资料进行直接引用，则不可避免地会侵害已有作品著作权的合法权益。根据权利与义务对等原则，在违反第一性义务时就必须要承担第二性义务，即责任。而人工智能的非人格性致使其不能承担赔礼道歉等具有人身性质的责任，造成了权利义务关系的失衡，这将会打击自然人作者的创造活力，不利于作品的革新与进化，也从根本上违背了著作权法立法目的，在此情形下，人工智能作品侵权承担责任的主体归属，承担何种责任以及责任能力的大小，如何避免侵权后果的进一步扩大，这都需要立法层面予以确定。人工智能作品除可能侵犯他人著作权之外，还有一个不容忽视的问题——隐私权。网络就是一个虚拟的真实世界，随着大数据时代的来临，人们在虚拟世界中留下的真实信息成为当今各大企业争相研究的对象。无疑在未来对私人信息的挖掘工作将会由

人工智能更快速更全面地胜任，人工智能在大数据和互联网的三重作用下，[①]
在作品创作过程中对这些私人信息的利用将会致使人们的隐私权被大量侵犯。
在个人隐私接近于曝光的时代中，如何对隐私权进行自我保护以及对侵犯隐私
权的行为进行追责也是人工智能制度设计时要考虑的问题。

五、新闻类人工智能作品著作权保护解决路径

鉴于人工智能的飞速发展，为了著作权市场的稳定和繁荣，立法者必须要
重视对于人工智能生成物的保护，有关著作权的各项制度要根据现实的需要作
出必要的调整。当具有自主意志能力的超人工智能出现时，对于该主体的认定
可能会使传统法律制度出现颠覆性变革，为了避免出现法与现实的断层现象，
相关法律制度的规制就显得尤为重要。

（一）赋予人工智能著作权主体资格

2017 年 10 月，沙特正式授予机器人索菲亚以公民身份，其成为世界上第一
个拥有公民身份的机器人，这一举动引发了学界的强烈关注。超人工智能拥有
自主意志，在程序开发者或使用者不主动干预时也能通过自主学习和自主思维
产生具有传播价值的生成物，所产生的生成物不是单纯的模仿行为而是具有独
创性的创作，并且其生成物的外观目前已与自然人创作的作品无法区分，甚至
在创作量上要远远高于自然人。如前分析，人工智能对作品的产生有着巨大的
贡献，在人工智能研发成功后对其进行干预的自然人，也许仅起到了开启程序
这种微乎其微的作用，若将著作权主体只归属于自然人所有，则明显不符合客
观事实。因此应当认定人工智能属于著作权主体。其取得主体资格的主观因素
是人工智能具有的主体意志，客观因素是通过自主意志而形成的具有法律意义
的社会关系。[②] 但同时应当认识到，该主体又不同于自然人和拟制法人，虽然
人工智能可以如自然人一般依靠自我意志做出决策，但由于其自身的特殊性
（非人性），其所承担的权利和责任是有限的，它不能像自然人作者一样自如地
进行民事活动，因此应将人工智能认定为拟制的限制行为能力主体。比照代理
人制度为其指定具体代理人，代其履行因主体性质限制而不能实施的行为，由
人工智能主体直接承担代理行为的后果。对于代理人的确定，就根据人工智能
与开发者、所有者和使用者的关系，指定开发者、使用者或所有者为人工智能

---

① 吴汉东：《人工智能时代的制度安排与法律规制》，载《法律科学》2017 年第 5 期，第
128—136 页。

② 孙占利：《智能机器人法律人格问题论析》，载《东方法学》2018 年第 3 期，第 10—17 页。

主体的代理人。

（二）将人工智能生成物列入著作权法作品范围

此时所讨论的将人工智能生成物列入著作权法作品范围话题，是在认定人工智能为著作权主体的前提下进行的。基于此，对人工智能作品的认定就应当按照认定自然人作品的方式，判断其生成物是否满足了独创性的最低限度要求，对于符合要求的将其认定为作品并赋予普通作品应有的权利，不符合要求者一律排除在作品范围之外。所以在立法程序上，应当在著作权法第3条认定作品范围中增加"具有独创性的计算机作品生成物"等类似表述，以确认人工智能生成物的作品地位。同样应当考虑到的是，一旦将人工智能生成物认定为作品，必然导致大量人工智能作品进入著作权市场，市场竞争将会更加剧烈，在此条件下有可能增加自然人作者的创作难度，抑制其创作热情，致使自然人作品数量萎缩，有的学者提出将人工智能生成物认定为作品的标准提升至具有高度独创性，要求著作权法一方面对人类作品和人工智能作品进行区别，以适用不同的保护模式；另一方面改革部分传统的机制以避免版权市场形成恶性竞争。①笔者认为该观点有一定合理性，至于究竟如何界定不同的保护模式来维持版权市场的良性竞争，是要根据我国文学艺术作品发展程度来决定的。

（三）合理划分人工智能主体权利

有关主体权利，应明确一个理念，任何主体的著作权都应当受到应有的尊重与保护，如果免费使用太过泛滥，将必然影响到所有者的投资回报率，对于人工智能投资者而言，可能会因此减少对人工智能的深层次开发，从而阻碍人工智能的发展。在前文中已经论述，将人工智能认定为拟制的限制行为能力主体，那么在人工智能的开发者、使用者和所有者之中，究竟应当由谁来担任人工智能的代理人，代替其行使拟制人无法实际实现的权利义务。

"版权作为一种激励因素，不仅对创作性写作是必要的，对支撑出版经济也是必要的。"②笔者认为，认定人工智能代理人应当从参与度和回报率的投资角度来考察分析：开发者创造出人工智能，并依照应当保护人类生存的最低限度标准为其设定了最低限度的义务，所有者在取得人工智能产品所有权时已经向开发者支付了相应的对价，开发者已经获得其应有的回报；所有者使用人工智能的目的是将人工智能创作的作品投入市场，在市场中通过传播来获得利润，

---

① 曹源：《人工智能创作物获得版权保护的合理性》，载《科技与法律》2016年第3期，第488—508页。

② 易继明：《人工智能创作物是作品吗?》，载《法律科学》2017年第5期，第137—147页。

所有者是利润的直接获得者，是人工智能投资的正当回报，且只有经过所有者的意志授予才能使人工智能作品进入公共领域，因此应当将所有者认定为人工智能代理人；至于使用者，当人工智能达到超人工智能状态时，其使用者就是所有者，无须使用者输入任何指令即可进行作品创作，即使在某些必要情形下需要使用者的存在，其也是作为所有者的工作人员在履行工作职务，所以使用者不应当认定为代理人。

综上所述，应当对人工智能所有者赋予人工智能代理人主体资格。当人工智能作品著作权遭到侵害时，由于人工智能为限制行为能力主体，它只能拥有有限的权利，对于需要具备人身属性的著作人格权而言，人工智能可以与所有者一同享有联合署名权，当其署名权遭到他人侵害时，所有者可以以其自身与人工智能的名义共同向人民法院提起诉讼主张权利。对于发表权、修改权、保护作品完整权由于其主体的拟制性，应当适当地转化为著作财产权，归属于人工智能所有者。

应当注意的是，为实现自然人与人工智能的协同发展，保障人工智能不会因失去控制而侵害人类，应当认定人工智能的限制行为能力始于产生，终于消灭。其限制行为能力的基本属性不会因人工智能的进一步发展达到与人脑机能相当或更强的状态而更改。从自然人主体和人工智能主体的关系来看，我们并不愿看到人工智能由于失去控制而与人类演变成为竞争关系或敌对关系，而是期待着一个相互促进、共同携手的美好未来。在人机协同的策略设计中，为避免机器失控，有必要打破算法黑箱，引入机器算法的"伦理审计"，厘清其中的价值、利益、权利、责任与义务，并在规则制定上确保人类的绝对控制权。①

（四）明确人工智能作品侵权时责任归属

人工智能具有拟制人格，因此它对依照自由意志创作的作品所产生的利润，拥有所有权，但由于它的行为能力受到限制，所以它仅拥有该利润的所有权，但不享有处分权。人工智能所有者作为具有拟制限制行为能力的人工智能的代理人，其对人工智能的行为、财产及其他一切合法权益具有监督和保护的责任，因此对人工智能作品产生的利润享有处分权。当人工智能作品侵犯他人合法权益，需要承担停止侵害、赔偿损失等民事责任时，应当首先从人工智能主体所有的财产中由代理人进行赔偿，不足部分，由其代理人以自己所有的财产承担

---

① 刘影：《人工智能生成物的著作权法保护初探》，载《知识产权》2017 年第 9 期，第 44—50 页。

补充责任；当人工智能作品侵犯他人合法权益，需要承担消除影响、赔礼道歉等具有人身属性的民事责任时，直接由代理人承担；当人工智能作品因违背开发者所设置的不得损害人类利益等基本义务而损害他人的合法权益时，可以由所有者也可以由开发者承担责任，当所有者承担责任后，可向开发者追偿，同时开发者必须采取积极行动阻止损害的扩大，必要时要直接消灭该人工智能系统。当人工智能系统归于消灭时，其除署名权的其他一切权利同样消灭，其所有的财产或应承担的债务直接归属于代理人。

对于人工智能隐私权保护的问题，一方面，我们要加强隐私权自我保护意识，在大数据时代背景下尽量避免在互联网终端填写个人信息，从源头上切断个人信息泄露渠道；另一方面，民法总则仅排除了其他组织和个人对个人信息的侵害，并未对人工智能对个人信息及隐私权的侵害做出具体限制，属于法律保护的缺失。笔者认为，应当进一步加强对网络数据的立法保护，在民法保护的基础上，明确侵犯隐私权的主体、客体和具体内容，再辅之以专门法律进行立法补充，对侵犯隐私权的特殊主体进行规制。①

（五）确立完善的人工智能监管制度

无论在专利权、商标权还是著作权领域，人工智能若得不到有效的监管，《纽约时报》中人类将会向机器人乞讨的猜想也许会成为现实。若人工智能监管制度缺失，将会进一步加深人类对人工智能进步的恐慌忧虑，故国际国内应当加强人工智能有关管理制度，确保人工智能发展处于有序状态。《欧洲议会关于机器人民事法律规则的决议》对防止机器人侵害自然人合法权益的行为也进行了一定的规制。决议建议，为了便于追踪机器人，应当根据机器人分类标准，设立一个高级机器人登记制度。登记制度和登记册应该是欧盟范围的，能够涵盖整个内部市场，并且可以由一个指定的欧盟机器人或人工智能机构来管理。②所以，我国也可以参考欧洲经验，设置完善的机器人登记制度，这对于责任主体的认定与具体责任的追究具有现实意义。也有学者提出，在确定人工智能适用的一般原则时，主要考虑三大因素：人权、人类利益优先、削弱人工智能的

---

① 吴汉东：《人工智能时代的制度安排与法律规制》，载《法律科学》2017 年第 5 期，第 128—136 页。

② 李成亮、王惠敏：《机器人创作物的可作品性》，载《理论观察》2017 年第 6 期，第 87—89 页；袁曾：《人工智能有限法律人格审视》，载《东方法学》2017 年第 5 期，第 50—57 页。

风险。由于人工智能仅具有有限的法律人格，因此人工智能的本质是为人类生产生活服务的工具（即"以人为本"），这是人工智能发展的首要原则。对于以人为本理念，应贯彻人工智能发展的始终，相应监察部门对违反以人为本理念的人工智能开发者，应加大惩罚力度，必要时设定刑法惩罚措施、提高违法成本从而提升人工智能开发者的自律性。

有关人工智能监管具体施行问题，笔者认为：应当由国家工信部门设立人工智能设计准则，知识产权局负责对人工智能进行登记核查工作。我国工信部门应当在其下属科技司中设置人工智能规划部门，其主要工作任务是根据以人为本的指导原则，对人工智能产品确定辅助人类的价值目标，明确最低限度内的道德底线，规定在何种具体情况下启动人工智能摧毁程序以及确定人工智能登记规范和进入市场准则等。值得注意的是，在全球化的时代背景下，国家之间与国际组织之间的合作交流更为频繁，我国在具体制定人工智能有关规则的同时应当参考国际组织规定，尽可能实现人工智能规制全球一体化和全球范围内的人机和谐，造就良好的人工智能交流合作平台。对于知识产权局则建议在其内部增设人工智能审查部门，主要进行人工智能产品核查登记工作，按照工信部门制定人工智能设立标准进行核验，对于符合标准的人工智能产品赋予市场准入编号，并颁发入市许可证。核查登记应属于人工智能进入市场的前置程序，确保进入市场的人工智能产品拥有唯一确定编号，在确定人工智能主体地位的同时也便于日后侵权追责。当人工智能审查部门发现进入市场运营的人工智能产品存在法定的禁止性行为时，应当及时通知人工智能所有者采取补救措施，情节严重时可责令停止人工智能运营、销毁人工智能产品并注销其编号。

六、结语

未来人工智能的存续与发展无疑会推动社会的发展，人工智能正在逐渐渗透并改变着我们的日常生活，对人工智能主体的认定不但有助于增强人工智能研发活力，使其创作出更优秀的作品，而且能够使人工智能更好地服务于人类。对人工智能作品的认定不应局限于法律规则本身的含义，更应当从作品的特点以及著作权法的立法目的考虑。据悉，日本政府知识产权战略总部已于 2016 年决定着手保护人工智能创作小说、音乐等知识产权。但人工智能并不能任由其无限发展，阿法元的问世已经使人类产生恐慌，《纽约时报》甚至提出了未来社会人类要向机器人乞讨的论断。若想避免这种论断，必须要从立法层面上明确人工智能的法律地位，为其设立一套完备的权利义务责任体系，让其在享有有限权利的同时必须在义务的控制下规范行事，真正实现"人机和谐"，达到人工智能进化与人类生存发展的最佳平衡点，推动新闻事业的和谐健康发展。

媒介环境学视域下传感器新闻解析

崔珍珍　陈　茜　陈　琦①

[摘要] 在智媒时代下，新技术与新闻传播业的融合出现了许多新的新闻生产与报道方式。作为新闻媒介的传感器技术整合了时间媒介与空间媒介的传播逻辑，对新闻信息采集、生产与传播产生重要影响。本文基于媒介环境学视角从传感器新闻的媒介偏倚效果、新闻真实构建以及认知过程来看，认为其与传统的新闻生产方式相比，传感器新闻的技术优势具有"理性偏倚""有机真实"和"注意力离散"等社会意义。

[关键词] 传感器新闻；理性偏倚；有机真实；注意力离散；媒介环境学

媒介技术的演变与发展来源于社会的需要，并且以人们的需要为准绳。从工业社会发展到如今的信息化社会，每一次科技的改变都会对新闻传播行业带来新的变化。在信息化社会的今天，传感器技术作为连接物联网的技术支撑，在物联网的使用中也扮演着举足轻重的作用，而其在不同的场景中也扮演着不同的新闻形态。毫无疑问，这些技术的变革对新闻传播行业的影响是巨大的。此外，人工智能技术、虚拟现实技术、大数据分发和算法技术更是令媒体行业不断产生各种新的传播类型和表达逻辑。媒介环境学假定传播媒介在将数据或信息从一个地方传递到另一地方时并不是中性、透明或无价值的渠道，而且每一种媒介都有其思想、情感、时间、空间等偏向。传感器作为一种新近出现的媒介，必定对新闻生产、新闻传播产生一定的现象及问题。本文在媒介环境学的视野下，对传感器新闻进行解析。

---

① 作者简介：崔珍珍，山东广播电视台主持人；陈茜，西北政法大学新闻传播学院研究生；陈琦，西北政法大学新闻传播学院副教授，硕士生导师。

一、传感器新闻概说

在移动互联网、大数据、人工智能、虚拟现实等媒介技术以及经济社会发展强烈需求的助力之下，我们进入了万物皆媒的智媒时代，麦克卢汉的"媒介即讯息"的隐喻也成为现实，未来媒体的方向朝着万物互联、人机交互的趋势发展。如果说，科技是人体的延伸，机械延伸了人类的体力，计算机延伸了人类的智力，那么，传感器技术则大大延伸了人类的感知力。现如今，传感器技术在各个领域被广泛使用。从太空中的人造卫星、无人机、感应监控设备到日常人们所见的交通摄像头，传感器技术几乎涉及生产生活的方方面面。传感器本身是一种检测装置并不是一种新的技术，但是随着传感器的普及以及科技的发展进步，在近些年作为一种新的媒介被广泛应用于新闻传播行业。2013 年，美国《太阳哨兵报》的报道团队利用传感器强大的数据采集以及分析能力在调查性报道中获得了显著成绩，其《超速警察》的报告获得了普利策"公共服务奖"。由此，传感器新闻正式进入传媒从业人员的视野中，传媒行业也不可避免地参与到这场时代的变革中。在智能媒体时代，传感器技术又被广泛应用于灾难新闻和社会突发事件中，在人的感官不能达及的层面，"人"借"物"力以获得更强的信息获取与判断能力。例如，天津大爆炸的报道通过传感器技术降低了人工的危险系数，提高了采集效率，保障了人的安全。还有在这次席卷全球的突发公共卫生事件中，传感器技术也可实时监测各方言论的发布，从源头制止谣言的产生。

传感器技术在传媒行业的广泛应用是由传媒行业的信息属性所决定的。回顾行业发展的历史脉络，从工业时代到信息时代，传媒业的每一次发展变革都和新的技术成果息息相关。新闻不仅在报道和记录着每一次时代变革，而且也在参与和完成每一次社会变革。在这场变革里，没有哪个行业能独善其身。科技的变革具有颠覆性和创新性，它改变的不只是每一个时代中人们的理念，也改变人们认识世界具体的方式。新闻传播理所应当与时俱进，不断参与变革甚至推动变革。

传感器新闻在我国的大量普及最主要的原因就是数据对于新闻传播领域的强大吸引力。一次又一次技术革命的出现，各种科学技术不断嵌入传媒行业的各个领域，使得媒体从业人员"数据意识"强烈，特别是在大数据时代对于信息数据的需求大大增加。传感器技术可以广泛地运用于各种环境、物体以及人身上，它们可以从人类无法达到的领域或层面获取数据从而加强对新闻事实的论证。这样传感器技术不仅有利于新闻报道的真实性，也扩大了新闻生产的主体，受众可以在使用传感器装备时主动获取信息。另外，传感器新闻的出现也得益于市面上出现的大量传感器设备。技术时代，传感器无处不在。不仅政府以及专业机构可以使用传感器获得数据，社会公众可利用价格低廉的微型传感器来得到信息数据，现在可穿戴式的传感设备以及智能手机 APP 等的普及也帮助人们收集个人信息及健康数据。传感器技术使一些抽象的东西量化，将人们的观察与记录变得更加具体。

（一）传感器新闻辨析

关于传感器新闻的定义，目前学界还没有达成共识。哥伦比亚大学托尔数据中心研究院弗格斯·皮特认为传感器新闻就是利用传感器来生成或收集数据，然后分析运用可视化使用数据来支持新闻报道[1]。彭兰认为，所谓传感器新闻是"基于传感器进行信息采集、以数据处理技术为支撑的新的新闻生产模式"。[2] 中国人民大学新闻学院教授许向东认为，传感器新闻就是通过传感器获得数据信息，经分析整合，将其以一定的方式融入新闻报道，进而完成"讲故事"的新闻生产模式。[3] 清华大学新闻与传播学院教授史安斌更明确指出传感器具有感知环境的细微变化、采集海量数据的强大能力，在包括新闻业在内的各个领域被广泛运用，成为当前新闻报道中的一种常用工具，传感器新闻将成为新闻生产的一种"新常态"。[4] 可以看出，业界讨论比较集中的观点认为传感器新闻并非独立的新闻报道类型，是以传感器作为信息收集工具的新闻制作模式。数据和信息的收集方式能够彰显传感器新闻的重要特征，但新闻报道的理念与原则以及在关键生产环节，仍然是通过数据的驱动来聚焦特定的信息，深度挖掘一定的数据并以可视化的方式呈现进而生成新闻故事。虽然关于传感器的新闻没有一致的定义，但是本文为方便论述，对以传感器作为信息收集工具的新闻报道统称为"传感器新闻"。

传感器强大的信息采集与分析能力根本原因在于它本身是一种检测装置，可以感受、测量特定信息，并依据特定的算法程序，将信息转换成电信号或者其他信息输出形式，从而符合信息的处理、储存、传送、显示、记录和控制等

---

[1] 尹楠楠：《智媒时代传感器新闻的发展与反思》，载《青年记者》2019 年第 20 期。

[2] 彭兰：《"传感器"与"新闻"的相遇会带来什么?》，载《新闻论坛》2017 年第 5 期，第 7—9 页。

[3] 许向东：《大数据时代新闻生产新模式：传感器新闻的理念、实践与思考》，载《国际新闻界》2015 年第 10 期，第 107—116 页。

[4] 史安斌、崔婧哲：《大数据时代新闻生产新模式：传感器新闻的理念、实践与思考》，载《青年记者》2015 年第 19 期，第 82—83 页。

特定要求。从本质上说，传感器是一种收集信息的方式。人们常用的电子芯片、GPS、无人机、电子手表乃至遥感卫星等，都不同程度地使用了传感器技术。智能化的传感器具有稳定性、可靠性、精确性和分辨能力高等特点，能够科学地完成信号感知、处理和通信三大功能。它还能够感知环境的细微变化，并以标准化的数字接口连接到计算机网络中传输、共享和分配信息。毋庸讳言，传感器技术就可以看作人体感官的延伸，并且要比人的感官更加敏锐和精确。在目前的传感器新闻生产、新闻报道中主要集中于即时新闻、环境新闻、调查新闻、公民参与式新闻、无人机新闻和遥感卫星图像新闻等几个领域之中。

（二）传感器新闻的生产与传播特征

1. "众包"和"跨界"式信息采集

传感器的技术属性赋予了传感器新闻在信息收集主体、信息收集方式等方面表现出一些特质。传统媒体时代，新闻的主要采集和制作是由专业的记者和编辑完成，新闻信息的采集依靠新闻媒体内部专业的记者深入新闻现场去采访和观察，从而获得准确的数据和信息，进而达到准确报道事实的目的。在传感器新闻的采集过程中，传感器涉及一些专业的技术操作，从制作到安装传感器涉及的不仅是记者，也包括专业机构组织的传感器技术工作人员和配合数据收集的普罗大众，这些人员也是数据的收集主体。因此，有学者认为传感器新闻的数据收集主体不囿于专业新闻媒体和自媒体从业人员，众包模式下的普通公众和专业社会组织也是数据的收集者，为践行"公民新闻"提供了有力的保障。

许向东教授认为，"众包"成为传感器新闻收集的一种重要方式。以美国纽约公共广播电台著名的"蝉鸣"实验为例，我们可以看到传感器新闻的数据收集是如何完成的。在美国东北部的沿海地区，每相隔17年，一种蝉虫就会破土而出。羽化后的雄虫为了吸引雌虫连续数周发出独特的嗡嗡叫声。电台的数据新闻编辑经过查询资料得知，可以通过监测土壤温度就可以获知蝉虫出土的时间并获得相关数据。于是，电台就启动了"蝉虫追踪"项目，在网站上公布了监测土壤温度的传感器组装步骤和零部件。报道团队为了更全面地获得监测数据，制作了低成本的传感器，邀请社区居民积极参与项目，利用传感器设备来测量收集自家院子中的土壤温度。在夏季蝉鸣季节到来时，实验团队陆续收到了来自800个不同地点近1700余份温度报告。在这次报道中，数据收集的重要途径就是广大市民的参与。

除了"众包"是传感器数据收集的重要方式以外，跨界合作也是传感器新闻信息采集的典型特征。在前文提到，有一种传感器是政府或商业部门安装在飞机、船只和人造卫星上的，这些传感器能够有效地监测海平面变化、二氧化碳碳汇的排放情况、森林覆盖率等相关数据信息。但是一般这一部分数据信息主要掌握在政府、科研机构和有实力的商业组织内部，不会被轻易地获取或泄露。此外，包括一些公共设施上传感器数据的获取也需要和掌握数据的政府公共部门合作。这种情况下，就需要新闻部门通过一定途径与这些机构沟通，在数据获取和新闻制作等方面进行跨行业的合作。

2. 海量信息采集与分析

传感器新闻最大的特点在于公共性，有了各种传感器的支持，新闻媒体的触角可以延伸至社会的各个角落，发掘不同潜藏在社会深处的新闻素材与数据。传感数据作为传感器的支撑，与传统的新闻采集方式相比，其数字化、网络化、智能化的特点能够涉及人类无法企及的层面采集信息，将人们的观察与印象记录下来，并使它们变得更具体，使观察量化从而提高新闻报道的真实性与客观性。大数据时代，数据的爆炸式增长带来信息冗余和超载，利用传感器技术分析海量数据成为解放人力的必要手段。传感器新闻海量的数据采集与分析在各类新闻形式中都有体现。

环境新闻被视为传感器运用得最普遍的领域。传感器可以监测近距离范围内的温度、湿度、污染浓度等环境指标，通过快速采集传感器中的环境数据，有针对性地应用到新闻报道之中。在用户参与式新闻中，主要是专业媒体搭建在线传感数据分享平台，发动一定数量的"公民记者"参与传感器监测和数据收集。例如，美国纽约公共电台发起社区居民参与的具有科普价值的蝉鸣实验，让用户借助传感器参与到了新闻生产中。社会调查新闻的数据采集中，传感器能够拓宽调查记者的感官视域，扩大其信息采集的时空范围，提升数据的准确性，同时发挥"开放、参与、互动"的互联网优势，让大量的资讯和数据供媒体使用和加工。无人机新闻最大的优势就是突破空间的限制，可以在人体无法企及或者难以接近新闻现场的环境中采集信息数据。而且就传统新闻采集方式中的利用航拍用直升机这一方法而言，无人机的购买及维修成本都要低很多。2015 年，美国哥伦比亚广播公司就利用无人机在切尔诺贝利核电站旧址进行航拍以了解核电站内部以及周边村庄的发展近况。而且美国《纽约时报》、美联社以及美国全国广播公司等 10 家美国主流媒体进行了无人机参与新闻报道的可行性研究与试验。我国新华社也在 2015 年 6 月正式成立了新华网新闻无人机编队，这也是国内第一个无人机新闻项目。① 遥感卫星新闻在近些年也成为新闻报道中的大势，遥感卫星图像是指各种人造地球卫星上搭载的传感器设备或者图片拍摄装置在围绕地球运行过程中，通过直接拍摄或者扫描分析物所获得的图像资料。遥感卫星的系统信息复杂程度和我们常见的城市监控、可穿戴设备、无人机等日常生活中应用的小型传感器有很大区别，但本质上也是通过传感器来完成工作。所以，我们也把通过遥感卫星完成的报道归类为广义层面上的传感器新闻。通过遥感卫星监测的数据，可以看到近 20 年来环境的变化，这无疑提供了监测环境变化的新视角。这类通过遥感卫星监测的图片来完成的新闻，我们认为也属于传感器新闻的行列，这是由遥感卫星上众多的传感器系统决定的。

诚然，运用传感器技术海量采集分析数据的能力使得其在各类新闻类型中都可以极大地发挥其方便、迅速的优势，从而对新闻事件进行数据化、故事化、可视化的呈现。

3. 数据交互可视化的呈现

在新闻传播中，场景作为新闻叙事的载体和空间环境，是和受众的信息消费密切关联的。传感器新闻也越来越注重数据呈现的交互可视化，利用传感器技术收集碎片化信息，用图文、表格、VR 等形式多模态、立体化地呈现信息，增强新闻报道的体验感和可视性，促进与受众的互动与交流。

利用传感器技术将冗长复杂的抽象数据形象、具体、直观地传递给受众，以数据视觉化的方法呈现在他们面前，给受众提供较好的交互体验感。美国优秀数据设计师 Ilia 认为，好的数据新闻形成必须要经过获取数据、确定视觉形式、建立叙述这三个步骤。② 美国一位艺术家则利用美国国家航空航天局（NASA）和维基百科（Wikipedia）的数据，设计制作了一个《光年日历》的交互作品来展现在直线运动下的一束从太阳发出的光，一年中所经过地方的活动轨迹。这些可视化的图表让信息获取变得直观而富有趣味性。还有例如在我国许多人文类景区安装了大量传感器来检测景区内部客流、光照范围、建筑磨损等情况，并利用 3D 模型构建技术，创新性地使用了"实景三维模型+传感器数据可视化"的解决方案，通过一个 3D 平台就可以全盘掌握整个景区传感器实时数据和变化情况，实时监测景区人流等情况，发布提醒消息，维护景区的平稳

---

① 《新华网无人机频道上线 2015 年 10 幅获奖作品发布》，新华网，http：//news. xinhuanet. com/fortune/2016-01/09/c_ 128611683. htm，2016 年 1 月 9 日。

② Ilia. All the lonely people ［EB/OL］. http：//www. iliablinderman. com/connections/。

秩序。

二、媒介环境学框架下的传感器新闻解析

(一) 理性偏倚

1968 年，波兹曼在"英语教师全国委员会"年会的演讲中首次正式提出"媒介环境"的概念，并将媒介环境学定义为"把媒介当作环境来研究"（Media ecology is the study of media as environments）。① 其中，"媒介偏倚"就是媒介环境学派的主要理论之一。该理论由英尼斯在《帝国与传播》与《传播的偏倚》两书中提出，他认为文明的兴起、衰落和占支配地位的传播媒介息息相关。媒介可分为媒介时间的偏倚和空间的偏倚。前者是质地较重、耐久性较强的媒介，如黏土、石头、羊皮纸等，较适于克服时间的障碍得到较长时间的保存；后者是质地较轻、容易运送的媒介，如纸草纸、白报纸等，较适于克服空间的障碍。后尼斯特在英尼斯研究的基础上对媒介偏倚做了学理性的归纳，提出了理性偏倚与感性偏倚的概念。由于不同的媒介在物质形式和符号形式上是不一样的，因此而产生的思想、情感、时间、空间、政治、社会、抽象和内容上的偏向就有所不同，所以不同的媒介就具有不同的认识论偏向。②

媒介环境学认为，传播媒介不是中性的，每一种媒介都带有一套固有的偏向。传感器作为一种新兴媒介，有自己独特的物质特征与符号特征，使传感器具有不同于其他媒介的理性偏倚。智媒时代，"传感器+智能化"是传感器新闻理性偏倚的基石。大数据包含的信息内容和新闻传播者的报道意向并没有直接的关系，它反映的不是社会最新变动与新闻媒介的传播关系，而是社会现实状况与人的普遍的联系，集中体现为大数据系统与用户的信息服务关系。③ 同样，传感器所获的海量信息仅是系统与用户间的信息服务关系得来的数据，需要新闻从业人员对隐藏的生产传播关系进行深度挖掘与处理。新闻从业人员可以通过传感器的智能算法程序将新闻信息处理过程优化："过滤与信息传播关系无关的数据资源——新闻从业人员定向化处理——提炼有价值新闻信息。""传感器+智能化"这一模式帮助新闻从业人员更快速、准确地在海量的新闻信息中选择

① 单波、王冰：《大数据时代新闻生产新模式：传感器新闻的理念、实践与思考》，载《新闻与传播研究》2006 年第 3 期。
② 林文刚：《媒介环境学：思想沿革与多维视野》，何道宽译，北京大学出版社 2007 年版，第 30—31 页。
③ 刘坚：《智能化时代传统媒介新闻理念的演进与方法创新》，载《传媒观察》2020 年第 5 期，第 5—11 页。

和提取有效的内容。

传统的新闻采集与分析过程，新闻从业人员根据自己的"所见所感"来进行新闻信息的采集，在信息分析时又易受到主观情绪的引导，影响新闻报道的真实有效性。但传感器将获取信息的基本功能与微处理器信息分析的功能结合起来，以便计算机将传感数据快速地采集、分析并进行可视化的展示，减少人工参与的"再符号化"中间环节，而且原来传统媒体通过文字表征转变为直接、形象的数字符号的表征，保持数据的客观理性。例如 2015 年，我国新华网在首届"智能+"传媒超脑论坛上推出生物传感智能机器人系统 Star。该系统是以生物传感器采集用户生理体验信息数据的新闻机器人。它依据多种算法程序以完成数据分析以及后续的新闻报道，是新一代基于生物传感和人工智能技术的新闻机器人。Star 机器人通过生物传感器采集用户体验信号，将其转化为数据后靠算法完成分析、报道、交互。这整个过程帮助新闻生产、传播以及报道过程的优化，减少人为干预因素，以达到更全面深入以及准确客观的效果。

（二）有机真实

认识论下的新闻真实要求新闻报道与事实对象相符合，而把"有机"这一概念引入新闻真实中意味着新闻真实的实现过程及结果是在有机运动下的产物。马克思曾提出，"在人民报刊正常发展的情况下，总合起来构成人民报刊实质的各个分子，都应当（起初是单个地）表现出自己的特征。这样人民报刊的整个机体便分裂成许多个不相同的报纸，它们具有各种不同而又相互补充的特征。……只有在人民报刊的各个分子都有可能毫无障碍、独立自主地各向一面发展并各成一行的条件下，真正'好的'人民报刊，及和谐地融合了人民精神的一切真正要素的人民报刊才能形成"[1] 马克思认为各个报刊应该各司其职，构成一个完整的有机整体才能实现真正好的人民报刊。中国人民大学杨保军教授便根据马克思报刊的"有机运动"和人民报刊的"有机整体"思想提出了有机真实这一新名词。"有机真实"是指由多元新闻生产、新闻传播主体相互影响、相互作用，在一定过程中共同呈现、塑造、构建出的新闻真实。[2] 传统新闻传播主体的能力是很有限的，无法完整地呈现出事件变化的最新动态。在面对所报道事件时，也无法像亲历者与知情人一样准备充分地记录报道完整的事

---

[1]　杨保军：《新媒介环境下新闻真实论视野中的几个新问题》，载《新闻记者》2014 年第 10 期，第 33—41 页。

[2]　杨保军：《新媒介环境下新闻真实论视野中的几个新问题》，载《新闻大学》2020 年第 1 期，第 40—52 页。

实。尤其在如今的新兴媒介环境中，"有机真实"的体现比传统新闻业时代中由职业新闻传播主体所构建和呈现的真实要强烈很多。

本文探讨的传感器新闻则很好地体现了新闻的有机性。传感器的出现改变了新闻真实实现与呈现的方式，在传感器进入新闻生产活动中以后，社群化的用户体验新闻不断进入公众视野。新闻用户与专业记者合作展开传感器的新闻活动也会成为日常的常态化现象，诸如"蝉鸣实验"等互动新闻。新闻用户、自发新闻社群进入新闻生产领域的范围和规模将会更大。这样越来越多的主体加入新闻生产的过程以及参与了传感器新闻实现客观报道事实的过程，形成了职业与非职业的有机互动，多元主体并且和社交媒体上用户的自发传播相比，传感器数据能够在技术层面保证非专业新闻传播的可靠性和真实性。而在新闻报道真实领域也越来越体现为人机交互共建的真实。传感数据表面上看似是由新闻媒体来进行生产以及传播的，大多数情况下，传感数据是由传感器制造者、计算程序设计人员、数据拥有者以及直接进行新闻报道的各个主体共同生产的，而他们只有做到有机配合和相互信任并协作发展才能完成新闻的真实报道。

（三）注意力离散

"注意力离散"一词罗伯特·哈桑在《注意力离散时代》一书中提到。他认为，在如今的数字时代，信息传播技术的高速发展使每个人在信息洪流之中变得软弱而病态，即"注意力离散"。后媒介环境学家波斯曼的"两个课程"理论也认为在社交媒介的频繁出现后，学生在"第二课程"中出现注意力离散现象，也是许多媒介环境学与媒介教育者热衷讨论的话题。"两个课程"理论是波斯曼在《作为保存活动的教学》一书中首先提出。书中所说的"第一课程"，指的是电视或基于电子设备的课程，抑或是基于电子设备的认知、理解和讨论世界的方式，是一套以视听材料为主的范式，苏珊·朗格称之为表征性符号（Presentational Symbols），也可以说是调动我们情感、直觉和感受的各种形式。与之相对的，第二课程是基于识字能力和印刷文字的，或者用苏珊·朗格的话来说，是推理性符号，它主要唤起我们的智识、逻辑和批判思考。① 在如今社交媒体和各种智能物体及新技术交互融合的时代，与波斯曼在成书时提出的"两个课程"的含义已经有了质的不同。这一时代的学生将注意力更多地放在各种移动设备以及社交网络中，已然取代了之前的旧电子媒介。"第一课堂"变成了以移动设备为主基于网络为主导的课程，吸引大量注意力，而这样却使得

---

① 林文刚、邹欢：《新媒介环境下新闻真实论视野中的几个新问题》，载《国际新闻界》2019年第4期，第89—108页。

"第二课程"的作用削弱，学生缺少独立思考和逻辑能力。

在智媒时代，传感器设备以及其他科技产品的价格越来越低廉，类型日益丰富，在日常生活的覆盖率更广。传感器技术也越来越多地被应用于新闻传播领域，在享受新技术带来便利的同时也面临着诸多挑战，最典型的就是波斯曼在研究媒介教育学时，"两个课程"理论中出现的注意力离散问题。一方面，传感器技术使得越来越多关于世间万象的体系和数据已被数字化了。这些数据库中有更多的新闻故事等待被发掘，也出现了越来越多具备这方面兴趣和技能的新闻记者去利用传感技术来采集数据，而传感器新闻采集数据的高效、灵活性以及及时完整地跟踪与预测新闻事件发展历程和趋势的优点，使得许多新闻记者过渡依赖数据，将注意力过多地放在采集新闻数据这一步骤，而忽视发掘这些数据背后的新闻故事的责任和义务。另一方面，"众包"这一传感器新闻数据的采集方式，使得社群用户参与新闻越来越广泛。受众利用价格低廉且方便携带的可穿戴式传感器，如智能手环、手表、手机等，轻松就可获取个人生理健康数据，使之不再是专业机构独有的信息。但是也会出现过度关注数据而忽视对实体、心理以及认知的情况，例如，智能手机内置的传感器记录个人每日步数，数据会同步到手机 APP 中，但人们因为其社群心理从而过分关注数字，出现买摇步器刷步数以及移动设备不离身等行为。另外，各种富有趣味性的传感设备的出现，也在不断争相夺取人们的注意力。

传感器新闻带来的注意力离散主要是因为人们在面对种类繁杂的海量信息时无法做出正确的应对措施，让自己被数据操控，失去了新闻传播本身的意义。"平衡"这一概念也是媒介环境学的重要命题之一，波斯曼在阐述媒介环境学中的"平衡观点"时写道：

"……环境学研究的是某个环境中变化的速度、规模和结构。环境学研究的是如何达到平衡，可以是思想与社会的平衡，也可以是森林生态系统的平衡。因此，环境学既与自然机制、树木、河流、苍鹭保护有关，同时也和社会制度、推土机、高速公路、人造物品和思想息息相关。"①

上述引语表达了媒介环境学中"平衡"这一重要观点。在把新的技术引入新闻传播行业时，怎样平衡媒介与传播间的关系也是业界常常讨论的问题。不可否认的是，上文提到的注意力离散的问题根本原因就来源于媒介"失衡"。因此，我们在面对传感器等新兴媒介时，需要让我们的思想达到一种平衡的状态，在面对如今信息爆炸的时代可以理性、批判地接受种类繁杂的海量数据，保持自己缜密的逻辑以及思考能力以达到媒介平衡的状态。

---

① Postman, N. (1979). Teaching as a conserving activity. NewYork, NY: Delta, 17-18.

新媒体与信息传播

关于新媒体背景下传统文化的传播策略探析

白　杨①

[摘要] 传统文化是我国的精神文化根基，通过对传统文化的分析以及研究可以了解民族的发展进程，在推动国家政治、经济、文化发展的过程之中，传统文化发挥着纽带作用，因此要想提升我国的综合实力，我国必须要注重传统文化的传播以及继承，深入剖析传统文化的精髓以及魅力，保障我国在激烈的国际竞争之中获得更多的优势。在进入信息时代之后，各种新媒体应运而生，新媒体既能够给我国的传统文化传播带来更多的机遇，也直接冲击着传统文化的传播策略，因此要想充分体现新媒体的重要传播价值及作用，我国必须要注重深入分析以及考察。对此，本文站在宏观的角度，立足于新媒体背景之下传统文化的传播情况，对相关的传播策略进行分析及研究，以期为丰富和继承我国的传统文化提供一定的依据。

[关键词] 新媒体背景；传统文化；传播策略

一、引言

作为民族文化、民族风貌以及民族特质的重要呈现，传统文化在新的时代背景之下获得了快速的发展，同时社会公众越来越关注传统文化的传播以及学习，在民族历史上，不同观念形态、思想文化以及历史形式实现了有效的融合，进而产生了丰富多样的传统文化，如何传播以及继承传统文化是民众需要考虑的重要问题。在新媒体环境之下，传统文化的传播机制以及路径产生了极大的变化，要想提升我国的综合实力，我国必须要注重对传统文化的继承以及弘扬，关注传统文化的传播境地，注重传统文化中艺术与形式之间的有机结合，积极思考全新的传播路径以及策略，以此来为传统文化的发展营造良好的外部空间。

---

① 作者简介：白杨，陕西广播电视台主持人。

二、新媒体背景下传统文化的传播发展状况

因为舆论生态的变革，所以互联网全媒体时代已经到来。我们在传统的新闻学习中都学习过：新闻就是新近发生的事实。而现在，新闻的定义变了，甚至记者的定义也变了。新闻不仅仅是新进发生的事实的报道，而是正在发生的或者即将发生的事实的报道。互联网改变一切。其实新媒体这个词的出现，已经不是第一次了。在 20 世纪 20 年代到 30 年代，对于报纸来说，广播电台就是新媒体。在美国经济大萧条的时候，美国总统罗斯福的炉边谈话拯救了危机中的美国。后来，在 20 世纪 50 至 60 年代，对于报纸和广播来说电视是新媒体。而现在新媒体又出现了，新媒体与传统媒体是一个对应性的概念，其中前者主要以移动技术、网络技术、数字技术以及互联网技术为依据，后者则主要以电视、广播和报刊为重要的表现形式。以数字电视、手机、电脑为代表的新媒体在人们的生活之中实现了广泛的应用，并且成为人们生活、学习中的重要组成部分。与传统媒体相比，新媒体的传播速度较快，能够迅速突破时间和空间的限制为用户提供高质量的信息服务，同时信息以及娱乐服务的内容与形态产生了极大的变化，因此有的学者将新媒体称作数字化媒体。

作为新媒体的重要呈现方式，移动增值以及互联网备受关注，同时在新的时代背景之下移动增值以及互联网实现了快速的发展。结合相关的数据调查分析不难发现，我国的互联网市场规模在 2007 年突破了 400 亿元，同时增长速度保持在 40% 左右的水平。在这样的现实背景之下，我国与其他国家之间的交流以及互动越来越频繁，同时新媒体版权保护发展快速，在走出国门、走向世界的过程之中，世界也开始积极靠拢中国。我国不断地加大对文化输出的投入以及支持力度，我国的服装、图像、音像制品等艺术形式直接传入世界各国，世界其他国家也开始越来越认可中国文化，并利用不同的信息传播渠道以及平台欣赏我国文化，学习我国文化。在这样的现实背景之下，我国文化的世界化发展态势越来越明显，越来越具有明显的国际文化色彩。另外，世界民众对我国文化的认知以及理解方向产生了一定的变化，中国文化的世界认可度越来越高，成为人们非常容易接受的文化形式。

三、传统文化的发展

文化是一个综合性比较强的概念，带有许多的模糊性，在对文化这种社会现象进行分析及研究的过程之中，必须要站在历史的角度，了解社会历史的时代积淀以及成长轨迹。学术界在对文化进行分析时明确提出，文化是人类在社

会生活实践过程之中所创作出来的精神财富以及物质财富的总和，通过对文化的分析可以了解人类社会的价值观、人生观以及世界观。作为一个民族以及国家风土人情、传统习俗、地理历史、行为规范、文学艺术、生活方式、价值观以及思维方式的重要呈现，文化所涉及的内容比较复杂，这一点在传统文化中呈现得非常明显。传统文化的发展历史比较悠久，同时在不同阶段的表现形式以及内容有所区别，但是总体的变化并不大。另外，我国的传统文化具有极为明显的民族特色，是区分我国与其他国家的重要标志，只有积极弘扬以及传播我国的传统文化，才能够坚持国家的中心地位。不可否认，我国的传统文化在内容和形式上非常地丰富，博大精深，高深莫测，有许多不同形式的艺术表现内涵以及价值，对推动国家的强大发展意义重大。

四、新媒体下传统文化的传播策略

在全球化趋势不断加剧的今天，国家之间的交流越来越频繁，许多国家主动了解各国的文化，通过取其精华、弃其糟粕来实现本国文化的丰富发展，我国也需要在这样的现实背景之下，主动学习他国的优秀做法及经验，坚持以我为主、为我所用，利用新媒体来丰富自身的文化形式以及内容，保障传统文化能够得到有效的传播以及双向流动。文化传播离不开新媒体的有效利用，新媒体能够突破时空的限制以及传统格局，为传统文化的传播迎来更多的生机。因此，我国在推动经济政治建设的过程之中需要加大对文化的投入和支持力度，抓住新媒体这一重要的机会，为传统文化的传播以及研究提供更多的便利以及空间。

（一）明确具体的前进方向

在新媒体背景之下，传统文化的传播所涉及的内容和形式比较复杂，同时会受到外部不确定性因素的影响。为了保障文化的有效传播，我国必须要坚持正确的方向，其中前进方向的分析以及研究是基础。我国需要进一步反思传统文化的优点以及缺点，了解人类前进的核心要求，关注不同阶段传统文化的内涵分析以及价值研究，以传统文化的自由发展以及稳定建设为依据，积极利用新媒体来源满足传统文化的发展要求，充分体现传统文化的发展背景以及成长轨迹。其中传统文化的取舍以及研究最为关键，并非所有的传统文化都可以用来传播，并具有一定的传播价值，有些传统文化存在许多的愚昧色彩以及落后色彩，因此在传播的过程之中需要进行简单的取舍，这一点对文化传播工作人员提出了一定的要求。工作人员需要注重理论分析以及实践研究，充分利用个人的专业知识来对传统文化的时代价值进行进一步的判别，在优劣分析以及取舍的过程之中为传统文化的传播指明道路以及方向，更好地体现传统文化传播的重要作用及优势，实现传统文化的有效传承及弘扬。

（二）注重比较分析和发展研究

传统文化的传播是一个长期性的过程，包含不同的工作内容以及工作形式，为了避免出现方向性的偏差以及细节上的遗漏，在新媒体背景之下，我国需要立足于传统文化的传播策略以及发展轨迹，在比较分析的过程之中以一个发展的眼光看待传统文化的传播要求。传统文化是在漫长的古代历史中形成的，具有一定的社会性以及封建色彩。因此，在传播的过程之中需要对传统文化的优劣进行反思以及研究，注重比较观念的应用，了解传统文化中与时代发展不相符合的地方，进而实现有效的取舍以及判别，通过纵向分析以及横向对比来更好地体现传统文化传播的重要价值，为传统文化的传播提供更多的机遇。其中新媒体的应用能够为传统文化的传播奠定坚实可靠的技术基础，工作人员需要利用各种现代信息技术深入剖析和了解传统文化的具体属性以及发展要求，明确传统文化之中的落后成分以及薄弱环节，在不断调整以及优化升级的过程之中解决传统文化在传播过程中所遇到的困难以及障碍。

（三）在继承、借鉴的基础上创新

传统文化的传播主要以文化的传承以及弘扬为依据，文化的继承是基础和核心，要想丰富我国的文化形式，提升我国的综合软实力，文化的继承必不可少。在文化传播的过程之中，新媒体扮演着重要的角色，我国需要主动融入世界文化，关注我国文化发展的必由之路，了解新媒体技术的应用要求，通过各种网络信息渠道来实现我国文化的世界性发展，真正走出国门、走向世界，实现与社会文化的有效融合，只有这样才能够体现我国传统文化的时代发展价值以及特征。除了文化传承之外，文化的传播以及创新也离不开新媒体，媒体能够为文化的继承以及创新提供更多的机遇，积极融入更多时代性的内容以及新鲜血液，丰富传统文化的内涵以及价值，保障传统文化能够获得更多的活力。

五、结语

在新媒体背景之下，传统文化的传播所涉及的内容比较复杂，我国需要明确传统文化的前进方向，关注不同文化形式的分析以及研究，在比较分析的过程之中以发展性的眼光促进传统文化的有效传播以及发展，在借鉴的基础上实现有效的创新，保障传统文化的丰富发展。

参考文献

［1］张宇：《文旅融合背景下龙江剧新媒体传播策略探析》，载《采写编》2019 年第 2 期，第 183—184 页。

［2］王秋艳：《传统文化品牌新媒体传播策略探析——以宁波为例》，载《新闻爱好者》2019 年第 493 卷第 1 期，第 55—59 页。

［3］钱晨、樊传果：《新媒体时代基于受众心理的传统文化传播策略》，载《传媒》2019 年第 299 第 6 期，第 75—78 页。

新媒体时代社会舆论场的变革与重构

孟改正①

[摘要]　中国新媒体技术发展日新月异，以移动媒体为终端的信息传播把大众带入微传播时代，微博、微信、微视频等微传播平台成为信息与意见交汇的公共场域，社会舆论场从以往的二元并立变革为多元分化。新媒体时代社会舆论场的变革主要体现为三点——多元舆论的分野成为常态、非主流舆论上行渐成、"中间阶层"成为社会舆论的新生力量，由此引发的舆论场偶现结构性失谐、舆论乱象加剧等问题不容小觑。强化主流，促进弥合，重构社会舆论场，是促进舆论生态良性发展的有效措施。

[关键词]　微时代；社会舆论场；变革；重构

当前中国新媒体技术发展日新月异，以移动媒体为终端的信息传播如大江奔流挟裹众生，微博、微信、微视频的风靡把大众带入一个全新的时代——新媒体时代。新媒体时代的"微传播"使新闻生产方式、传播渠道和传播效果发生巨大改变，建立在信息传播基础上的社会舆论的生成、演变及舆论主体也因此发生了重大变革。随着大众向社交媒体的迁移聚拢，微传播平台成为信息和意见交汇的公共场域，新媒体社会化传播带来多元舆论场的现实存在，不同权利主体的意见博弈成为常态，社会舆论场偶现结构性失调状态，舆论乱象加剧，这些都为社会舆论管理提出新的课题。

一、新媒体时代社会舆论场的变革

传统的社会舆论形成有一个循序渐进的过程，从信息发布、话题酝酿到舆论生成，议题设置者有一定心理准备与应对的缓冲期。新媒体尤其是以手机媒体为代表的移动终端的随身性特征，使其将"微传播"的及时性、交互性、高

---

①　作者简介：孟改正，宝鸡文理学院文学与新闻传播学院副院长。

效性发挥到极致，社会舆论在风卷云涌之前可能无迹可寻，因为一个偶然因素的强烈刺激，舆论可能在极短时间内到达强度高峰值。新媒体时代信息的海量性、交互性、自发性传播，使社会舆论场域发生前所未有的变革，具体体现为以下几点。

（一）多元舆论场呈分野之势

新媒体发展为多元舆论场的形成提供了技术准备与平台支持。社交化媒体广泛使用，普通民众可以自主通过先进的移动媒介即时发布对社会热点问题的感受与看法，社会舆论场迅速从以前的二元并立变革为多元分化。当前我国社会舆论生态主要呈现为三大场域，一是以党媒为主体的政府舆论场，代表官方发言，传达国家意志；二是以社会主流媒体为主体的媒体舆论场，既传播主流价值观又兼顾社情民意；三是以自媒体为主体的大众舆论场，主要传递普通民众的观点和声音，传达底层最真实的民意。前两种是传统意义上的主流舆论场，第三种属于非主流舆论场。在新媒体环境下，媒体传播方式的变革实现了公共意见的聚合与撞击，舆论结构正从单一的意见表达向多元化分野变迁。

多元舆论场的分野体现了多层面理念的较量。观点是偏见的产物，不同的立场决定了看待问题的视角不同，多元舆论场的不同主体分别代表着社会不同阶层、不同身份的群体，他们有各自的利益诉求和价值判断。"不同舆论场之间的较量其根源在于不同阶层和人群之间的思想观念之争。"中国目前处于社会转型的重要时期，社会的结构性变革难免引发部分群体的利益变化，面对社会热点事件，出于自身权益的考量，不同舆论场之间叙事角度和着力点存在一定的差异，这是造成多元舆论场分野之势的直接原因。

（二）非主流舆论上行渐成

经济的发展促进了社会环境的开放，民众要求拥有更多的知情权、参与权和监督权。人们通过微博、微信等自媒体平台，即时发布对社会问题的看法。受后现代文化的影响，质疑权威、尊重个性、保障权益都可以凭借移动媒体畅快淋漓地表达，相比于负累较多的主流媒体，自媒体更真实、更个性、更包容的特点也使其在当前社会舆论传播中占据优势。

新媒体时代舆论生态的最大变革就是非主流舆论上行渐成。传统媒体时代，官方表态和主流声音以绝对的强势占据主导权，民间的声音限于媒介特性的掣肘，呈现出压抑状态，这些暗流涌动的潜在意愿因为缺少表达的通道，在沉默中积蓄力量，可以说非主流舆论寻求生存空间的愿望由来已久。方便快捷、交互性强的新媒体技术横空出世，造就了人人都是传播者、个个都有麦克风的时代盛景，激发了全民自由表达意愿和观点的狂潮，至此长期被忽略的非主流舆论终于找到了宣泄的出口，迅疾地挤占了主流社会舆论大片阵地，与主流舆论场形成鼎立之势。主流舆论场出于稳定需要，在社会群体事件中倾向于发挥舆论宣传的作用，非主流舆论主体以普通民众为主体，为维护自身利益和知情权，在探究真相的时候更偏于挑剔性批评。不同的运作逻辑，使得上行渐成的民间舆论与官方主流舆论缺乏交集，分化加大。

（三）"中间阶层"成为社会舆论新生力量

"中间阶层是社会分层理论的一个核心概念，指介于社会上、下等级之间的阶层。"中国中间阶层的崛起建立在改革开放带来经济腾飞、城市发展的基础之上，他们以三四十岁的中青年群体为主力军，汇集了大批典型的高学历、高收入、高消费和高负担人群，这个群体亦可称之为中产阶级。中间阶层人士大多数具有一定的学识技能和社会地位，他们比底层民众掌控更多的话语权，比上层人士有更多的不安全感，"比上不足，比下有余"自尊而焦虑是这类群体的典型特征。他们在社会各个专业领域有一定的建树，同时具备较高的素养，良好的社会声誉赋予了他们在社会舆论中一定的话语权。

中间阶层走到社会舆论的前台与新媒体技术的发展和其扮演的社会角色息息相关。首先，新媒体技术的发展消解了传统媒体掌控话语权的壁垒，突破了表达集中于专业传媒机构的局限，互联网作为元技术，为相同群体的联结提供了隐形而真实的公共场域，中产阶级通过网络沟通搭建集体交流平台，形成舆论力量；其次，他们不同于草根性较强的底层民众，草根网民因其弱势的社会地位和较低的媒介素养容易滋生极端情绪，部分发言感性随意或者过分娱乐化。而中间阶层具备一定的理性思考、客观判断、有据质疑的能力，既不会盲从于权威，亦不会随波逐流，关注社会公共议题，维权意识和民主观念相对较强，有一定的表达诉求，还是当前广为提倡的垂直细分领域的专家。因此，中间阶层成为新型的意见领袖，是社会舆论场域不可小觑的组织力量。

二、新媒体时代社会舆论场问题透视

社会舆论场是普罗大众观念汇集的共振圈，它通过聚合发散的社会意见，收纳三观相近的众声喧哗，在特定的时空里迅速创造思想共鸣的传播平台，最终形成颇具影响的舆论声势，并推动或者制约舆论的走向。多元主体社会舆论场的存在反映了科技进步、社会更趋民主的倾向，但其发展过程也存在一些明显的问题。

（一）社会舆论场结构性失谐

新媒体兴盛之前，主流舆论场一直处于稳定而明显的优势地位，大众传媒的一部分功能是发挥党和政府的喉舌作用，形成社会的主流意见气候。微时代微传播等社会化媒体出现以后，社交媒体用户的广泛性和多样性使得面对任何社会议题，舆论格局的常态表现为对话与对抗并存、融合与冲突同在，而主流舆论场因为种种因素制约，舆论管理有时呈现出被动状态，尤其在突发的灾难事件报道中，负面消息和正面报道的选择和推送容易触动大众敏感的神经，积极的正面舆论引导很可能引发不同的声音，使得社会舆论处于撕裂和失控的状态。

社会舆论场不时呈现出结构性失谐的主要原因在于主流舆论场发展受到新媒体时代大众舆论场的较大冲击，这与长期以来主流舆论场积习深重的舆论引导习惯相关。由于主流舆论场的官方性和正式性特点，发表的言论话语以宏大叙事为主体，或者表达庄重、深奥、抽象，不符合一般民众的认知结构，或者表述烦琐，内容不能从国家、社会、公民三个层次进行更普世化解读，缺乏生活气息和亲近感；再则舆论引导途径与方式单一，目的性强。部分官方和主流媒介引导舆论的方式仍以文字报道或者文字评论为主，缺少直观性和动态感，不符合全媒体时代人们选择信息的多样化渠道诉求，同时囿于自身扮演的社会角色的功用，面对负面公共事件倾向于维持社会稳定，缺少直击问题核心的内在动力。

（二）舆论乱象加剧

社会舆论场多方力量的汇集实际上就是多种权益的较量。"当下的中国社会，围绕社会经济转型期面临的不同矛盾，民粹主义、新自由主义、历史虚无主义、泛娱乐主义等一些非主流思潮交织激荡，新媒体在实现多元化、交互化、个性化传播的同时，也呈现出碎片化、非理性、反主流的特征倾向，容易成为不良社会思潮操控舆论的工具。"一些政治群体通过媒介平台推销政治言论，大众舆论场部分网民发言过分娱乐化，网络推手和水军在利益的驱使下制造或者干扰舆论，舆论乱象加剧。综合归纳最突出的有两点：

一是对舆情信息研判缺乏理性。这方面的问题主要体现在大众舆论场，社交媒体的方便快捷让广大民众随时可以参与到信息传播中来，大众舆论场活跃人数众多，网络评论简单易行、门槛极低，可控性差，而"民间舆论场的逻辑是以受众为中心的逻辑，它以迎合的方式全方位讨好受众，沿着人性的斜坡一路下行"。所以大众舆论场虽然众声喧哗，但囿于自身认知的局限，对社会事件的解读呈现情绪化特征，大众善于推波助澜的特点，还常常成为舆论水军利用的对象。

二是立场之争重于事实之争。对政府舆论场和媒体舆论场的参与主体而言，他们有一定的社会地位，在某个领域具备较深的专业知识，拥有更多的话语权，对社会问题的看法相对更为深刻理性，他们的态度和价值取向往往更容易形成主流舆论，他们中的大多数人在急剧发展变革的社会进程中，更容易倾向于关注与自身立场相关的社会议题。梳理近年来排名靠前的舆情信息，很明显发现毒疫苗、钓鱼执法、房价调控等与广大市民阶层相关的事件关注点大大多于矿难、泥石流等与底层劳动者权益维护相关的问题。多元舆论场中的"我们"与"他们"身份差异注定了舆论代入感源自个体立场和近似体情感，新媒体时代社交媒体的圈层关系、即时互动正好契合并维护了这种需求。可以说多元舆论场是党和政府国家意志、社会精英专业意识与下层民众个人利益三方表达自身诉求、维护各自立场的结果，社交媒体的重"关系"与重"情感体验"为维护各自立场和权益提供了技术支持。

三、重构社会舆论场：强化主流，促进弥合

新媒体时代信息传播技术的发展催生了多元舆论场的出现，社交媒体赋予普罗大众更多的言论自由和话语权，在社会更趋于民主进步的大背景下，"对社会而言，表达并不是唯一目的，真正重要的是解决冲突"。如何有效规避因为话语对抗造成的社会负面影响，重构社会舆论场，是我国当前媒介生态环境下要迫切考虑的问题。重构理性、有序的社会舆论场，强化主流，促进弥合，可以从以下几方面着手。

（一）主流舆论场改进话语风格与舆论引导途径，积极提升影响力

社会共识的形成是各方主体表达、倾听、沟通、理解并最终寻求最大共通性的结果，是一个有别于单向灌输的过程。在新媒体日益普及化的舆论环境中，主流媒体要有效提升传播效果，积极凝聚社会共识，需要尽快调整传播表达方式，创新传播理念与途径。

话语风格从政治宣讲转为传播对话。"当代中国的传统媒体是一个内嵌于特定政治体制框架的媒介体统。"主流舆论场话语主体以"意识形态国家机器"为准绳，长期的体制束缚导致话语形象刻板严肃，上情下达多于沟通交流，在大众心里产生"观点先行"的刻板成见。从社会心理学角度来看，先入为主的刻板效应大大妨碍了对他人做出正确的评价。主流舆论场想要在微传播时代重新

振兴，必须将话语风格从政治宣讲转为传播对话。具体来说，就是避免主题先行、单向灌输、单面训导，话语表达多一些亲和力、感染力，力求贴近民生接地气，同时重视微传播的议程设置和双向互动，引导民众就某个议题深入对话，以包容开放的心态聆听不同的声音，倾听民众的呼声，在对话中触摸最真实、全面的观点，增进了解，消除误会，增强多元舆论场的弥合与统一，提升社会舆论影响力。

　　舆论引导途径从单一化到全媒体，加快媒介融合。传统的社会舆论引导以纸媒、电媒为主，书面文字和语言文字是强有力的传播介质。从 2008 年开始，信息传播跨入智能手机屏霸的新时代，人们获取信息的途径从报纸、电视转移到了手机、平板电脑等工具上。单一的文字思维已经跟不上大众的需求，传统的媒体运作方式并不适应全媒体舆论场，主流媒体必须从传统的新闻传播思维转换到互联网思维，增进分众意识的同时，重视传播新技术的尽快融合。"人民日报中央厨房于 2015 年 2 月启动，整合传统媒体的生产能力，引进新的生产流程，通过各种 PC 端、移动端和户外渠道加以推广，形成优质内容生产和强势渠道推广的双重能力。"人民日报的做法走在了行业之先，面对新媒体注重屏幕表达的特点，图片、微视频等可视化信息注定占据重要地位，主流舆论场需要积极开发新媒体平台，加快推进媒介融合，争取创建更大的舆论平台。

　　另外，改进舆论引导途径还可以通过识别、挖掘和培养新媒体议程设置中的意见领袖，对其进行针对性引导，使得新媒体平台的议程设置更规范、更民主，从而正确引导舆论发展。新媒体时代，虽然人人都有麦克风，个个具备传播权，大众可以就社会问题随时发表个人看法，自由参与对公共问题的讨论，但基于个人认知的偏狭、信息技术的限制，能把控全局的人还只是个别群体，这些人凭借过硬的专业知识、一定的粉丝支持，成为某一领域的"意见领袖"，为民意代言，影响社会舆论的走向，起到"议程设置"的作用。新媒体背景下，主流媒体与政府部门应该有意识地培养"意见领袖"，并发挥其舆论引导的功能。识别与挖掘有一定影响力的新媒体意见领袖，需要准确认识社交媒体平台上意见领袖的传播风格、行为特征与策略。因为不同风格的意见领袖在不同事件的舆论影响力上会有明显的差异，有人善于收集事实、理性陈述，用冷静客观的态度引领大众的认知走向深刻全面；有人则喜欢诉诸情感，通过饱含感染力的传播形式激发大众参与事件的热情，赢得更多人的支持。所以识别并尊重不同意见领袖的特点，挖掘他们各自的舆论影响力至关重要。另外，在团结现有意见领袖基础上，主流媒体和政府部门还可以培养官方意见领袖，通过他们的力量推进社交媒体议程设置。相较而言，主流媒体和政府传播平台有强大的社会资源，对权威性信息发布有优先权，打造资深的意见领袖并非难事。而且他们不同于一般意义上的意见领袖，可称之为关键意见领袖，可以在信息传播上通过更加高效、便捷的媒介平台，传播更为专业、权威的信息。社交媒体时代，正确认识意见领袖对舆论的影响，才能更好地把握舆论引导的方向。

（二）构建更加真实客观的舆论环境，促进多元舆论场的弥合

只有积极创建真实客观的舆论环境，才能清除舆论乱象滋生的土壤。重构统一的舆论场要多方遵循信息传播规律，贯彻客观平衡的新闻专业准则，真实全面呈现社会矛盾与问题。多元舆论场的弥合需要政府、业界与学界共同努力，针对具体问题有的放矢、做出应对。

首先，规范治理"非理性喧哗"。真实客观的舆论环境需要传播者秉持理性、自省意识，面对社会问题发表意见，尽量做到不偏激、不武断，不预设立场，不拘泥于自身利益，从事实中来，到客观中去。多元舆论场的失衡与大众舆论场"非理性喧哗"息息相关，对其治理可从两方面入手：一是政府相关管理部门借助行政、技术手段，规范网络使用权限与规则，注明消息来源并对用户的信用等级动态评价，凭借法律手段及时制止恶意引导舆论的"大 V"、网络推手、水军在网络平台兴风作浪，及时制止部分危害社会公共秩序的不良言论。二是通过多种途径和方式，如创立专门的微信公众号、公共媒介平台，发布规范使用网络的信息，涵化大众，逐步提升社会各阶层的媒介素养；还可以通过民间组织自发形成自律协会，监督网站内容，曝光和批判不实言论，改变大众舆论场鱼龙混杂、泥沙俱下、放任自流的现状；同时呼吁任何参与评论的个体自觉树立担当意识，发言有理有据，若有任何夸大其词、歪曲事实的言论，都要承担相关的法律责任。

其次，舆论管理的价值引领要建立在情感认同基础上。社会舆论的形成前提是在特定的时空下，社会议题经过发布、沟通、碰撞、融合、扬弃的过程，最终持有相同或者相似观点和诉求的意见形成一定社会影响力，触发场域效应，形成舆论。从传统舆论形成过程来看，相同或者相似的观点决定了舆论阵地聚集的核心，但是社交媒体时代，关系传播取代类同传播，微信的朋友圈传播决定了关系才是彼此沟通与认同的基础，想要实现信息的有效抵达和二次分享，必须要和传播对象建立彼此相通的情感通道，相互理解和信任成为二次分享的情感支撑。政府、精英、大众看似是三个不同的社会阶层，其实彼此之间既有差异也有共同点，他们既相互独立又休戚相关，任何一方离开另外两方的支持，都将成为无源之水。从政府层面来说，作为最广大人民核心利益的代表，如果

能时刻坚定地和民众站在一起，树立新型传播观，传播姿态从"以我为主"到"休戚与共"，传播对象从"受众"提升到"用户"，与民众建立相濡以沫的关系，方能赢得最广大民众的信任与支持；精英阶层转变思路，观察社会的视角多元化，尤其注意避免总是从自身立场出发看问题，表达要尊重事实、客观发言、有效引领；而民众在充满活力地参与社会事件时多一些理性和理解，少一些偏激和任性，善于听取多方意见，三方情感认同终将促成社会舆论多元主体相濡以沫的关系。

随着中国特色社会主义进入全面建成小康社会的关键时期，社会不同阶层利益分配差异扩大，新媒体的飞跃式发展为民众提供了更为广阔的表达空间。众声喧哗的时代，大众的思想观念与价值诉求更趋于多元，面对新媒体社会舆论汹涌之势，主流媒体亟待高度重视传播技能提升与传播模式创新，匡正舆论乱象，按照党的十九大报告明确指出的牢牢掌握意识形态领导权，不断提高社会舆论的传播力、公信力、引导力。

参考文献

［1］李阳：《新媒体视域下多元舆论场的博弈与融合》，载《江汉论坛》2016 年第 8 期，第 134—139 页。

［2］单凌：《中间阶层的觉醒：中国舆论场新生态》，载《新闻大学》2017 年第 3 期，第 15—20 页。

［3］李春良：《传播主流舆论 做强主流媒体》，载《新闻战线》2018 年第 15 期，第 16—19 页。

［4］张涛甫：《纠偏：舆论场的结构性再平衡》，载《新闻与写作》2017 年第 3 期，第 51—54 页。

［5］胡泳：《在互联网上营造公共领域》，载《现代传播》2010 年第 1 期，第 120—124 页。

［6］张涛甫：《当前中国舆论场的宏观观察》，载《当代传播》2011 年第 2 期，第 39—40 页。

［7］卢新宇：《在全媒体舆论场构筑我们的"主流叙述"》，载《新闻战线》2017 年第 1 期，第 2—5 页。

公关危机情境中的信息生产

庞晓虹①

[摘要]　危机处置已然是各类社会组织不得不面对的特殊的公关对话情境，在具体的对话过程中其信息生产对公关危机的发展走向有着不容置疑的影响。公关危机情境中的信息生产包括危机信息生产和应对信息生产两类。危机信息生产有两种情形：一是由自我运营发展中伴生性的危机信息和他者经营的无意之举酿成的危机信息所形成非自觉的危机信息生产；二是自我自觉生产的危机信息和他者自觉生产的危机信息所形成的自觉的危机信息生产。应对信息生产一般表现为由危机信息研判构成的应对信息生产基础，和由巧妙化解危机的叙事化信息生产构成。

[关键词]　危机公关；信息生产；危机信息；应对信息

在经济与技术高度发达、媒介环境日益复杂多元的现代社会中，各类社会组织面临的风险与变故也比往日更为频繁棘手，对危机的研判与处置也更为考验人的智慧与胆识。其实，所有的危机与风险都是由相应的信息作为载体进行聚合、组织、生产与传播的，就像生产线上的产品，由一定的原材料进行组合加工而成，公关危机也是在某种危机情境中多种信息的应运聚合而生成的。这些信息包括危机信息生产和应对信息生产两大类，可根据危机情境的信息状况，冷静思忖、科学梳理、巧妙应对，使原本不利的信息环境逐渐转变为积极友好的信息生发与扩展的新空间。故而从管理学的角度来说，公关危机的应对与处置，其基本立足之处在于对信息的把握与处置。

一、公关危机情境中的危机信息生产

危机的出现一定是在相应情境中萌发并推进的，而特定情境中危机动态发

---

① 作者简介：庞晓虹，女，西北政法大学新闻传播学院教授，硕士生导师。

展过程中某些因素的交集引发的矛盾击发点，是以特有信息的展示方式向外传达出一定的信号，并由此引起危机环境的应激反应，这便构成了公关危机情境中的信息生产。

（一）非自觉的危机信息生产

社会组织的生产营运行为本身就是一种信息的生产，除了自觉的信息生产之外，还有很多是在有组织无意识的状态下自然而然生产并展示于情境环境中的。

1. 自我运营发展中伴生性的危机信息生产

"由于所有社会实践都包含意义，而意义塑造和影响我们的所作所为——我们的操行，所以所有的时间都有一个语言的方面。"① 组织的运营发展是在一定社会环境中进行的，各种环境、情境都对该组织的运营信息形成交流互动后的应激反应。尽管组织自身在努力进行积极的运营信息制作发送，但运营本身的风险必然会生产出一些危机信息，这种伴生性的危机信息会如影随形地跟随在组织发展的各个环节和阶段。

（1）社会环境附加的危机信息

存在即是必然，发展即有互动。社会组织的所有运营行为都是在相应社会环境中与他者群体的共存互动过程中实现的，而社会环境的情境特征也必然带给该组织相应的信息呈现与解读。诸如国人对某些地区人群标签式的认知与评价，并由此应激反应出与之相处的某种态度与方法。再如今年新冠肺炎疫情前期国内对武汉人避而远之的态度。这些并非本组织的真实信息，却由与本组织相关联的社会环境勾连出了附加危机信息。

（2）产品本身自带的危机信息

既然是产品，就不可能完美无缺。作为服务社会群体具有使用价值的产品，在提供服务功能的同时，势必也会存在某些使用过程中出现的问题或尴尬。这些问题抑或缺陷有可能是产品本身的缺陷或不足造成的，也有可能是使用者自身的理解和习惯导致的使用不顺心不顺手，继而带来人们使用不满足之后的差评。今年新冠肺炎疫情我国的应对与管理非常出色，但在以二维码实现精准管控过程中出现的因老年人不会使用智能手机而无法正常出行等问题，恰恰道出了产品本身不可避免地存在缺陷和局限性的实况。这也是许多产品的说明书中会特别提示"注意事项"的原因。

---

① ［英］斯图尔特·霍尔编：《表征——文化表象与意指实践》，徐亮、陆兴华译，商务印书馆 2003 年版，第 44 页。

（3）组织声望隐藏的危机信息

声望意味着危机，社会组织的发展运营随时间会逐步积累起相应的社会声望，无论是好还是坏，都会与一定的危机信息相生相息。声誉不佳的社会组织，其抗风险能力必然无力而脆弱。但是，声誉良好的社会组织其名望之下隐藏的危机会更多，危机信息呈现出的杀伤力会更大。因而，声誉不佳所生产的危机信息更多是叠加之后的习惯认知，而声誉良好所出现的危机信息其爆炸性的传播力带来的深刻印象却是任何社会组织意图拒而远之的。故而，"声誉管理"已然是社会组织尤其是业绩良好的社会组织特别在意的一项工作。

（4）组织精英附带的危机信息

组织的管理者、杰出人士在拥有一般社会人身份的基础上，更具有了公众人物的特质和影响力，其言其行，其工作与生活，不仅在工作环境生产出相应的信息，带来一定的社会评价，也会因内外公众对其信息的传播或再传播，在更广的社会环境中构建起某种社会舆论，进而因对其人的感受和认知导致对其所在社会组织的某种评价以及态度行为。

2. 他者经营的无意之举酿成的危机信息

社会的系统性使得任何社会组织都离不开与他者的关联，也必然在这关联当中出现以利益为驱动的相生相害，其中不乏非自觉的危机信息生产。

（1）同业者连带出的危机信息

技术的突飞猛进，经济的高速发展，同业同行相随互逐于市场，在这繁荣的市场情境下，同业者运营释放出的信息有时也会对本组织的运营带来危机。其一，正常经营环境中同业者的市场行为顺带出的危机信息。一方面，彼此同业且相同之处过多，其交叉重复的社会认知与评价本身就是一种危机信号，因为太过相同必然不能满足消费者创造性的消费需求；另一方面，如果彼此同业且他者的市场表现优于本组织，这高下的比较当中所显现的危机信息不言而喻。其二，危机环境中同业者的危机应对策略差异导致本组织危机信息凸显。行业发展过程中有时会遇到相似的市场问题甚至是共同的危机，但各家所采取的应对策略却有所不同，从而导致在应对沟通过程中公众的认知度、评价度、接受度出现群体性的倒向。若倾向支持同情他者，必然出现不利于本组织的信息生产。

（2）合作者牵连出的危机信息

社会组织的运营发展离不开与之合作的相关各方，合作者的市场行为对本组织的社会声誉也必然产生一定的影响。一是合作者的产品质量与市场口碑的优劣对本组织形象信息的牵连。以提高效益为最终目标的集约化经营使得市场合作的关联者越来越多，彼此的利益依赖也更强，因而合作者提供的产品质量与社会口碑必然对相关联社会组织运营所呈现出的信息带来或好或坏的补充。二是合作者因不满而移情别恋带来的危机信息。逐利是市场的本质，合作的利益疏离无论是经济上的还是精神上的，迟早都会导致利益需求与合作的转移，而此行为的意义表达恰是一种危机信息的自然生产。

（3）管理者传达出的危机信息

社会运行的管理者或称政府职能部门承担着社会整体的协调组织与管理，其相关的管理态度、行政手段、治理方略，都对社会组织的运营发展产生某种影响，事实上，管理者很难避免在普适管理过程中出现政策客观倾斜，甚至态度与政策等信息传达对某些社会组织的不利局面，而管理者权威性自带的传播效果势必对社会组织形象声誉生产出危机信息。

（二）自觉的危机信息生产

一般而言，人们往往会认为危机是由于自我不慎或是外界条件变化而导致的，殊不知在对所有危机进行具体分析时，会发现有些危机信息是自觉生产出来的，既有众所共知的他者的自觉生产，还有自我的自觉生产。

1. 自我自觉生产的危机信息

危机信息的自我自觉生产往往由于身在其中的感情作祟最易被混淆曲解，对该问题的审思研判也最需要胆识。这种危机信息的自觉生产，并非有意进行不利于自我发展目标实现的作为，而是建立在研判决策错位基础上有计划的自觉信息生产，其目标的错位辅之以计划的周密，最终导致危机信息较长时间段的累叠生产。

一是审时度势的误判导致的危机信息生产。所有的机遇和风险是社会组织寻找、捕捉或规避、削减的对象，而对其审时度势研判的敏锐准确度是决策合理正确的基础。失当甚至是错误的研判所导致的决策，其执行行为所表达出的信息必然引发运营危机。比如享誉国际的汽车品牌"奔驰"，其在中国的销售服务过程中，近几年来不断有负面信息在社会上快速传播发酵，诸如"漏油""店大欺客""乱收服务费"等。尽管其4S店及其上一级销售管理机构做出了系列积极反应，但往往事态发展和社会舆论的走向不尽如人意。究其原因，无外乎奔驰方的审时度势和问题研判出现了失误，导致越是积极应对越是危机丛生。其一，奔驰的大品牌效应带来公众对其有更高的质量及服务要求；其二，中国汽车市场日趋丰富成熟，形成更强的市场竞争环境，导致消费者多方多层次比较下的心理期待；其三，利益公众的"错误指控"下，"可算逮着你的毛病了"

的心理反应；其四；一般公众有看热闹不嫌事大的八卦心理。而事件的处置情况显示，奔驰的公关能力与其在汽车行业的业界地位没有成正比，错误的研判和决策导致危机信息被不断生产出来。

二是与竞争者的角逐策略失当导致的危机信息生产。竞争是经济技术高度发达的积极产物，竞争的过程就像一台生动有趣的市场大戏，社会组织在台上各显身手，强弱优劣全由自己策略决策后的演绎展示出来，并由此获得市场相应的认可和接受。其中有一种场景是在竞争策略设计失当，并继而在执行过程中一步步将错误信息自觉生产展示出来而导致经营的挫败。今年国产空调志高的事件值得深思。"2020 年 9 月 11 日，重庆市第二中级人民法院一纸限制消费令，案号为（2020）渝 02 执 1288 号，将欠款 3960 多万元的志高空调及法定代表人李兴浩纳入'老赖'名单。一个多月后，10 月 13 日，志高控股发布公告，前六月公司实现收益 6.344 亿元人民币，销售成本为 9.31 亿元，融资成本 1.226 亿元，期内亏损 7.22 亿元。"仅今年上半年，志高空调涉及的法律诉讼达 60 余起。如此发展境况的背后，有着该企业在行业竞争决策当中由于失当而导致的系列错误信息的生产与传播，其中不能不说的是与格力的死磕：一是对其人才的挖取，从格力挖走技术人员，抢走代言人成龙，并一次签下 10 年的代言合约。二是广告上的硬杠，格力推出"好空调，格力造"，志高就推出"高端空调引领者，做世界上最好的空调"；格力宣传"格力，掌握核心科技"，志高就宣称"掌握智能云核心科技"。另据《2019 年中国家电行业年度报告》显示，在 2019 年国产家用空调总销售占比中，排名前三的是格力、美的、海尔，而志高仅有 1.54%。如此惨淡的业绩，不能不说与其竞争策略制定上存在失误，导致负和博弈的信息生产有很大关系。

三是自我发展的杰出业绩带来的危机信息生产。中国素有"出头的橡子"之说，抛开众所周知的含义，从积极有为的层面来理解，自我发展的杰出业绩的组织既存在优秀者独领风骚所带来的对他者无意间威胁后的孤独而易受攻击的风险，也会有因行业的引领性而被公众授之以更高要求和期许却难以达标的危机，这些都无疑是自觉的危机信息生产。

2. 他者自觉生产的危机信息

社会发展的关联性必然使社会组织在互动连接过程中由相互的依赖或矛盾呈现出各种信息的生产传播，其中自然也包括危机信息的生产。

（1）发展的超越性带来的危机信息

社会发展的节奏和速度，在某种明显超越性的情境下，会因比较显示出一定的危机讯号。一是行业内发展的超越性带来的危机信息。同行业的市场发展，其业绩、口碑等的差异性会在市场验证的过程中显露出危机信息，发展迟缓滞后的组织必然会因优秀者的价值影响力而出现自我危机的彰显，差异越大，危机越深。二是全社会环境内行业间发展不均的超越性带来的危机信息。社会大系统内各行各业的发展因社会需求及满意程度的差异性，导致发展优秀、明显超越于其他行业，为社会提供的服务更被接受和肯定的他者，对发展落后的行业或组织必然生产出比较中叠加着失望与期望的危机信息。

（2）竞争者抹黑挤压出的危机信息

一是常态竞争环境中抹黑挤压出的危机信息。所谓"黑公关"说的正是此类行为，是为了市场的竞争不择手段打压排挤同行，以煽情造谣给对方制造危机信息。事实上，所有组织在运营过程中不可能万无一失或完美无缺，市场运行也是如此，这也便成为一些短视组织争夺市场的不良手段，当年伊利针对蒙牛的 DHA 网宣活动正是如此。二是危机环境中落井下石累加出的危机信息。

（3）管理者职能行使纠出的危机信息

社会管理者的职能行使，都具有全局性的思考，其管理过程中的决策对某些社会组织来说无疑是一种危机信息的加持。一是管理者决策的导向性衬托出组织经营目标或行为的不适当性，从而显露出危机信号。比如中央的脱贫攻坚战役初期，一些地方政府或机构的虚假应付行为。二是在经营发展中出现问题被社会管理者予以惩处强化了危机信息，使已有的危机雪上加霜。比如近期"杜蕾斯"的广告因为太"污"，"光明乳业"的广告因为太不"正大"，分别受到处罚，引起早已议论纷纷网民的群起而攻之。

二、公关危机情境中的应对信息生产

公关危机早已是社会各类组织无论是在顺利之时还是危机状态下必不可少的常态化工作，从防患未然到应急处置，其应对的技巧思路中最关键的还是对信息的把握与应用。

（一）危机信息的准确研判是应对信息生产的基础

所谓危机是以信息的方式现身于组织的活动并带来相应的社会应激反应，而准确把握危机信息的生发及游走路径，及时觉察并掌握其发展中的可变数及社会反映，是生产积极应对信息实现有效管理危机的重要前提。

其一，危机信息研判的目的——发展共同体利益。危机情境中通过信息的研判消除矛盾和隔阂并不是危机公关的最终目的，而是组织发展过程中对于自我和公众利益交集的积极管理和维护。因而，危机信息研判的目的是通过积极有效的努力使共同体利益得以增值。

其二，危机信息研判的策略——尊重事实，开发价值。危机情境中信息研判的基础是对事实的充分了解、掌握并分析。事实是不可改变的，存在的问题和社会的质疑，不能情绪化地视为是"负面"信息，或单方面主观地认为是被诬陷。正如前文所说，没有一个组织及其经营活动是完美无缺的。事实是不能改变的，但认知是可以引导的。因而，在尊重事实的基础上需要进一步在理性上坚守的是开发矛盾双方在问题交集上的意义和价值，通过价值的阐明和维护实现对事实的理解，继而消除矛盾化解危机。

其三，危机信息研判的战略——实现以近致远。从实践角度来说，危机是永存的。在当下的风险社会中，社会组织常态化的危机管理，既要求及时管理当前出现的大大小小的危机，还需要能高瞻远瞩，未雨绸缪地防止未来可能出现的危机和灾难。事实上，真正高水平的公关危机处置，正是在尊重事实，开发价值，促进共同体利益增值的过程中维系了各方关系，以当下近时具有远见的危机应对实现未来发展的理解、合作、共赢。

（二）叙事化信息生产是化解危机的艺术

危机化解需要通过一定信息的释放来实现，而信息编制的艺术性直接决定信息接收者解读反应的效果，无论是以行为的方式还是以言语的方式，信息制作与解读双方的对话反应所显示出的是危机应对方的危机化解方案是否巧妙易于人接受。另外，危机处置方曾经及当下的所有应对活动集合起来恰是一场很有意味的故事叙事，它有历史感，是生动的，是可爱或可憎的。因而，公关危机应对信息的生产必然是某种叙事艺术的展示。

1. 以自我叙事化危为机

解铃还须系铃人。问题的解决、危机的化解终归还需自我真诚、理性、友好地对待所面临的困境。从某种意义上来说，问题和危机是很好的朋友，能够从危机中找到问题症结，并由此发现新的机遇，是可遇不可求的。而且，一旦危机显现或发作，想使之消失是不可能的，唯一的办法是正视问题并在危机中找到可以使自己突出重围的地方，哪怕一点点曙光，而围堵掩盖是非常愚蠢的做法，尤其是在媒体如此发达的今天。

首先，以坚定的正义立场进行自我叙事。这是化解危机的重要基础。这个立场一定是坚决遵守法律法规，维护社会应有秩序，坚决与公众站在一起，以合法负责任的公民或法人面对危机情境中的各方意见。在具体叙事表达过程中，要以事实为基础，冷静梳理事实，有效向外传达，首先在事实层面达成与相关公众的意见交流并尽量取得理解。在交流事实意见的基础上，特别要注意的是关于彼此价值观的融入与对接，这是获得公众对事实理解、包容并进而赢得其谅解合作的重要心理基础，是转危为机的不二机会。在 2017 年 4 月 27 日的国防部例行记者会上，国防部新闻局局长、国防部新闻发言人杨宇军大校就 4 月 23 日"国防部发布"官微发布的人民海军成立 68 周年纪念日图片错误向公众公开道歉："这个问题我本来想在记者会最后主动说一下，现在被您问出来了。非常感谢您和广大军迷粉丝对我们'国防部发布'的关注。关于您提到的这个问题，我们也注意到了，配图不够严谨，受到了网友们的批评。疏忽在小编，责任领导担。在此，我代表小编团队，向所有关注、关心和支持我们的粉丝表示诚挚的歉意和衷心感谢！"① 这种坦诚面对事实、尊重公众价值观、坚持正义立场的自我叙事，赢得了军迷们的谅解、心理认可和接受。

其次，以诚恳有价值的道歉进行自我叙事。遇到危机必先道歉已是公关危机处置中都在用的方法，但是会发现现在很多组织越是道歉越不被买账。究其原因，不是道歉的做法有问题，而是道歉的艺术不够得人心。基于利益冲突中矛盾危机自带的抵触心理，若要化解必须先过心理关，包括接受心理、接受习惯、社会价值观等。因此，道歉是要诚恳，但诚恳必需要有价值才行得通，而价值是对彼此双方矛盾指向意义的充分挖掘、交流与尊重。只有以既诚恳又有价值的道歉进行自我叙事，才能通过认同实现和谐共存。还是前述 2017 年 4 月 27 日的国防部例行记者会上关于图片错误之事，杨宇军大校接下来的道歉不仅诚恳且真正关注到了公众的情绪和价值感受："确实有朋友建议我们迅速删帖，或者关闭评论功能。但我们觉得，粉丝们爱之深才会责之切。网友的意见是批评，更是爱护和帮助。把配图和网友的评论留在那里，对我们是一种警示，这会时刻提醒我们，只有继续努力，不断改进，才能更好地为粉丝和军迷们服务。因为有你们，'国防部发布'才会不断发展。我们一直都在努力，今后会更努力！"②

最后，以踏实奉献的行动进行自我叙事。社会经济发展的依赖性及大空间的选择性带来的是社会组织及人之间彼此的期待也更强，要求也更高，因而，创新、奉献、给予已是生存的必备条件。处于危机当中的社会组织无疑在满足社会期待过程中使公众失望甚至希望落空，除非被社会抛弃，若想起死回生，

---

① 国防部网："2017 年 4 月国防部例行记者会文字实录"，http://www. mod. gov. cn/shouye/2017-04/27/content_ 4779339_ 4. htm。

② 同上。

只有坚定地与公众站在一起，加倍努力积极奉献，使公众重新形成对品牌、产品、服务的认可，最大限度降低危机事件对品牌造成的损失，并为后续品牌形象的修复和提升创造条件。

2. 借他者叙事渡危远去

危机与矛盾的消解在自我积极主动叙事的同时，如何借助危机关联他者的言语与行为配合将危机逐步消除掉，是非常艰难且很有必要的。尤其是在后真相时代，如何跳出公众群体的情绪旋涡，引导舆情的发展向好转变，借他者第三方的叙事渡危远去，是需要精心设计谨慎实施的。

首先，以认知差异的消弭促进他者的叙事。解决问题的实践思路，是缩小事件或问题认知的差异，帮助他者更多更全面更理性地了解传播本组织的积极信息。问题与危机的出现大都是因为组织与相关联社会公众在某一事件、某一产品或某一行为上的认识出现偏差导致的，因而缩小或弥合存在的差异，是解决冲突的基本思路。"公众如何看待达成一个解决方案可能面临的障碍。如果他们相信他们能真正影响某一事件，那么他们将倾向于搜集和处理关于那个事件的信息。"① 在具体做法上，组织必须以真诚善意的面孔出现，改变或放弃习惯性的控制思维，在对话寻求合作、谅解促进良性认知的基础上缩小差异，使对方感受到继续交往合作的愉悦感或获得感，并进而在其经营活动过程中以行为或言语传递出对本组织的肯定甚或赞赏的态度。

其次，以沟通内容体系的建设支持他者叙事。危机的化解想要借他者之力实现第三方传播的好效果，必须主动出击，提供积极有价值的信息。居安思危是公关的基本要求，其中需要做的一件非常重要的事，是在危机出现之前就对沟通的内容进行分类设计整理，并形成可调用能补充协调的内容体系。一方面，在危机出现前通过有目标有计划的日常沟通赢得他者的认可与支持，使之以习惯性的信任在有意无意间向外传播组织的良好信息，渡危远去；另一方面，当面临危机时可以以最快的速度与危机关联方有的放矢地进行信息沟通，使组织在有益信息传递过程中得到对方的谅解，在市场表达中显示出支持与合作的态势，自然向外实现合作叙事，逐步化解危机，渡危远去。

3. 以良性叙事的累积防危止损

组织行为的时间延续性及其中日益累积的行为轨迹无疑是以某种完成式的故事叙事呈现于世人面前的，其优良或劣质的故事桥段会以一定的形象感受植

---

① ［美］丹·拉铁摩尔、［美］奥蒂斯·巴斯金：《公共关系：职业与实践》，北京大学出版社 2006 年版，第 56—57 页。

入公众的认知地图中，并进而表现出相应的评价、态度和行为，对组织的发展运营带来必然的影响。因而，以良性叙事的累积防危止损就成为所有社会组织公关信息生产的重要内容。

首先，以叙事的延续性防危止损。按公共关系叙事的需要及进程来看，可以分为两种时态。一是即时性的叙事，是因一时之需而开展的工作，既可以是因某种危机出现所进行的应对修复工作，也可以是因某项工作推进进行的临时性活动，这在公关工作中是一种常态化的情况。二是延续性的叙事，是以组织存在运行为周期长期不断的叙事行为，不管组织是否自觉或明确，它都会以组织自身的历史行为自然积累出昭示天下的形象特征及身份。由此而言，组织的行为叙事需要慎重对待日常的公关事务，特别需要加强对危机事件处置历史积累性的关注，需要从组织发展之初、当下、未来历史进程的联系中寻找、开发、设计承前启后的应对活动，并以此形成有机联系、生动的故事叙事，展示组织的魅力与价值，避免不良印象叠加后形成恶评并带来不应有的损失。

其次，以叙事的温度防危止损。作为组织与公众进行信息交流的公关危机叙事活动，对方的情境介入并积极参与是有序开展公关活动的前提，而开创这一前提的可行性标准，是人情味、人性化。一是时间、空间选择设计的人性化。人类对于环境条件的感受直接影响其活动的积极性和参与活动的效果，无论是空间格局的规模，还是空间格局中的色彩、温度、声音、气味等，对特定人群的感官影响导致关系的走向是客观存在的。因而需要根据公关危机活动的具体对象及其生理和心理特征，在时间、空间选择设计上注意人性化与人情味的叙事效果。二是活动内容及环节设计的人情味与人性化。活动内容的可接受性，活动环节相关意义的叠加性，直接关系到活动受众的参与程度及感受与评价的质量，因而，活动内容的选择、活动环节的设计是否具有人性化的价值、人情味的温度，是公关危机应对的关键因素。三是活动实施工作人员面孔的人情味与人性化。公关危机应对活动实施者其面孔的可亲近程度本身即带有相应的化危解难的力量，应对活动对话过程中面貌表情的人情味和人性化叙事表现，可以帮助所选择的时间及空间放大良性传播效果，并帮助所设计的活动内容及环节提高接受度实现有效推进，为后续品牌形象的维护、修复和提升创造条件。

微信新闻传播对老年群体的影响与规制①

陈 琦 史 青②

[摘要] 我国的互联网信息技术发展领域不断扩大，通信技术也突飞猛进，宽带和移动终端逐渐地深入人们的日常生活当中。微信作为改变了人们传统的社交方式、新闻传播渠道的一种，为人们带来了极大的便利。它的使用已经不仅仅局限于年轻群体，越来越多的老年人也加入用户的行列中。因此，微信必然能够在某些角度满足老年用户的需求，契合和改变老年群体的心理特征和生活方式。基于此，本文以微信新闻传播为研究切入点，对微信在老年人群体当中的应用情况进行了深入的研究，针对当前老年人使用微信的原因进行了分析，并且以"使用与满足"理论与马斯洛的"需求层次理论"为基础，分析了微信新闻传播的积极影响和消极影响，并从政府、社会、媒介自身以及家庭方面，提出和完善能够继续保持和发展微信新闻传播对老年群体正面影响的对策。

[关键词] 微信新闻；老年群体；传播影响

一、微信新闻与老年群体的一般概述

（一）微信的综合概述

近年来，我国的移动通信技术发展水平不断提高，这也加速了微信软件的应用和推广。微信凭借着自身便捷的操作和强大的功能，逐渐地融入人们的日常生活。微信通过跨通信运营商和操作系统实现了免费的服务，人们不仅可以通过微信发送文字和图片，还可以发送相应的语音和视频内容，同时还能够分

---

① 本文系国家社科基金重大项目"互联网群体传播的特点、机制与理论研究"（15ZDB143）阶段性成果。

② 作者简介：陈琦，西北政法大学新闻传播学院副院长、副教授、硕士生导师；史青，西北政法大学新闻传播学院新闻与传播专业硕士生。

享朋友圈，分享相应的链接文章，还可以通过摇一摇、漂流瓶等功能来拓展社交范围，丰富社交方式。另外，语音记事本等功能也为人们的生活提供了诸多的便利。微信的覆盖范围越来越广泛，在使用微信的用户群中，大多数的人都通过微信平台来关注相应的公众号，这些公众号大多都是一些企业和媒体，定期会发送相应的新闻内容，这加速了新闻的传播推广力度。很多企业和媒体都通过微信平台来对自身的产品和服务进行宣传和推广，为人们获取信息提供了便捷的条件。庞大的用户群促使传统的新闻媒体也开始选择公众号进行信息的传播，所以微信的新闻功能逐渐被人们所关注，微信也逐渐成长为人们获取新闻资源的有效途径，人们能够通过微信平台，更加迅速便捷地获得更多的新闻信息。在微信平台上大家能够发布相应的朋友圈，同时也能够通过摇一摇和附近的人来拓展社交渠道，另外还可以添加新的好友，关注更多的公众号和精彩文章，并且能够转发特定的文章和图片，新闻传播的功能较为强大。

很多企业和媒体都已经不断地入驻微信公众号，定期地发布相应的新闻信息，从而扩大自身的知名度。但是为了吸引人们的眼球，很多企业和媒体都会通过利用醒目的标题来吸引人群的关注，通过一种通俗大众的语言，来吸引越来越多的关注群体，标题也越来越简单明了，甚至还有一些会故作悬念，引发人们的阅读兴趣。例如，《毁了孩子的人生的，可能不是手机，而是父母常说的这三个字》，对于父母来说，孩子的成长是至关重要的，看见这样的标题难免不会点进去看一看。无论是微信平台自身，还是其他的企业和媒体都会利用多种多样的方式来吸引用户群体的关注，甚至有一些新闻内容非常夸张、虚假。不仅如此，作为时代的产物，新闻语言需要顺应时代的发展趋势，而不断地进行调整，语言要更加精练，并且方便传播。

如今受娱乐潮流的影响，大部分新媒体为了吸引眼球，在新闻信息的标题和内容上大做文章，逐渐向娱乐化靠拢，很多网络热词都出现在微信当中，这也与观众的喜好相契合。例如，小鲜肉、小奶狗等，这样新型的词汇与时俱进，紧贴社会热点。不同群体使用微信的侧重方面是不同的。商家建立微信公众号，来宣传、推广产品；媒体建立公众号，是为了拓宽信息传播的渠道，实现媒介的融合。圈子化传播，精准化传播，信息传播的便捷性、私密性和选择性以及信息传播的片面化和碎片化这些都是微信传播的特点。

（二）微信新闻的传播方式

1. 微信公众号推送新闻

很多传统的媒体形式也利用微信平台来实现自身的发展和推广，定期地通过微信来发布相应的新闻内容，借助微信的影响力吸引更多的关注群体。一些自媒体的公众号也应运而生，呈现出巨大的发展活力。很多自媒体都通过对社会热点事件进行深度的挖掘，并且通过一种独有的视角习惯来对一些社会的表面现象进行深度的报道，同时会通过一些夸张大标题方式，来引发读者的关注和分享。

2. 微信朋友圈发布与分享新闻

用户能够通过微信的朋友圈来分享相应的文章链接和图片、视频等，能够传播自己的生活状态和价值观。在微信新闻传播的初期，朋友圈功能主要针对朋友之间的社交和互动，但是随着微信的覆盖面积越来越广范，用户的好友数量也不断增多，在使用朋友圈时也逐渐扩大了分享的范围，能够按照不同的领域和喜好来进行针对性的推广。在朋友圈当中发布的内容不仅包括生活琐事，还包括很多社会的热点新闻和热点事件，受到了用户的广泛关注。并且通过朋友圈转发相应的链接，能够对新闻内容进行进一步的传播和推广，加速了新闻的传播速度，增强了新闻的传播效果。

3. 微信好友、微信群间的新闻传播

微信主要是围绕着即时通信功能而展开的，能够实现亲朋好友之间的通信。当用户了解到了最新的趣闻就会第一时间通过微信分享给自己的亲朋好友，扩大了新闻的传播范围，也增进了亲朋好友之间的交流和互动。通过一对一或一对多的模式，吸引了越来越多的人关注。

（三）微信新闻的传播现状

1. 群发推送

新闻媒体在申请后会拥有一个微信公众号，围绕这个公众号新闻媒体便建立了一个公众平台。换句话说，微信公众平台就像一个剧院的舞台，新闻媒体定期将新闻呈现在这个舞台上，而关注了该公众号的人就像是舞台前的观众，这样通过新闻发布与新闻接收实现新闻向某一指定人群的传播。

2. 自动回复

微信公众号页面的下方会设有与个人微信号一样的对话框，用户通过在对话框内输入关键字，系统经过筛选，自动跳出最新的相关新闻报道。例如在央视新闻公众号输入"两会"，系统会自动弹出"让世界看到真实、开放、自信的中国——外国记者积极评价两会""会内会外话两会——民主、开放、高效、和谐"等新闻。

3. 一对一交流

在微信公众平台上面，人们可以通过一对一的方式来进行互动和传播，这种模式打破了过去人与系统交流的机械化，也打破了一对多交流的局限，让人们能够自由地进行交流互动，能够接触到更多的新闻。

4. 跨平台传播

微信能够通过对手机通讯录的分析和整合，来实现跨平台传播。也就是说一条新闻在公众平台上出现后，各个平台之间通过用户的交流可以实现新闻的跨平台传播。腾讯公司允许微信公众号用户与腾讯 QQ 用户、腾讯微博进行互动，因此一条新闻通过用户这条纽带在多个传播平台上同时呈现，这样大大拓展了新闻的传播面。

5. 多元化传播

通过微信平台，用户不仅能够发送相应的文字，还能够传播相应的图片、视频和语音。人们能够通过微信来分享生活的点滴，了解到丰富的新闻内容。"有图有真相"或者"有视频有真相"，也就是说人们对于新闻内容的需求越来越多元化，单纯的文字阐述已经无法满足受众对于新闻真相的挖掘。因此，微信公众平台上的新闻通常都配有现场图片或视频以及加以佐证的文字信息，这种文字、图片、视频多元化的呈现使新闻传播方式极大地丰富了新闻内容。

6. 时效性传播

新闻的重点在于"新"字，与过去飞鸽传书、八百里加急的新闻传递方式不同，现代人对于新闻的时效性要求越来越高，因此微信公众平台利用微信庞大的用户群，将新闻的传播的及时性做到了极致。例如，有些用户的手机网络比较慢，无法加载时事新闻，而微信公众平台会利用云端，将新闻缓存，待用户接通网络后，能够通过微信平台来观看相应的新闻，也能够结识更多的好友，通过朋友圈还可以分享自己的生活动态，并且微信传播渠道都是免费的，不需要支付相应的费用，通过这种方式能够潜移默化地影响人们的生活方式。

（四）老年群体使用微信的动机

1. 微信满足老年人的社交需求

在老年人使用微信的过程中，朋友圈的功能不能小觑。他们在朋友圈阅读、转发、评论他人所发出的信息，可以获得情感交流、人际互动，这些同样会影响老年人接收微信新闻的方式。传统的报纸、电视、广播等，确实能让老年人与其他人交流，但是当传统媒体无法满足促进人际关系这项重要的需求，并且老年人发觉生活中有更加便利的与其他人互动交流的方式，他们就会开始接受新的传播方式。老年人在微信这一平台上可以和好友重温旧日时光，建立同学群、亲友群，或者与他人进行一对一的沟通交往，传统的电话沟通是无法达到这样的效果。不仅如此，在微信中老年人还可以将自己看到的信息或是有趣的视频等分享给好友，这都是之前我们难以想象的画面。利用微信，老年人的社会交往更多样化，更丰富多彩。除了线上的交往，如果时间和金钱都允许的情况下，老年人还可以通过微信这个平台开展多种形式的线下活动，丰富老年人的日常生活，满足老年人的精神需求。

2. 微信满足老年人的信息需求

在科技网络高速发展的今天，智能手机更新换代的速度与普及已经达到了一定的高度。这使信息传播的载体有了更大的推广平台以及更多的机会。新媒体的大量涌入，冲击了传统的纸质传媒行业，现在的人们更加关注的是新闻的时效性和真实性，以及可以各抒己见、畅所欲言的交流平台，因此，微信新闻建立了评论互动的环节，受众不但能在第一时间得到最新的讯息，还能及时进行互动和沟通，使他们能够充分地表达自己的见解和看法。很多老年人由于年纪较大，身体素质下降，听力和视觉方面的能力也逐渐退化，但是微信的界面简洁、操作方便，老年人使用起来尤为便利。并且微信通过结合手机终端，使得接收内容和推广新闻信息变得更加便捷。因此，老年人在学习和使用微信的过程中，不仅是接收新鲜事物的过程，传统媒体上的新闻内容在微信上都能获取，而且获取方式更加便利，传播速度更快，并且还能与其他网友在线交流互动。

3. 微信满足老年人的自我完善需求

结合马斯洛需求层次理论，老年人在传统的社交方式当中，情感无法得到充分的满足，所以需要不断地寻求新的媒介。通过微信平台能够真正地满足老年人的社交需求，也能够让老年人感受到更多的尊重，实现自我的提升和发展。每个用户都是一个个体，每个个体没有身份之差，随着年龄的增长，落差感随之而来，他们需要找寻重新与社会接轨的途径与渠道，重新回归主流社会。学习使用微信恰恰满足了老年群体的心理需求与自我实现的需求，激发了老年群体自我完善的潜能以及追寻自我实现的需求，微信中的内容乃至这一应用本身都成为他们获得社会新知的窗口。根据老年人的心理认知及生活习惯，当他们的某一需求不能被传统媒体所满足时，他们便会采纳并持续使用这一新媒体。如今互联网发展迅猛，很多老年人都不断地接触到了微信媒介，并且主观能动性较强。我国大部分的老年人，由于儿女工作较忙，所以老年生活比较枯燥，情感得不到满足，很多老人都非常地孤独。

在独生子女家庭当中,这种现象更为严重,子女由于工作、学习,不在身边,生活压力、工作压力导致子女没有多余的时间和精力去和父母联系,对老年人的身体和心理健康也无法起到有效的关心和关照,所以很多老年人都会通过微信来实现与子女之间的交流和互动。可以通过微信来和子女聊天、视讯,而且也缓解了父母在家的孤独感,充实了空闲的生活,这种方式快捷简便,并且不需要任何费用,能够更好地满足老年人的精神需求。并且,很多老年人都通过微信了解到了外面的世界,满足了自己的兴趣爱好,不仅能够通过微信平台浏览新闻,还可以通过微信学习到更多的知识和技巧,丰富了老年人的晚年生活。

二、微信新闻传播对老年人的消极影响

(一)过分依赖微信传播

微信作为老年手机网民普遍使用的软件,依赖症的形成一方面使得一些老年群体成为"低头族",而老人体质较弱,容易患上眼睛、颈椎甚至是心脑血管等疾病。另一方面,微信绝非现实交往的替代品,长期通过微信收发信息,缺少面对面的真实交流,易陷入信息茧房,仅能获得虚幻的满足。并且老年群体面对退休后的生活落差,有着转移压力、逃避现实的需求,微信所提供的虚幻的满足可以令老人暂时忘却孤独感,因此更易上瘾依赖。虽然微信传播量大、内容丰富并且传播速度快,但是多为碎片化、不连贯的信息,对人的知识增长,不仅没有很大的帮助,反而会降低受众的自主思考的能力,会使受众的知识领域和观念更为狭小。老年人长时间利用微信聊天交流,淡化了现实人际交往。很多老年人对于微信过于依赖,平常与人交往,仅仅通过微信的聊天和朋友圈分享就得以满足,减少了现实生活当中的社交互动环节,与人的现实互动减少。并且有很多老年人把大部分的时间都浪费在了浏览微信新闻和公众号上面,疏于和家人进行互动,这在某种程度上不利于亲人关系的维系。甚至打破了原有的生活作息,长时间地使用手机,会使得老年人的视力和身体健康受到影响。很多老年人的社交活动逐渐闭塞,也逐渐步入了孤独的死循环。

(二)容易上当受骗

近年来,微信公众号数量持续攀升,信息的传播和推广途径也日益丰富。很多媒介都通过微信平台来发布相应的公众号新闻信息,拓宽了新闻的传播范围,让新闻传播的效果更加强烈。不过随着微信新闻的逐渐盛行,新闻内容的真实性和客观性已经无法保证,并且这种微信新闻的来源很难追踪,这在一定程度上加大了监管的难度。很多新闻为了博取关注和点击量，通过夸大和扭曲事实真相来吸引更多读者的关注；另外还有很多新闻内容同质化现象非常严重，这使得微信新闻的传播环境日益恶化，很多主流的新闻传播文化受到了冲击；或是一些新闻的报道对内容进行曲解，不能从客观的事实角度出发，造成受众对新闻事件的误解。老年人自身的辨别能力较差，对于微信平台上面传播的虚假信息无法进行有效的辨别，很容易受这些虚假信息的误导，进而对这些虚假信息进行二次传播，并且很多违法违规的观念也会影响到老年人的思想。由于互联网较为灵活，难以回顾查找或是加以验证，一些谣言在朋友圈内闭环传播后较难得到澄清。长此以往，容易带来一种不安感，造成恐慌，影响正常的生活。当问起父母长辈他们所转发的文章的来源是否可靠时，回答通常是"不知道哪里看来的"。第三人效果产生作用，人们普遍认为一则信息对于他人带来较大改变，却忽视了自己也受到一定影响。必要的辨别核实能力的缺乏，使得老年用户更易成为谣言"转发大户"。当子女加以提醒时，因固有观念的强化往往难以说服，老人们频繁转发的"重大信息"有时刷屏成为信息干扰。例如，在很多人的朋友圈当中，捐款活动非常常见，但是这些捐款活动并不全都是真实的，有很多是虚假的，有很多不法分子利用人们的爱心来非法集资，进行一些诈骗活动，而老年人缺乏辨别的能力，对于这些信息无法准确地判断，经常会上当受骗。

（三）虚假内容产生信任危机

微信庞大的用户群体是一把双刃剑，它既是优质新闻的助推器，也是劣质新闻的温床。有些新闻类微信公众平台由于监管不力使得一些别有用心的人利用平台散播假新闻。例如，近年来屡屡有一些公众人物"被死亡"，这样的虚假报道不仅混淆了公众视听，也给其家人带来了严重的影响。虽然事件的结尾总会有人出面辟谣，但是这些劣质新闻对公众心理造成的影响却不会因为一次辟谣就消失。相反，反复的传谣与辟谣，只会让用户对微信公众平台新闻传播失去信任。信任危机是指人们随着物质生活的优越，人情味越来越淡，由于种种原因，人们失去了对他人的信任。信任危机是微信虚假内容产生的推动力。在我国，信任危机已经普遍存在了，尤其是老年群体，他们以传统的思想观念和价值观看待一些带有主观报道或不实新闻时，难免会先入为主地进行判断。例如，一些政府官员的贪污腐败、滥用职权，导致政府公信力的下降；在网络上，一些商家为了提高自己的知名度，对自己的产品进行虚假宣传，假冒伪劣产品更是遍地开花，食品安全、产品的真假，他们的道德标准不断刷新人们的价值观。身处这样一个互不信任的环境中，人们总是习惯用怀疑的眼光看待一切，老年群体更是容易对媒体产生不信任，很难再敞开心扉。

当一个负面的事件涉及富二代、星二代、官二代等时，大部分人都会先入为主地认为是他们的错，从而转发带有自己主观臆断的言论，导致虚假内容的产生。虚假内容的产生不仅会对新媒体的内容传播产生信任危机，家人之间也同样会产生危机。时下"养生热"的兴起反映出群众日益增长的"刚性需求"，同样老年群体对此更有帮助，他们在想保护和强健自己身体的同时也希望身边人加入进来。然而保健品和药品行业乱象丛生，让人们眼花缭乱，无法辨别真假。甚至还有一些养生大师，也逐渐打着养生保健的旗号来招摇撞骗。老年群体不能有效地辨别这些虚假信息，以自己的主观想法盲目地去相信以及传播虚假信息，有时当子女对其提醒时，遭到父母的不理解与反对，从而导致家庭之间的矛盾。

三、完善微信新闻传播对老年人影响的对策建议

（一）政府方面

1. 构建健康和谐的上网环境

我国政府为很多新兴的媒体产业都提供了良好的发展环境，制定了一系列的优惠政策，这在一定程度上推动了微信的进一步普及和推广。2014 年，我国的领导小组制定了《关于推动传统媒体和新兴媒体融合发展的指导意见》，国务院也颁发了《关于积极推进"互联网+"行动的指导意见》《三网融合推广方案》《关于大力推进大众创业万众创新若干政策措施的意见》，为规范微信新闻传播的秩序做出了不懈的努力。对一些微信新闻传播的负效应，首先需要通过加强监管、增强对网民的正确引导来解决。老年人对新媒体的使用相对来说缺乏经验，并且对于网络上的信息缺乏有效的辨别能力，政府可以出台相应的政策支持，相关的监管部门可以利用自己的微信平台定期推送有关"辨别虚假新闻"的内容，以此来提升受众的媒介素养，引导老年人正确面对网络、使用网络。

2. 加强对老年人的上网行为培训

化解社会风险的办法，就是建立一套相对完善的监管和制度机制；同理，微信新闻传播也需要有健全的监管体系和有效的监管措施。国家互联网信息办公室对微信服务商也作出了严格的规范，规定其必须具有相应的服务资质，并且规定新闻和互联网媒体的新闻内容具有独一性，其他公众账号不得进行非法

的转发，并且规定，如果存在不良转发行为，需要按照我国的刑法，来进行严厉的处罚。如果情节严重，处 3 年以下有期徒刑、拘役或管制；如果造成了非常严重的危害，处 3 年以上 7 年以下有期徒刑。（引用自王星《微信新闻传播与监管研究》，长安大学硕士论文）这则是要求监管部门对违反规定的媒体进行严肃处理。在老年群体中，政府及相关部门的权威程度和可信度更高，因此当一些热点事件发生时，相关的官方部门应该及时发布权威的信息，才能有效地遏制虚假新闻在微信朋友圈中传播蔓延，不给虚假信息创造机会。受众也应该与相关部门共同监督各公众平台新闻的发布，若发现有虚假信息的传播，应及时地向有关部门举报反馈。

（二）媒介平台方面

1. 加强自身的监管与管理

我国已经进入老龄化社会，老年群体的信息需求也明显增强，但是由于目前微信用户仍以中青年群体为主，忽视了老年用户的需求和使用习惯。面对老年受众的需求，媒体应当用自己的专业力量鉴别、核实信息，联合专业领域的相关人士传播高质量的信息，打造符合老年群体的媒介平台。在一些传统的宣传媒体当中，工作人员需要具有相应的专业资格，才能够从事相关的工作，并且要经过相应的考试才能够正式上岗，记者证每年都要进行检查和审核，要接受公众的监管和举报，所以相应的媒体从业人员都具有较高的资质。而微信公众平台是一个无门槛的新闻发布平台，因此应加强对微信新闻公众号从业者的监管，提高其新闻素养及采编水平，从而有利于新闻行业的良性发展。微信公众号服务商要积极地与政府机构相交流和沟通，借助政府的信息平台，来对各方面的数据信息进行筛选，保证微信新闻的有效性和准确性。并且要为更多的老年人用户群体提供更多简洁方便的功能程序，要加强对老年人的防诈骗宣传，避免老年人上当受骗。

2. 完善老年人上网服务模式

新媒体的蓬勃发展，越来越渗透到我们的日常生活中并占据着主要地位。但是新媒体相对来说是比较新兴的事物，主要针对年轻人而研发，对于老年人的兼容性较差。一些媒体认为老年人在获取信息方面比较单一，但正是这样才恰恰表现出老年人对新鲜事物的期待，他们期待更多更丰富的内容出现，不仅仅是媒介传播形式的变化。在老年人关注的健康养生方面，不能仅仅是自己的产品广告宣传，对于真实和实用的健康养生知识推送也尤为重要，对于产品的宣传与销售要清晰地与推送内容分开，不能为了宣传自己的产品而夸大或虚构一些健康养生知识。在微信发展的过程中，也要不断地优化自身的功能以及强化自身监管，对传播媒体也要增强规范性。

（三）家庭方面

1. 增强对老年人的亲情陪伴

在上述的分析中我们发现，微信之所以能满足老年人的各项需求，是因为老年人缺少兴趣爱好以及随着年龄的增长所产生的一些焦虑和空虚，并且老年人依赖手机、依赖微信主要原因是缺少亲情的陪伴以及对子女的思念，他们从微信上可以得知家人的近况，也可以向家人表达自己的关心。所以这就需要子女多回去陪伴父母，以面对面的形式与父母进行交流，不要让网络阻碍了亲情的互动，隔着网络的文字、语音以及视频等远远比不上面对面关心。

2. 加强对老年人上网引导

年轻群体接受和使用新媒体的能力一般都是大于老年群体的，所以作为子女，在父母使用手机的过程中，要积极引导父母正确使用手机，耐心指导、有问必答，多交流，及时了解父母的情况，并且多花费时间和精力教会父母使用智能手机，同时也要时刻提醒他们提高自我防范意识，提醒他们在浏览新闻时，要去正规的、有一定影响力的公众号中去查看，转发新闻时也应该选择官方的或是正规的公众号。在与父母沟通时应尽量表达尊重，不要有所谓的"智力优越感"，首先要让父母知道相信虚假新闻不是一件丢脸的事，然后建立相互信任的关系，把辟谣渠道介绍给父母。

四、总结

在新媒体不断发展的时代，老年人的交往方式、获取信息的途径在不断被改变，微信作为他们最常用的社交软件，在享受其带来便利的同时，所造成的影响是值得我们去借鉴与反思的，微信新闻的传播对老年群体来说是一把双刃剑。通过对文献的参考以及新闻的报道，本文对微信的特征以及传播方式进行了主要概括，这些特征以及传播方式也正是老年群体的需求，同时分析了微信新闻的传播在改变了老年群体的信息接收方式，也满足了老年群体的心理需求，但是微信新闻的传播带来的负面影响是不可忽视的，通过从政府、媒介、家庭、老年人自身以及社会这几个方面对分析出的负面影响提出对策。综上所述，本文主要研究微信新闻传播对老年群体正、负两方面影响，正面影响主要有改善老年人信息接收渠道、满足他们的心理需求以及更容易获得自身所需要的信息；负面影响主要是虚假新闻、老年人获取信息的渠道单一、新闻标题以"博眼球"

为主影响老年人的判断产生了老年人过于依赖微信新闻的现象。解决这些负面影响不仅需要强有力的政策规定和社会多方的共同监督，受众更需要提高他们的科学文化素养，以及老年人自身和身边人共同的努力，从根本上杜绝虚假新闻对自身产生的危害。

参考文献

［1］周裕琼：《数字代沟与文化反哺：对家庭内"静悄悄的革命"的量化考察》，载《现代传播（中国传媒大学学报）》2014年第2期。

［2］谢立黎、黄洁瑜：《中国老年人身份认同变化及其影响因素研究》，载《人口与经济》2014年第1期。

［3］王永梅：《网络化时代人口老龄化问题的若干思考》，载《中州学刊》2016年第1期。

［4］刘砚议：《微信朋友圈中的"印象管理"行为分析》，载《新闻界》2015年第3期。

［5］张硕：《中国城市老年人电脑/互联网使用影响因素研究：基于北京市朝阳区的调查》，载《国际新闻界》2013年第7期。

［6］程瀛：《老年人与数字鸿沟：背景、现状与影响——对"老年人与互联网"的新闻报道内容的分析》，载《新媒体与社会》2012年第3期。

［7］吴欢：《虚拟社区与老年网民的社会参与——对上海老年门户网站"老小孩"的研究》，载《新闻大学》2013年第6期。

［8］张玲、陈晴：《新兴媒体传播对中老年人生活的影响研究——以微信传播为例》，载《新媒体研究》2018年第6期。

［9］魏蒙、姜向群：《老龄化背景下老年人与传媒关系文献研究述评》，载《老龄科学研究》2014年第11期。

［10］王金水：《老年人被骗：基于网络媒介的内容分析》，载《老龄科学研究》2017年第11期。

［11］林军、李进秋、董堃:《微信公众平台传播新闻的利弊探析》，载《新闻前哨》2018年第7期。

网络舆情单向度应对批判

庞晓虹

[摘要]　互联网舆情应对的紧迫性和实际效果考量着应对处置方舆情判断与处置艺术技巧的水平。实践中处置不得力且因舆情反转进而做出不恰当的判断和决策，致使舆情的处置更显棘手，其中一个重要的原因在于网络舆情单向度的应对。出于本能使然的自我维护，到由个体、网络社群及行业群体所构筑的信息茧房，以及执着于竞争输赢的结果形成了应对舆情的思维桎梏，并由此表现出缺乏社会整体利益考量，在事实与原因错位、证实与证伪不清、应对目标定位偏失中进行缺乏主次的应对，导致网络舆情处置的失误甚至失败。

[关键词]　网络舆情；应对；单向度；思维桎梏；行为表现

互联网的便利性、选择性、匿名性等优势与移动终端应用普及的高度融合，使得网络空间成为民众表达观点意见，宣泄情绪感受的便利而影响最快最大场所，认识不认识、看见看不见的芸芸众生在方寸区域所能展示的无限空间中碰撞着思想，交流着感情，形成一个无法离舍的社会形态。据中国互联网络信息中心（CNNIC）发布的第 47 次《中国互联网络发展状况统计报告》显示，截至2020 年 12 月，我国网民规模达 9.89 亿，较 2020 年 3 月增长 8540 万，提升 5.9 个百分点，互联网普及率达 70.4%。① 如此庞大的用户群以及随时随地上网的便利，必然带来舆情的井喷以及当事者应对方法的拮据和处置结果的尴尬。

事实上，网络舆情的引导、向善早已是所有舆情处置者心中向往的发展目标，然而实际情况总会有出人意料的变化和不断戏剧性地反转，使事件一步步走向难以面对的荆棘处境。深入整理如此收效结果的原因，其中一个重要的元凶正是单向度的应对思维方式与行为取舍。

---

① 《中国互联网络发展状况统计报告》，http：//www. cac. gov. cn/2021 - 02/03/c _ 1613923422728645. htm，访问时间：2021 年 2 月 3 日。

一、网络舆情与单向度应对

互联网虚拟性的社交环境所具有的更为自由的交往和表达意见的便利性，使人类社会信息意见交流互换的可能性与便捷性以突破时间和空间限制的创造性，繁荣着人类的思想活动，并伴随着技术进步带来各类生产活动的快速推进和各色各类触及人类利益和感官事件的轮番呈现，激荡起网民情感、态度、意见、观点的表达、传播与互动，及至后续影响力持续顺应网络的运载不断集合发展，① 形成一波波的网络舆情，给现实社会中的组织或个体造成或有利或不利的舆论环境促使其进行某种应对。事实上的应对也总是不断出现非理想状态的或弱或差的结果令人唏嘘叹惋，其中不乏应对之时有意无意采用的单向度应对策略和方法导致的不利舆情发展。

"单向度"是马尔库塞在《单向度的人》中提出的概念。他认为现代工业社会所取得的技术进步，提供给人类的自由条件越多，带给人类的各种强制也就越多，从而导致人和文化的单向度。"在技术的媒介作用中，文化、政治和经济都并入了一种无所不在的制度，这一制度吞没或拒斥所有历史替代性选择。这一制度的生产效率和增长潜力稳定了社会，并把技术进步包容在统治的框架内。"② 现代资本主义所具有的技术经济机制，成功瓦解了人类个体应有的批判意识和批判能力，将人异化为了"单向度的人"。

马尔库塞的理论观点虽然是对资本主义现实世界的一种总结和批判，但就其在技术理性与技术经济的立场上对人性的剖析和提炼，同样反映出当今高度发达的技术世界大变革带给整个人类的冲击与制约。以社会组织应对高度发达经济社会越来越多、越来越复杂的网络舆情实践而言，所反映出的种种应对不利情形，治理者的应对思维桎梏所显现的单向度不能不说是一个显要问题。

二、网络舆情单向度应对的思维桎梏

以网络舆情事件的应对手段、过程及效果来看，单向度的应对思路和方法导致应对出师不利事倍功半的，其首要原因体现在思维的局限和桎梏。

（一）自我维护的冲动

作为生命体以及以若干生命体集合而成的社会组织，其生存的团体共同利益必然会以某种形式和程度的自我维护，保证其能够正常生存并顺利发展。这

---

① 《军犬舆情》http：//junquan. com. cn/。
② ［美］赫伯特·马尔库塞：《单向度的人》，上海译文出版社，2006 年版，第 7—8 页。

是自然而必须的。尤其是当面临危机与困境时，"困兽犹斗"的本能使其自发地出现极力维护自我的意识和行为。

此种本能的思维和行为在社会组织因某个机缘出现网络舆情导致其必须及时应对时，维护自我的潜意识会非常顽固地萦绕于舆情管理者的头脑中，并且以深受当下信息技术框架所赋予的舆论环境的抑制而产生的意识，影响或干扰其做出判断和决策，表现为一种显而易见的单向度应对，尤其是拟以现代传媒手段和网络技术实现自保、维护自我。

从应对积极正向的舆情来说，单向度的应对思维往往建立在已有制度基础上的对自我的肯定、优点放大、沾沾自喜等心理状态和思维取向。这种思维状态下的舆情应对其后果可以出现两种或单纯或交杂的局面及后果。一是通过思维中的自我肯定的自我维护，实现进一步的激励自我、成就自我、发展自我，进一步取得新的辉煌，赢得下一次的优质网络舆情的赞许和支持；二是由良性舆情局面所带来的忧虑，是一种因后续发展的未知性所引发的被超越的顾虑，从而单方面去解读未来，而且可能是以现有舆情基础的经验去解读未知的将来。

从应对负面反向的舆情来看，人类社会犯错误的羞耻感，怕被孤立或抛弃的孤独感，急切寻求原谅的求助心，是舆情应对者决策和行为思维中很难消解的一种情绪，所表现出的是强烈的自我维护的心理状体。这种心理状态下的应对思维本能往往表现为三种情景。一是怜惜自我，对自我所付出努力的哀叹及所面临困境的怨怒；二是基于了解自我基础上所产生的宽容自我，相信会获得理解走出困境；三是愤怒外溢，以强怼的意识左冲右突。

上述舆情应对自我维护的思维往往是想借助网络技术以及对该技术为我所用的操纵或恐惧来实现对自我的保护，表现出的无疑是一种单向度少创意的应对思维取向。"我们一方面获得了丰富的物质资料，但另一方面，精神生活和自由选择的意识却被剥削殆尽，社会成为了单向度的社会，人也成为了单向度的人。"[1]

（二）竞争输赢的固执

新技术发展下市场风云的翻卷，竞争环境的千姿百态，行业黑马的轮番登台，竞争参与的各方在搏击场域中或输或赢的境遇及表现，其内在情绪及思维所主导的坚韧与固执，从某种意义上来看，显示出的正是一种单向度思维所指导的行为取向。

---

[1] 《单向度的人：马尔库塞语境下的大众文化奴役》，https://wenku.baidu.com/view/93e7b32ecfc789eb172dc8ee.html，访问时间 2011 年 11 月 1 日。

　　成功者的喜悦是生命期待与自我救赎中的快意和激情的迸发，无数次成功的渴望与奋争，誓为潮头的期许与坚韧，担忧被超越排挤的焦虑，被自我的思维以及行为不由自已地带着镣铐，一如马尔库塞所言"被抑制"地行走于芸芸众生和拥挤的市场环境中，在生产过程中形成意识形态，且以经验主义的思维呈现于特定的行为上，其所显示出的固执之下的单向度思维指向是非常清晰的。

　　失败者的情绪表达源自生命最本真的竞争性。无论个体还是组织，求生求胜求长久是一种自然而然的命运期许和努力，这份愿望的丢失无论是自己还是他方所为导致，怨怒、慌乱、急促的本能情绪表征所指向自我或他方的意义表达无疑都是一种"恨"，一种包含有遗憾、惋惜、埋怨、指责等内涵的"恨"的情绪。这种最原始的快感是简单的情绪化产物，非深刻而丰富思想的凝结，是单向度思维最基本的表达。当今信息技术高度发达，在网络舆情瞬息变幻的市场环境中，这种被卷入竞争中身难由己的参与者们在舆情的疾风骤雨中被翻卷裹胁着的单向度思维及其行为指向尤其明显。

　　或成功或失败的单向度思维以及行为引导有着相同的表现指征，即任性与敌意。成功者的任性、骄傲甚至傲慢，失败者的焦虑、怨愤乃至敌视，这些任性与敌意的情绪在舆情应对中所显示出的单向度思维是客观存在的。

　　（三）信息茧房的囚笼

　　作为运作于有机体人类的思维来说，信息茧房是一个伴随着人类认识世界，改造世界过程中无法彻底摆脱、自古至今乃至未来始终存在的惯性问题。其保障着人类以某种轻松熟悉的思维方式与生命经验活跃于人类社会，并由此获取生产生活质与量的保证，但同时也因其相应的有限性牵绊着人们思想的活跃程度，并带来生命经验中的种种制约。这种实际表现在今天信息技术高度发达，提供给人类更为自我的思想空间和可能领域的海量知识的环境中，使得人们关注信息领域的习惯性更明显地被自己的兴趣和目的引导，自觉不自觉地形成各种具有更为自我圈子的茧房，并进一步导致在应对现实生产生活问题时所进行的思维具有了明显的局限性和未必合理的选择，表现出单向度的思维缺陷。一如桑斯坦在《信息乌托邦：众人如何生产知识》中所言，网络信息时代在带来更多资讯和选择，看似更加民主和自由的表象下其实也蕴藏着对民主的破坏。①

　　其一，个体信息茧房囚笼孕育的个体思维的单向度。个体的兴趣、生命目标在网络社会更为宽松自由的生存空间中看似拥有了比以往任何时代更为广阔

------

　　①　桑斯坦：《信息乌托邦：众人如何生产知识》，法律出版社2008年10月版，第8—10页。

和灵活的选择权，而事实上的信息技术所带有的自由选择权背后是由兴趣引导进入更为个体、更为狭隘的信息茧房，这种带有被强迫性的信息社会会越来越深入地引导人类步入单向度的思维空间，成为一定意义上与世隔绝的孤立者。

其二，网络社群信息茧房囚笼蕴成的网络社群思维的单向度。以某种兴趣和目的联结而成的网络社群在长期定向围绕某些话题或有意义指向的内容的信息交换和共享过程中，其群内交流更加顺畅高效的同时，与其他各社群之间的沟通却因信息技术特有的场域隔阂而缺乏信息的交流和互换，导致网络社群信息的获取和研判并不一定比信息匮乏的时代更为顺畅和有效，从而或多或少导致舆情应对中思维单向度所带来的判断和决策。

其三，行业群体信息茧房囚笼促生的行业群体思维的单向度。行业的独立性和特殊性往往使得其思维带有非常明显的行业利益和特点，这一方面使其在专业领域的话语表达和信息交流中，因专业性而获得生存和发展的良好环境和机会，但同时也被其专业性的信息茧房束缚，使其在网络信息海量存在并等量或变量交叉传播过程中被冲得七零八落、攻守双难。这些年诸多专业性的网络舆情事件应对的艰难处境，不能不说很大程度上与行业信息茧房所生成的单向度思维有关。

上述三种信息茧房构筑的思维囚笼对身在其中者来说无疑是温暖的、自信的、可依赖的，是社会发展的某种必然和必须。但就信息技术高度发达所带来的信息社会提供给人类的生存发展环境而言，单向度的思维对于世事的判断和应对决策的影响是显而易见的。特别要说明的是，半个多世纪以来二元对立思维的影响，以及排斥"中和"意识与和谐美学的斗争哲学，更助力了思维单向度的形成，使舆情研判往往表现出一种简单的性质或片面的倾向，缺乏在复杂视域中平和、平衡、公正地处置各种对立交叉关系和冲突性利益的能力。

三、网络舆情单向度应对的行为表达

基于舆情应对单向度思维的局限，人类及社会组织在舆情处置全过程中会由此表现出相应的行为指向，并由此采取相应的行为方式达成某种行为效果。

（一）缺乏社会整体利益考量的舆情处置

无论个人还是社会组织在其经营运转过程中遇到或喜或悲或为难的事件时，潜意识里涌现出的是自觉或不自觉对该事件的一个研判，并由此推断出利害得失，进一步指导自我采取相应行动应对事件带来的问题。

就舆情研判而言，站在本我立场衡量自我得失是任何生命体面对外界包夹

环境中的各种因素和条件予以梳理分析，并得出一定的研判结论，是一种必然而自然的反应和过程。其研判的合理性、准确性、科学性因人或社会组织的不同而千差万别，但归根结底是人的因素导致的区别。单向度的舆情研判更多以维护自我利益出发所展开的对事件及问题的分析和比对，这种研判状况既可能是"不识庐山真面目，只缘身在此山中"自我评价度过高的信息茧房的束缚所导致的，这是一种习惯性的强势认知；也可能是明知事件真相但宁愿做顽强拼搏或挣扎以求境遇反转的险中求胜之搏。事实上这都是一种求生的愿望，是自我利益维护的自然表现。然而将这些愿望与目标追求放置于更广阔的社会整体环境而言，这一研判的目标指向是仅仅维护自我的利益，还是站在社会整体利益的立场来分析研判自我的利益价值与社会整体利益价值的关联性？这两者存在着很大区别。

就舆情应对而言，依据研判结论所采取的应对行为所表现出的单向度特征是显而易见的。首先，是立足于自我经济利益考量的市场占比的应对，以尽力不损失市场份额，继续保有消费者关系，借利益输送或交换来进行舆情应对。经济利益和市场份额是任何社会组织赖以生存的基础，但舆情应对的目标指向仅仅是经济利益和市场份额显然是狭隘短视的行为。其二，以单方面挖空心思的品牌维护作为舆情应对努力的指标，显然是组织声誉维护本末倒置的做法。品牌对于社会组织的发展固然重要，但持续健康的发展不单纯靠的是品牌，而是组织全程管理过程中立足于社会整体利益对组织的问题、风险和危机的管理、评估和把控，这些才是舆情应对的真正立场。其三，为求自保以媚俗的姿态迎合舆论意见，试图暗度陈仓，期待以接下来不知发生在谁家的另一波舆情风暴的取代而悄然上岸。这样虽然可以暂时躲避开舆情的冲击，但留存下来的记忆会因为某种因素和机缘在某一时刻被唤醒而加倍爆发更难应对。其四，据理力争强击硬怼式的舆情应对。这类做法往往出现在被误解或被诬陷的舆情事件中。虽然事实或真理在我方，但直接跳出来针对舆论的批评进行针锋相对的硬怼并不一定能很好地平息舆情的风浪，因为此时正处于道义最低点的个人或组织的强硬做法，会使网民认为是死不认账，从而加大抨击的力度。

上述几种常见的单向度舆情研判及应对做法具有一个共同的特点，即着眼维护的是"以我为主"的小格局与暂时的自我利益，而非追求高远格局稳步发展目标的应对框架，是典型的单向度舆情应对作为。真正能够实现理想目标的舆情应对，应该是始终站在整体利益的框架下，将自我利益与社会整体利益结合，以相互信任和尊重的积极沟通达成彼此的合作，在物质利益和精神利益的双重互利基础上，实现个人组织与社会未来的健康发展。

（二）缺乏应对主次的舆情回应

舆情发酵过程中掺杂有不同的声音和利益诉求，准确及时分辨这些信息并予以有层次推进的回应是舆情引导向好的重要前提。现实中的一些舆情应对实践在行动过程中，主次把握不够清醒。

一是事实与原因的错位回应。舆情事件中关涉到利益的网民甚至吃瓜群众对于个人和组织有关信息的诉求是复杂而多元的，事件的好坏褒贬所生发出的追问与谴责、肯定与赞许势必要求当事方予以回应。理性的回应原则是"速报事实，慎报原因"，但事实上很多情况下为了掌控舆情，惯性思维下当事方为自保往往会对原因表达得更多一些，因为事实简单，而原因则丰富且带有感情色彩，似乎更有表达的需要。但其自带的辩解气质及次生信息极易引发网民的反感和质疑，更何况舆情应对实践中会发现网民都是急性子，他们更关注事实真相，更关注舆情事件发展处置过程中的每一个事实环节。因而，舆情应对中聪明有效的做法是紧贴事实，一边处置一边回应网民的关切，最忌讳只处置不回应，或处置完了整体回复。

二是证实与证伪的错位表达。传播学中有"陈述的事实未必是事实本身"之语，某一事实被各方利益群体解读之后必然出现带有不同利益倾向的事实认知、误读，甚至谣言的产生，迫使舆情应对方出面做出证实或证伪的举动。急于证伪揭开谣言的盖子还事实于清白是可取的选择，但并不一定是最好的选择，因为在应对某一波舆情过程中，容易被人诟病的地方，往往是没有及时发布正面权威的信息所导致的。而一般的做法常常是第一时间习惯于针对某些谣言予以回击，意图扭转舆论走向，这显然是以与网民对抗的姿态进行对话，是典型的单向度思维习惯导致的行为决策。"操作概念的方法论禁令同能表现事实真实面目并说出其真实名称的及物概念相对立；由于有这一局限，对事实的描述性分析阻碍了人们对事实的理解，变成了那种维护事实的意识形态的一个组成部分"。①

三是应对目标定位的偏失。舆情处置是一个麻烦而棘手的工作，目标指向是获得社会的理解、谅解，寻求可发展的的更好空间。但舆情应对只定位于舆情本身显然是不足以长远的。以公共关系的视角审视舆情应对的高下层级，其包括由低到高的舆情公关、趋势公关、价值观公关三个层级，舆情公关只是针对舆情展开公关，通过舆情监控适时引导舆情，实现危机的消除。价值观公关则是一个组织通过系列公关工作中不断积累形成的价值观，一种既体现组织的价值追求，也符合社会的整体价值标准，在彼此价值观的认同与维护过程中达

---

① ［美］赫伯特·马尔库塞：《单向度的人》，上海译文出版社 2006 年版，第 88 页。

成双向的合作共赢①显然，仅仅立足于一时一事的舆情应对是狭隘无力的，是单向度的管理活动，只有同时对标于价值观考量的舆情处置才是最长远、最理想的应对状态和目标，对组织形象和利益维护的时间也最长久。

（三）急于消解事实影响的鸵鸟作为

这里的鸵鸟作为是指面对舆情事件却刻意使手段避开是非，而非单纯的视而不见，仅以某种单向度的处置思维和手段弱化事实以求消弭影响。"企业活动的自由一开始就不完全是一件幸事。不是工作的自由就是挨饿的自由，它给绝大多数人带来了艰辛、不安和焦虑。"② 从这个角度来说，生存的第一法则使得个体和组织面对不利舆情的反应及所采取的应对措施，有时是异化单向度的。

一种做法是隐瞒、掩盖事实，是想把危机事实雪藏起来尽量不被更多的人知晓，以此减弱影响。网络上常见的删帖行为恰是其既惧怕舆论的冲击和质问带来的不利影响，也担忧跌入自我应对失能而丧失民意形成的陷阱而采取的依托技术和设备解决问题的单向度作为。

另一种做法是推诿、甩锅，是恶意地把危机事实转嫁他人以洗白自己，得以获得一时喘息的机会，或引发另一起舆情事件的爆发使自我得以开脱。谁能在市场经济环境中无论是经营运转还是产品服务都完美无缺？加之竞争中的利益关联或矛盾，这也便有可能成为某些个体或组织为维护自身利益而捆绑他者的把柄。

上述两种舆情应对行为其背后所透露出的是一种不愿也不敢面对事实的恐慌、消极心态引导下的非理性的单向度作为，是典型的异化性质的单向度应对。事实上在人人皆媒、信息技术高度发达的今天，这不仅不能使舆情当事方摆脱困境，还会生发出不断变化的次生危机，从而陷入更难自拔的泥潭。

德国社会学家乌尔里希·贝克提出的"风险社会"，正说明了上述单向度舆情应对的极大局限性。"风险可以被界定为系统地处理现代化自身引致的危险和不安全感的方式。"③ 他基于"现代社会"以实现经济发展和技术进步为目标的工具理性作为基础进行的思考，明确表达了现代危机与风险的复杂性。换句话说，在信息技术高度发达的风险社会中，防范风险，包括已知风险和潜在风险，比单纯舆情应对具有更为积极的作用。

---

① 《网络公关的三个层级：你的企业处在哪个层级？》，http：//www.qseeking.com/news/244.html。

② ［美］赫伯特·马尔库塞：《单向度的人》，上海译文出版社2006年版，第47页。

③ ［德］乌尔里希·贝克：《风险社会》，南京大学出版社2004年版，第18—19页。

影视传播研究

网络环境下文学作品的著作权侵权问题
——以《锦绣未央》抄袭案为例

杨　仑　钟昕格①

一、案情概要

《锦绣未央》作为一部文学小说，在网络上十分火爆，后被翻拍成了电视剧，获得了可观的曝光度和热度，但在《锦绣未央》火热播出时，很多网友发现《锦绣未央》与很多小说多个部分都极为相似，存在抄袭的嫌疑。随后，《身历六帝宠不衰》的作者沈文文起诉《锦绣未央》抄袭他的作品。

沈文文是小说《身历六帝宠不衰》的作者，其笔名为"追月逐花"，沈文文认为《锦绣未央》抄袭了《身历六帝宠不衰》的大量语句和部分情节，在情节结构、语句表达、故事核心、人物塑造等方面都存在抄袭行为。他认为这种行为严重侵害了其作品的著作权，因此将周静、北京当当科文电子商务有限公司诉至朝阳法院，请求法院判令周静赔礼道歉并赔偿经济损失 39.4 万元及维权合理开支 1.65 万元，并要求周静及当当公司停止涉案侵权行为。

在《锦绣未央》抄袭案中，法院认定了以下事实：一是认定小说《身历六帝宠不衰》先于《锦绣未央》发表且具有一定知名度的事实。二是认定被控侵权作品的网络传播及出版等事实，小说《锦绣未央》的原名为《庶女有毒》，于 2012 年 6 月 14 日开始在"潇湘书院"网站上传连载，作者信息显示为"秦简"，即案件被告周静，且该小说第 76 章及之后情节需付费阅读。三是认定《锦绣未央》具有合法销售来源。

综上，朝阳法院一审认定《锦绣未央》与《身历六帝宠不衰》多部分构成实质性相似，相似处包括两处情节、116 处语句，周静的抄袭行为对沈文文的著作权造成侵害，因此法院判决周静赔偿原告沈文文 12 万元的经济损失，并赔偿 1.65 万元的维权合理开支；同时法院要求周静停止对小说《锦绣未央》的复

---

①　作者简介：杨仑，西北政法大学新闻传播学院教师；钟昕格，西北政法大学新闻传播学院研究生。

制、发行及网络传播；要求北京当当科文电子商务有限公司也必须立即停止销售《锦绣未央》；驳回原告沈文文的其他诉讼请求。

二、判决理由及结果

2019 年 5 月 8 日上午，《锦绣未央》抄袭案在朝阳人民法院进行宣判。

在庭审中，被告周静的代理人认为，原告沈文文不能对本案提起诉讼，理由是沈文文并非《身历六帝宠不衰》的作者。同时周静的代理人还辩称，在原告主张的语句抄袭中，绝大多数都是文学作品的惯用表达，并且有 11 处语句都是在其他小说发表前创作的，至于情节方面的抄袭也并非事实，情节都是公知领域和惯用手法，而非沈文文的独创。

法院经过审理，通过对《身历六帝宠不衰》的署名情况和作者介绍进行分析比对，认为小说《身历六帝宠不衰》的作者"追花逐月"就是沈文文，因此可以确定沈文文享有《身历六帝宠不衰》的著作权。被告周静并未提供有力的能证明沈文文不是该书作者的证据，因此法院对周静的此抗辩意见不予支持。

同时法院认为，仅仅将句子、短语、字词进行割裂对比，并不能作为判断句子之间存在相同或相似的依据，也不能就此判断侵犯他人的著作权。而是还要结合句子所在的上下文的衔接、文字的数量、相似程度等方面，对被控侵权的部分进行整体分析和综合判定。沈文文指控的侵权部分有 127 处，共 580 句。其中有 116 处语句存在着实质性相似，沈文文认为，在这些侵权部分中，周静的具体表达、对人物或事物的细节描写、常用语言的组合等都与沈文文在《身历六帝宠不衰》中的语言表达存在着相同或相似。法院经过对上述 116 处被控侵权语句进行上下文衔接比对，将语句回归文章中进行整体分析，认定沈文文的上述语句具有独创性，并非周静所说的文学作品的常见表达。

综上，朝阳法院一审认定《锦绣未央》与《身历六帝宠不衰》多部分构成实质性相似，相似处包括两处情节、116 处语句，周静的抄袭行为对沈文文的著作权造成侵害，因此法院判决周静赔偿原告沈文文 12 万元的经济损失，并赔偿1.65 万元的维权合理开支；同时法院要求周静停止对小说《锦绣未央》的复制、发行及网络传播；要求北京当当科文电子商务有限公司也必须立即停止销售《锦绣未央》；驳回原告沈文文的其他诉讼请求。

三、对争议焦点的法律分析

（一）著作权法对抄袭的法律界定

抄袭，是指在相同的使用方式下，完全照抄他人作品和在一定程度上改变其形式或内容，窃取他人的作品，并将其当作自己的。抄袭行为严重侵犯了他人的著作权，但它在法律审判实践中比较难认定。在现实生活中，我们可能经常会遇到别人抄袭的情况，但这些抄袭行为，对于原创作者来说，著作权的产生是需要耗费一定的时间和精力的。我国司法实践中，认定剽窃、抄袭的具体标准有四点：1. 看作品出版时间的前与后；2. 看作品是否有独创性；3. 看剽窃、抄袭的客观条件是否具备，如有无接触别人的作品的可能；4. 看作品特征对比是否相同①。法律上对抄袭的认定，需具备四个要件：1. 行为具有违法性；2. 有损害的客观事实存在；3. 和损害事实有因果关系；4. 行为人有过错。

根据我国的法律规定，对于作品的剽窃、抄袭的认定，应由人民法院审理并作出判决。在对某些情节复杂的抄袭案件进行审理时，可由人民法院委托有关的鉴定机构进行司法鉴定。

（二）涉案小说《锦绣未央》的语句是否存在侵权

语句是由字、词语或短语等组成的用于阐述作者思想的表达方式，作者在小说中使用的独特修辞、细节描写和刻画人物、事物的语句能够体现作者个性化创作，均属于著作权法保护的具体表达。但文学创作离不开对前人智慧的学习借鉴，成语典故、常见修辞、语法句式及日常用语均属公知领域，无法被某一作者垄断；对于相同或相似语句是否构成侵权，应结合文字的相似程度、数量并考虑上下文衔接进行整体认定和综合判断。

沈文文指控的侵权部分有 127 处，共 580 句。其中有 116 处语句存在着实质性相似，构成了对沈文文享有的《身历六帝宠不衰》著作权的侵犯。具体可分为以下三种情况：

一是在具体的语言表达上，两部作品都使用了独特的比喻或形容。例如在《身历六帝宠不衰》中写道："大家吓得鸦雀无声。杨勇则像被人兜头浇了一瓢凉水，脸'刷'的一下绿了。"而在《锦绣未央》的第 14 处第 66 句中，写道："众人吓得鸦雀无声，李长乐则像被人兜头浇了一瓢凉水，脸'刷'的一下绿了。"

二是在刻画人物或事物时，均使用了相同或相似的细节描写。例如在《身历六帝宠不衰》中，有这样一句话："但等他回过头来的时候，还是吓了一跳。只见他平日里那轩昂跋扈的气势已经彻底不见，原本刀削般的面孔此时更见瘦削，双腮甚至也微微凹陷了下去。"而《锦绣未央》的第 49 处，是这样描述的：

---

① 孙昊亮：《媒体融合下新闻作品的著作权保护》，载《法学评论》2018 年第 5 期，第73—83 页。

"然而等她回过头来，只见平日里那轩昂跋扈的气势已经彻底不见，原本显得高高的颧骨此时更见瘦削，双腮甚至也微微凹陷了下去。"

三是在常用语言的组合中存在大量相似部分。例如《身历六帝宠不衰》中写道："萧美儿走到河边，蹲下来，用棒槌用力地捶打着衣服。棒槌砸着衣服发出噗噗的声音，脏水不断地喷到她的衣服上和脸上。几个洗衣服的仆妇发现了她，她们用眼角瞥着萧美儿，讪笑着议论开了，叽叽喳喳的，像一群麻雀。'你看你看，那个公主又来洗衣服了呢。''好可怜啊，你看她穿的，还不如我们呢。''她真的是公主吗？怎么没见有哪个皇亲来见她啊。'"但在《锦绣未央》的第3处第9句到第12句写道："李未央走到河边，蹲下来用力地用棒槌捶打着衣服。棒槌砸着衣服发出'噗噗'的声音，脏水不断地喷到她的衣服上和脸上，几个洗衣服的女孩子发现了她，互相用胳膊捅了捅，随后用眼角瞥着她，讪笑着议论开了，叽叽喳喳的，像一群麻雀。'你看你看，那个千金小姐又来洗衣服了呢。''好可怜啊，你看她穿的，还不如我们呢。''她真的是丞相千金吗？怎么没见有哪个大官来见她啊。'"

因此，涉案小说《锦绣未央》被控侵权语句可以成立。

（三）涉案小说《锦绣未央》中的被控情节是否构成侵权

所谓情节，指的是作品中表现人物活动及其由此产生的事件的发展过程，往往由系列展示人物性格、表现人物关系的具体事件构成。在《锦绣未央》抄袭案中，原告沈文文所列的情节设定，即为"二月出生、寄养乡下"。《锦绣未央》在人物形象的塑造方面与《身历六帝宠不衰》是存在相似的，例如《锦绣未央》中塑造的被抛弃的千金小姐形象与《身历六帝宠不衰》中"被抛弃的公主"形象相似，《锦绣未央》中"弃女的丞相父亲"形象和《身历六帝宠不衰》中与"弃女的皇帝父亲"形象存在相似。而在情节设计中，两部作品都设计了外表秀美但衣衫褴褛的女孩洗衣等场景，而上述情节不属于文学创作中的惯常情节。

因此《锦绣未央》在上述情节中，与《身历六帝宠不衰》存在着实质性相似，使用了《身历六帝宠不衰》中的具有个性化和独创性的语句、情节、背景、出场方式等，因此构成对《身历六帝宠不衰》的著作权侵害。

（四）原著侵权是否代表翻拍电视剧侵权

原著小说的侵权并不代表翻拍电视剧的侵权。理由如下：首先，由原著小说翻拍的电视剧在改编的过程中包含了编剧的独创性内容，原著小说和电视剧是两种不同的作品，因此对于本案中《锦绣未央》电视剧是否构成侵权要进行单独比对。其次，电视剧是否侵权通常会采用"实质相似+接触"原则，实质相似指两个作品在独创性表达上相似，在两个作品进行比对时一定是原告作品独创性部分和被告作品进行比对，自己原创和表达的艺术性创意都要考虑；接触性指被告有接触原告作品的可能性，如果原告作品已经发表，则推断存在接触，尚未发表就需要原告举证被告存在接触。因此，在判定《锦绣未央》电视剧是否存在抄袭，需要根据"实质性+接触"原则，进行重新比对。正因为这种原因，很多IP剧的翻拍，在开始前会和作者签订相关合同，当作者的作品存在侵权行为时，后果自负。但是在原著抄袭导致电视剧侵权时，被侵权人也有权同时起诉二者；如果被侵权人只起诉电视剧著作权人，电视剧版权方需要先承担相应的侵权责任，再找作者进行追偿。但是，还有一种情况，就是如果判决的赔偿金过高，可能会出现电视剧无法追偿或者电视剧方向作者追偿实际意义不大的情况。如法院判决某部电视剧停播，电视剧方损失巨大，小说作者无力承担其损失就难以赔偿。

（五）思想与表达的分界在哪里

著作权法中有一个原则叫作"思想、表达二分法"原则，这个原则强调了思想与表达的界限，它是法院判断是否侵权的一个原则。"思想、表达二分法"原则强调一个作品的思想和情感是不受法律保护的，法律只保护表达。不保护思想是为了思想的传播，保护表达是为了保护作者的创造性劳动。

从案件的情况来看，《锦绣未央》和《身历六帝宠不衰》都属于"古代"主题的电视剧，这一主题就是思想，法律是不保护思想的，所以古代的题材是可以使用的。但是《锦绣未央》在特定情节、细节描写、人物或事物刻画等方面与《身历六帝宠不衰》存在实质性相似，这就构成了侵权，因为这些属于表达，法律是保护表达的。

（六）民事责任的承担

原告的《身历六帝宠不衰》在周静的《锦绣未央》前就已发表，在这种情况下，周静使用了沈文文《身历六帝宠不衰》中的大量语句，字数达到近3万字，且这些语句使用时并未征得沈文文的许可，周静对沈文文作品的抄袭存在主观故意，且小说《锦绣未央》在多家网站进行发行和传播，并在获得大量知名度后，被翻拍成了电视剧、游戏，严重侵犯沈文文的著作权。由于原告仅主张著作权中的财产权而非人身权，而赔礼道歉是为弥补人身权利尤其是精神利益损害，因此对原告关于赔礼道歉的请求法院不予支持。

关于赔偿数额，因周静未提交任何获利证据，法院综合以下因素酌定损害赔偿数额为 12 万元：1. 周静使用了沈文文《身历六帝宠不衰》中的大量语句，字数达到近 3 万字，且这些语句是使用并未征得沈文文的许可，周静对沈文文作品的抄袭存在主观故意，严重侵犯沈文文的著作权；2.《身历六帝宠不衰》的出版时间比《锦绣未央》早，并且《身历六帝宠不衰》在网络上传播，具有一定的知名度；3. 小说《锦绣未央》在多家网站进行发行和传播，并在获得大量知名度后，被翻拍成了电视剧、游戏，侵权行为明显且后果严重；4. 周静理应知晓获利情况但拒绝提交证据，故法院做出了周静赔偿 12 万元的决定。

四、新闻传播理论知识分析

（一）《锦绣未央》抄袭案的舆情分析

《锦绣未央》电视剧的热播，网友在热播期间就对电视剧的剧情进行讨论。但在讨论过程中，有网友指出《锦绣未央》涉嫌抄袭多名作者的小说作品。起先，《锦绣未央》的小说粉、剧粉在微博等社交媒体平台中否认辟谣《锦绣未央》抄袭他人作品。但随后微博中很多反抄袭的账号就将《锦绣未央》和其他小说作品进行了多处部分的对比分析，包括情节表达、语言描述等，其中也包括沈文文的《身历六帝宠不衰》与《锦绣未央》的对比分析。大量证据在微博等媒体平台的传播，使得舆论开始发生转向，越来越多的网友开始对该案件进行批判，并在公共领域对该案件进行讨论、发表看法。这也使得《锦绣未央》的抄袭事件不断发酵，长期处于微博热搜的位置。同时微博一些反抄袭的意见领袖的看法也影响着公众对于该案件的态度，因此进而引发了媒体对于该事件的重视以及之后对该案件的大量报道和传播。

（二）《锦绣未央》抄袭案的媒体报道分析

随着《锦绣未央》抄袭案的发酵，由起先的沈文文起诉周静涉嫌抄袭，再到数名作家都起诉《锦绣未央》抄袭他们的文学作品，央视、《人民日报》等主流媒体对该案件进行了及时报道，微博、微信公众号等自媒体也发布大量关于《锦绣未央》抄袭案的报道，发挥着媒体议程设置的功能，影响公众对于事件重要性的判断，增加了该案件的关注度，进而引发了公众利用各个媒体平台在公共领域发表看法。在《锦绣未央》抄袭案的判决书公布之后，各个媒体都对该案件进行了报道。例如澎湃新闻就对该案件的判决进行了报道，但澎湃新闻在报道中，存在着夸大报道标题的问题。因此，从媒体角度来看，媒体对该案件的报道及时，对该案件的传播迅速，但存在标题党、新闻报道评论内容雷同等问题。

（三）网络环境下抄袭乱象分析

1. 网络作品侵权成本低

互联网的发展，也促使着网络文学作品不断发展。很多作者通过在网络上发布自己的小说而获得了很高的关注度，提高了自己文学作品的阅读量。但是由于互联网实时传播、发布公开性、题材多样性和传播广泛性等特性，也出现了很多网络作品侵权现象。很多侵权者利用互联网"复制""粘贴"的便利性，将他人文学作品中的部分语句、细节、情节等变为自己的小说内容，甚至在网络上还出现了专门的"智能写作软件"，可以自动生成文章，这都使作品侵权变得越来越容易，侵权成本也越来越低。

2. 网络作品维权困难

《锦绣未央》抄袭案从起诉到最终的审判结果的公布，共耗时两年多。《锦绣未央》涉嫌抄袭 200 多部小说作品，办案律师在进行案件梳理比对时，需要阅读几十万字甚至数百万字，并且要对比 200 多部小说，这个工作量是惊人的。因此，这种侵权案件审理时间长，对于维权人来说，他们作品的维权之路很漫长，除了《锦绣未央》抄袭案，还有像琼瑶起诉于正抄袭案，也用时很长。因此在互联网环境下，侵权人可以对大量小说进行抄袭、搬用，这使得案件的审理难度越来越大，也使得原创作者陷入维权困境。

3. 网络作品的赔偿少

网络环境下，侵权人通过抄袭等侵权行为，为自己的作品带来热度，甚至卖出高价。像本案中，《锦绣未央》作为抄袭小说，它在网络环境下获得了大量的关注度，进而被翻拍成了电视剧，获得了更大的热度。在这种情况下，侵权人因为侵权行为获得了大量利益，赚得盆满钵满，但对于被侵权人来说，他们文学作品的著作权受到了侵犯，但往往在法院审理的过程中，即使维权成功后，被判的赔偿金也是非常有限的，甚至最后被侵权人获得的赔偿金还不足以填补自己的起诉成本。因此，这也助长了很多侵权人的侥幸心理，也使得很多被侵权人的维权积极性不断减弱。

五、案件的总结与反思

小说《锦绣未央》抄袭案作为新技术条件下的一个大规模抄袭的典型案例，被选入 2019 年北京法院知识产权司法保护十大案例中。根据相关数据显示，2020 年北京法院新收知识产权案件预计将突破十万件，知识产权司法保护将面临更多新任务、新挑战。许多 IP 剧被举报抄袭，例如《三生三世十里桃花》也存在着抄袭纠纷，不难看出，互联网时代使得网络文学作品高速发展。但这种时代趋势却也不断地为抄袭等侵权行为提供土壤，同时，智能写作软件的出现，它的隐蔽性促使网络文学作品的抄袭认定更加困难，再加之时代迅速发展和法律滞后性之间的矛盾，也是造成网络文学作品版权问题的重要原因。本文主要对《锦绣未央》抄袭案进行了案件梳理，并对该案件在审理过程中存在的争议问题进行了分析，同时从新闻传播角度对该案件进行了总结和分析，讨论了网络环境下抄袭乱象的成因、危害以及原创作者的维权困境。

因此，在对案件的总结部分，本文提出了以下几点在网络环境下面对网络文学作品抄袭乱象的规制措施①。

（一）政府健全法律法规

我国的著作权法虽然对文学作品的抄袭进行了法律中的界定，但这种界定并不清晰，很多侵权案例都钻了法律的空子，侵权人存有侥幸心理而对他人作品进行抄袭，同时，著作权法对于两部作品的实质性相似的界定在现实案例中会出现界定不明确，是否存在实质性相似、思想和表达分界等争议。而这些都需要法律不断完善，增强法律的可操作性。再加上互联网时代下，智能写作软件给网络文学作品版权侵权现象提供了土壤，也提醒着我国在法律上对于智能写作软件的规定并不明确，也没有明确的处罚措施。因此，我国政府需要不断完善著作权法律体系。

（二）网络写作平台加强自我约束净化机制

在本案中，独创性仍然是判定作品是否存在抄袭的至关重要的标准。除了法律要加强对版权问题的法律保护，健全版权保护法律体系之外，网路文学平台行业也需要不断加强版权保护的伦理建设。2016年国家版权局发布了《关于加强网络文学作品版权管理的通知》②，强调"通过信息网络提供文学作品的网络服务商，应当建立版权投诉机制，积极受理权利人投诉，及时依法处理权利人的合法诉求"。各个网络文学平台应不断完善自身的体制机制，不断优化平台内部的抄袭投诉机制，同时平台与平台之间应该搭建紧密联系的合作机制，在文学作品的跨平台转载的过程中要重视防范机制的衔接性和平台规范的可适用性，加强对版权侵权行为的打击力度。

（三）公众提高版权意识

不管是公众还是被侵权者，都需要提高作品的版权意识。在该案件中，《锦

① 姜福晓：《数字网络技术背景下著作权法的困境与出路》，对外经济贸易大学，2014年。
② 王华：《我国著作权集体管理制度的困境与出路》，武汉大学，2013年。

绣未央》与多部小说在情节、语句等方面存在明显相似性，而这些相似性最开始是由网友发现整理。但由于网友并不是该事件的当事人，所以相关证据并不具备法律效力，随后，沈文文对周静提出了法律诉讼，才使得证据具有了法律效力。因此，公众面对泛如瀚海的文学作品，需要睁大眼睛，强烈抵制作品抄袭现象，并且要对抄袭等侵权现象进行及时举报。同时，原创作者在发现自己的作品被他人抄袭时，也要学会利用法律武器保护自己的权益。

六、附件

本案涉及法律条文如下：

《中华人民共和国著作权法》第 10 条、第 11 条、第 48 条、第 49 条、第 53 条

《最高人民法院关于审理著作权民事纠纷案件适用法律若干问题的解释》第 7 条、第 19 条

参考文献

[1] 周子洋：《IP 改编热下的网络文学版权纠纷研究》，载《传播与版权》2017 年第 6 期，第 192—194 页。

[2] 陈维超：《IP 热背景下网络文学作品的版权问题及优化策略》，载《陕西社会科学》2019 年第 7 期，第 167—172 页。

[3] 孙昊亮：《媒体融合下新闻作品的著作权保护》，载《法学评论》2018 年第 5 期，第 73—83 页。

[4] 王志刚：《媒体充裕视角下网络文学抄袭治理研究》，载《河南大学学报（社会科学版）》2017 年第 5 期，第 140—145 页。

[5] 王雅芬、韦俞村：《自媒体"洗稿"的著作权法规制》，载《新传媒》2019 年第 18 期，第 68—70 页。

[6] 余为青：《自媒体洗稿行为的司法认定规则及其治理》，阜阳师范学院政法学院，2019 年。

[7] 范海潮、顾理平：《自媒体平台"洗稿"行为的法律困境与版权保护》，载《出版发行研究》2015 年第 3 期。

[8] 梁诗愚：《论自媒体环境下著作权保护——以微信为例》，暨南大学，2015 年。

[9] 姜福晓：《数字网络技术背景下著作权法的困境与出路》，对外经济贸易大学，2014 年。

［10］王华：《我国著作权集体管理制度的困境与出路》，武汉大学，2013年。

［11］许展杰：《自媒体平台下"洗稿"的著作权法规制》，载《南方论刊》2020年第1期，第64—66页。

［12］彭桂兵、陈煜帆：《新闻作品"洗稿"行为的审视与规范》，载《传媒法治》2019年第8期，第46—54页。

［13］廖斯：《网络洗稿行为的法律性质与规制路径探究》，载《盐城工学院学报（社会科学版）》2019年第2期，第24—30页。

"非现实"性：后真相时代中国喜剧电影的意识形态传播

熊　芳①

[摘要] 21世纪以来，大众媒介以消费主义、中产阶级趣味塑造了新的价值观、世界观，在经济体制改革、社会现代化、经济全球化等多方面的共同促进中形成了"新的意识形态"。"新富人"阶级成为社会中新的存在，意味着财富的转移和新的权力结构的形成。大众在时代偶像的影响和感召中，派生出对消费、欲望、享乐的无尽的兴趣。值得思考的是，中国电影的发展在消费主义盛行的时代究竟处于何种状态、何种地位，哪些类型与之存在关联，均是值得关注的问题。

[关键词] 电影文化；意识形态；后真相；消费审美

至少在2000年以后的时段中，"唯票房"论占据过很长一段时间的评论标准的顶端。这不能简单地归为"好"与"不好"的评判，只有是不是"适合"。在票房水涨船高的情况下观众欣喜地感受到中国电影产业的崛起。种种迹象也说明民族电影产业在好莱坞电影的冲击下已然复苏。中国电影作为一种意义复杂的社会文本，在后真相语境中面临更加复杂的制作环境，包括了政治、文化、经济的功能，聚合民族记忆与情感，这些仅仅靠影像来"解决"是不够的。

一、政治意识的保障

首先值得关注的是在中国电影的诸多作品中，表现国家政治意识的电影不在少数。从《建国大业》到《生死抉择》，从《集结号》到《南京南京》，从《可可西里》到《音乐家》，从《焦裕禄》到《钱学森》，这显示出在21世纪的中国，国家意识形态在市场经济迅速发展、社会矛盾发生变化的情况下，已经在文化消费领域中获得某种表达，反映了政治意识在日常生活中的稳定和延续。

---

① 作者简介：熊芳，西北政法大学新闻传播学院讲师。

从宏观的角度来看，表现主流意识形态的电影与大众越发时髦和速食的精神文化消费之间并不存在对立和错位的状态。主流政治电影的创制、上映、休闲文化与国家仪式之间彼此呼应，表现主流意识形态的题材内容深入大众的日常生活中，成为一种社会公共事件。21 世纪以来的主流意识形态表达、国家形象的塑造、从直接刻画到符号消费，已经有了明显的变化。它不仅作为一种资本参与并推动文化、经济的转换，在我国文化产业最初的成立及其发展中成为重要的推进力量。同时当它深入经济活动、产业生产、文化仪式、社会议题等，进一步促成国家形象在人们的日常生活中扩散，再次借用政治资本的庇护，获得良好的经济效果。简单地说，文化发展为产业化、休闲文化、娱乐消费，成为拉动国家经济发展的重要动力，在政治强力扭合中叠加在一起，其发展程度、质量速度、深度广度都是在国家文化政策所允许的范围内进行。文化的"经济化"与经济的"文化化"均包含着国家意识形态的认可和支持，为文化消费、产业生产划出了一条底线，同时这条底线给电影产业的生产提供了消费政治的自由空间。

二、意识形态的变化

更进一步地说，中国电影产业的发展不仅仅具有娱乐性、消费特征，同时也实践着或明显或隐性的政治功能，以各种方式传播"看得见和看不见"的政治文化。政治题材参与文化消费，按照商业规则运营，看起来比较容易，实际上政治题材本身已经限定了电影创作的范畴和深度。从这个角度来比较，类似于《建国大业》和《生死抉择》就存在较为明显的区别。如口碑和票房都很高的商业电影《风声》，一方面展示的是地下工作者的神秘性，同时也通过展示酷刑、解谜等"奇观"场面来获得娱乐化的效果。内战中敌我对立的政治空间提供了展示肉体牺牲奉献、尔虞我诈、"生理痛感"的合理性和猎奇性，电影虽然努力地展示政治性的严肃性和唯一性，但因为本身电影中"密码"带来的噱头已经占据了绝大多数观众的眼球，因而政治因素则演变成电影的一层"外衣"，顾晓梦最后为家国献身的政治点题也成为比较虚空的展示和宣扬。这些被国家政治阐释后的内容，反倒具有了休闲娱乐的商业气质。文化消费和政治意识形态的接纳已经相互适应，于是也被越来越多的导演发现并纳入自己的创作思路当中。例如香港导演陈德森非常有名的电影作品《十月围城》，就是一个虚构的"保家卫国"的政治事件。但其实在空阔的主题之下，电影本身讲述的却是大众最为熟悉的市井生活、江湖恩怨，贯穿其中的小人物的激情爱恨令人动容。《集结号》同样也是如此，以人性与政治的抵牾为宣传的亮点。但除了电影伊始段落做了非常扣人心弦的战争场面，后半部分的"寻找真相"之旅实际上使用人性与家国政治展开某些中途，电影强调历史被"掩藏"，对个体生命的蔑视。这样与"初衷"相背而驰的放映效果反倒为电影的票房增色不少，角色、情感和价值解构了政治的严肃性。如果说《风声》《十月围城》等表现国家政治意识形态对消费诉求的宽容，那么类似于《唐山大地震》《南京南京》等电影中，二者的关系就更加的复杂。《南京南京》试图以文艺片的创作思路柔化民族灾难带来的集体痛苦记忆，不愿停留在对本民族历史伤痛的关注，而强调灾难的普遍性和消逝性。不过"南京大屠杀"的历史事实使得电影具有了票房保障，同时彰显了国族政治意志、凝聚民族精神。

在大多数人看来，电影代表了一种大众流行文化，突出了中产阶级的审美趣味、价值立场、张扬了一种超前消费的娱乐化心理。但是目前中国电影产业发展的情况当中体现出来的是中产阶级趣味仍然在一定程度上受到批判或者忽略。中产阶级应有理性心智、精英认知，道德准则消失在对权利和财富的疯狂上，权贵者们在喜剧类型当中失去了足够的严肃性，同时也在相对来说比较温情的底层角色面前无比愚蠢或滑稽。《非诚勿扰》系列电影当中刻意营造的"中产阶级"生活碎片令无数观众垂涎。突发横财的秦奋、美丽的空姐笑笑、事业有成的谢子言、家财万贯的李香山以及旅游、茶艺、别墅区、高档消费等无数的代表着"事业有成"的经济碎片构成了电影当中华丽但虚空的监管，消费主义的语境下浮华和享受的中产阶级审美趣味成为无数导演追逐的显性元素。但实际上《非诚勿扰》系列电影整体流露出来的过于矫情的叙述和文本，各种"仪式感"的追求，使得荒诞气息倍增，没有真正地表达中产趣味。

三、中产审美趣味的偏移

近年来中国电影产业发展逐步兴盛，社会结构转型与大众消费审美水平的变化均促使国产电影发展进步。在国产电影不断向前推进的同时，特别是在针对具有寓教于乐功能的喜剧电影的生产及推广中，为了迎合大众的娱乐化审美需求，其创作方法与传播范式中出现了某些失衡。电影本体具有"再现真实""陈述真实"的基础表达作用与写实的情感关照，作为喜剧电影更是以幽默诙谐构筑角色故事，激发观众喜悦情绪，实现夸张和真实的统一，达到其艺术功效。但在其传播过程中，逐渐难以平衡电影本体的社会属性与文化属性，同时为了迎合大众审美而出现了对"现实"的回避与粉饰，失掉了原本理性与现实性的表达。因此，研究国产喜剧电影的理性认同和深度哲思具有重要的理论和现实意义。

（一）基于情感的"失真"

后现代文化语境中，电影的本质原是记录某种"现实"，以讲述或复述的方式还原现实生活，并提供一种哲理性的生活思索。国产喜剧电影的故事框架集中于谐谑化和娱乐化，其主要表现的剧情内容多以记录"小人物"的"日常"为主，以"小"见"大"，追求从平凡中发掘卓越，从现实里寻找自我慰藉。然而影像本身在其传播过程中已经充满了非客观和非理性的剪辑拼贴，对严肃性主题的讨论较少。同时"喜剧"更倾向于闭合的叙事状态，具有追求圆满与"合家欢"式的审美意境。

1. 基于情感的认同"失真"

大众对事实的理解具有情感碎片化的特征。在将现实辐射于自我本体之时，大众更倾向于选择他们相信的部分与某种合乎主流的部分。喜剧电影迎合了当下大部分主流观众文化消费的心理需求及自我认同。绝大多数观众走进电影院进行观影的主要目的并不是进行艺术审美而是出于自我认同需求、社交需求和娱乐需求。喜剧电影的轻松活泼与易于掌握的话题属性符合现代人在社交生活中的情感满足，这种自我满足本身已覆盖了事实与真相，具备了个体属性和个体情绪。大众通过观看电影寻找个体在现实社会中的认同感，这种寻找自我认同的行为在电影中被情感所解构和重组，理性客观的自我认同在影像段落的剪辑拼贴中被情感扭曲重塑，大众从寻找自我认同变为"被寻找、被定义"自我认同。

国产喜剧电影强调"小人物的悲与喜"。"悲情"被夸张扩大扭曲为苦难的折磨，"喜悦"则因为前期困境的大量铺垫而变得更加戏剧化，"小喜"放大为"大喜"，借助于"一起一伏"的量的积累形成"喜悦"的质的满足。大众观看并肯定喜剧电影的主要原因之一是电影中呈现的人物命运走势符合绝大多数观众的日常生活背景、生活追求与生活思考，其在银幕内外并未形成过于悬殊的差距。这种镜头内与影院外的无缝对接使得观众在会心一笑的同时，通过带有欣慰、同情抑或是庆幸的心理缝合了现实生活中现代人所遭遇的自我认同困惑裂痕。大众只选择相信和认同喜剧电影中角色历经困苦之后的"成功"，接受剧中角色所完成的"自我认同"，但将影像中所呈现的社会现实的多样化与残酷性抛诸脑后，以剧中人物的"成功"定义自我成功。

2. 基于情感的客观"失真"

情感不仅影响大众对现实的接受，同时也从侧面体现出个体在选择接受现实时情感的分布和等级。部分强烈的情感指向的"现实"可能本体已经虚假化，是因为大众强烈的情感信念使其成为新的现实，而这种"本真"是通过情感制造出来的，实则是一种"失真"。

国产喜剧电影的生产模式开始出现投机化的"订制"风潮。从娱乐主义的"小确幸""小幸运"开始，观众已不自觉地将审美期待明确地指向更为明确的目标。电影对客观现实的建构与分析变得模糊，追求魔幻的、离奇的故事以及刺激的视觉效果成为大众的基本诉求，凌驾于对电影现实的反思之上。随着观众需求成为电影产出的第一宗旨，大众对电影本体的要求趋向于轻松和滑稽。在现实主义逐步被魔幻主义逼至人的思维边缘地带之时，观众开始满足于国产喜剧电影的泛娱乐化。电影围绕意识形态的阐释抑或相对简单地对社会进行写真，曾经常态化的理性与思考均被撤销，对"现实"和"真相"的溯源变得无力。观众对电影的体验超越了其本身的现实主义元素，"真实"也可以"订制"和"改写"，一切都成为自由的乌托邦，国产喜剧电影以虚无、瑰丽的片景遮蔽了现实的在场。

国产喜剧电影的最主要的意义在于平衡现实空间中的"日常生活"与影像空间中的"现实生活"的不对等。电影本体中所呈现的"日常生活"与现实空间中的"日常生活"看似无差，实则前者已经接受了来自创作者的情感的塑造和修饰。个体、群体对现实的想象代替了事实真相，通过想象，将电影中的"现实"与现实本体放置于同一水平层面。

3. 仿真替代"失真"

在本真离场的同时，失真制造的空缺亟待以幻想填补，此时"仿真"以代表了大众在情感中塑造的"真实"的身份出现，并成为伪真相即"仿真"。鲍德里亚为后现代文化设立了一个坐标系，称为"拟像三序列"，分别是"仿造""生产"和"仿真"。

拟像的第一个序列时期是"仿造"，"仿造"遵循"自然价值规律"或"自然发展规律"，旨在追求模拟、追求复刻自然和反映自然。电影的基础功效应是真实地"复刻"客观现实，即谓"我的摄影机不撒谎"。即便电影的时空可以被更改，大众一般默认"时刻"等同于"彼时彼刻"，是时间在空间里刻下的真诚的痕迹。"仿造"继续了亚里士多德以来的"模拟说"，"艺术乃是自然的模仿"，电影本体在其初衷上也有重要的一点是对"客观"的某种"模仿"，这种"模仿"随后扩大至工业社会和文化空间当中。

拟像的第二个序列是"生产"。生产不仅仅是工业社会的主要生产模式，同时也受到市场价值和市场规律的支配，不再有一个原物作为模拟对象。这种批量化的文化生产是国产电影繁荣发展的主要原因之一，大众文化消费市场的泡沫式发展令电影作为主要的精神消费品得到了广阔的发展空间和相对稳定的价值支撑。但因为失掉"灵魂"的大规模复刻，使得电影的"本真"变味，成为快餐式消费品。

拟像的第三序列就是"仿真"。这是被代码所主宰的一种主导模式，存在于当下。"仿真"在鲍德里亚看来，已经完全地超脱于其"真"本体，传统的表现"真实"的方式被打破、修改，从而形成了一种"创造"的"真实"。"拟真不同于虚构（Fiction）或者谎言（Lie），它不仅把一种缺席（Absence）表现为一种存在（Presence），把想象（Imaginary）表现为真实（Real），而且也潜在削弱任何与真实的对比，把真实同化于它的自身之中。"① 电影在其发展的道路上似乎以一种极为默契的方式契合"拟像"之论。电影的构筑规律暗合后现代文化的发展特征，特别是"仿真"的状态，在电影的发展变化当中自始至终存在着对"拟像"的体现，或者说是围绕着"真实"与"后真实"的一种不能自已的权衡。电影塑造出"现实的海市蜃楼"，以虚化的客体取代大众忽视的"现实本体"，从某些层面遮蔽了大众原本理性的目光，企图以一种"仿真"缝合真实与伪像间的缝隙，消除大众的紧张焦虑。近年来流行的"赛博格化"论说，围绕着"人工智能"的各种大胆猜测和警醒，使得人们对视觉营造出捉摸不定的"现实"和对"客观现实"的再造产生模糊的思辨。

（二）基于价值的"失真"

电影具有艺术性，也具有商业性。在消费文化占据主导地位的社会语境中，电影并未因为要恪守其艺术性而放弃其商业价值。国产喜剧电影近几年票房逐步走高，除了因为具有轻松幽默的故事本体和诙谐逗趣的表演特质，与其本体消解精英意识，遮蔽价值诉求有一定关系。传统的以精英文化为审美主导的电影具有艺术性的历史感和思辨的沉重感，因而在全民狂欢的审美语境中保有一丝权威。而国产喜剧电影则更愿意以亲民的方式祛除电影本身的沉闷，以戏仿、猎奇的方式呈现魔幻的超现实的电影奇观。基于情感诉求而遭到扭曲的价值认知不仅在喜剧电影中不断扩散，同时也产生了次生消极效应，速食化与娱乐化的传播空间容易遮蔽大众的双眼，使其对本真的理解更加困惑。

1. 基于价值的精英退场

古希腊时期柏拉图将社会人分成了精英与大众。精英阶层对文化艺术的审美具有更深层次的思虑，放置在对电影的接受层面来看，电影的"教化功能"

---

① 陈丽丹、陆亨：《鲍德里亚的后现代传媒观及其对当代中国传媒的启示——纪念鲍德里亚》，载《新闻与传播研究》2007 年第 14 卷第 3 期。

为精英阶层所接受和认同，与市民文化相对浅薄化与浮夸化的娱乐形态表达对比，精英阶层对文化属性的要求更为严苛。

英国经验主义哲学家霍布斯将喜剧感产生的原因归结为"突然荣耀说"或者"鄙夷说"，他提出"喜剧就是人们突然发现旁人或者自己过去的弱点，突然想到自己的某种优越时所感到的那种突然的荣耀感。看到别人有那样的错误而自己现在把那种错误看得清清楚楚，因而有一种优越感，这种优越感就是喜剧感产生的原因"①。精英阶层是矛盾的，一方面他们对低级错误嗤之以鼻，另一方面他们对底层阶级同时也包括他们自我可能出现的错误持有小心翼翼和庆幸的态度。喜剧电影镜头内的"精英阶级"形象遭遇毁灭性改写，角色的崇高性不在，"精英"身份成为一副皮囊用来比照剧情现实里的落魄，"成功"与"失意"的主题暗示了喜剧电影中"精英"的窘境，"成功人士"与"成功学"在电影中被抽象化为鲜明符码，出现了"不成功便成仁"的二元对立。一方面是"金钱""资产"等物质财富的"妖魔化"，另一方面则是"安稳""幸福"等精神财富的"鸡汤化"。

精英阶级从国产喜剧电影中的退场是一种必然趋势。他们的价值取向倾向于恪守严谨、追求完美，努力寻找社会现实中的客观价值认同。在国产喜剧电影本体中，精英角色只留下了空虚外壳用于对自我身份进行自嘲。除了表象中的精英身份还留存之外，余下的都是为了强调"精英"的"虚无"而存在的虚假现实。伴随着互联网"众神狂欢时代"的降临，主流价值意识形态遭遇"娱乐至上"追求的挑战，大众狂欢哲学反噬了电影"教化说"，精英主义消解，游戏至死的娱乐精神成为新的价值取向。

2. 基于价值的底层喧嚣

传统观念中电影所应具有的教化意义被物质化和功利化，对于大众来说，他们虽然需要"现实"，但同样需要对整个社会的解释，甚至是对价值信仰的解释。相比后者，对"现实"的追问变得无关紧要。以 80 后、90 后、三四线城市的"小镇青年"为代表的大多数观众成为贡献票房的生力军，年轻一代对现实的追求更加玩乐化，对被改写的真相持无谓态度。精英阶层对社会变化的焦虑与困惑、对社会现实的观察与反思被消费文化的泡沫遮蔽，以娱乐审美心理和追求更为速食的刺激的生活潮流方式催生商业电影的野蛮生长。

精英阶层的隐退代表着"传统的""高雅的"精神性消费从传播主体中出走，这种现实性离场也极有可能由于大众文化消费风潮的"倒逼"所导致。从

---

① 寇鹏程：《文艺美学》，上海远东出版社 2007 年版，第 208 页。

国产电影中不断物欲化的精神追求与身份愈来愈置于底层的角色塑造来看，当下大众乐于从镜头中看到的是一种与自我境遇有某种呼应、实际上要保留一丝距离的"观望的体察"。情感仍处于大众接受的第一位，观众认同角色的遭遇和心理，但同时这种遥望的体验一定要与观众自我本体存在一条边界作为区隔，所谓一种"看客"的身份与心态在银幕中展露无疑，这也是底层阶级最为矛盾的心态，既渴望着成功，也急迫地希望成功之后从底层身份中脱离出来，国产喜剧电影的疯狂娱乐精神从某种程度上满足了大众的需求。

3. 小人物的价值迷失

在拜金主义等急功近利的价值认同之下，国产喜剧电影中出现了一种被刻意描摹的"小人物成长史"，这种从底层"奋斗"到高层乃至顶层的叙述主题代表了一种普遍存在的"底层文化价值观"。当精英身份从电影中退场，主流价值观念被改写，大众观看心理和自我认同的底层身份浮出，这种更"接地气"的形象令观众在角色中很容易找到自己的影子，可以从这些段落中获得满足感和优越感。

20世纪90年代以来，国产喜剧电影比较捻熟的叙事策略是对底层生态的刻画，包括展示普通的角色和日常化的生活桥段。小人物成为绝对主角，占据叙事的主体地位。这些生活在"边缘"的人本身就对自我价值充满迷惑，抑或者是依赖和迷信功利价值。他们在追求价值的道路上难免遇到波折，以自我执着和叛逆挑战社会秩序，如若遵守秩序则不容易得到幸福，如若反抗秩序则会得到幸福。国产喜剧电影中的角色除了塑造了不少"小人物"之外，也和观影群体的平凡身份遥相呼应，大众从认同电影中小人物的性格价值转向认同其命运价值，以不断攀升的高高在上的姿态得到了对自我的价值评判。最终，电影用喜剧效果对社会价值进行消解，用一种近乎"瓦解"的程度消解大众自身与外在世界之间的固有价值标准、传统道德标准和是非标准，并以一种调侃式的幽默赋予其新的意义①。

（三）基于信念的现实迷失

信念与情感具有一致性，也有差异性。如果说情感是动态的，可以变化的，具有不稳定性，那么信念一旦形成就具有相对的稳定性②。中国产喜剧电影基于信念的现实构筑传播影响比基于情感的现实构筑传播影响力度更大，辐射范围更广。只有当个人情感转化为信念之时，才能获得更加深刻的意识形态传播

---

① 张文燕：《浅析中国喜剧电影的形式特征》，载《当代电影》2004年第3期。
② 张爱军：《"后真相"时代的网络意识形态诉求与纷争》，载《学海》2018年第2期。

范围。

1. 信念解构现实

当现实是基于信念而进行传播之时，大众也经历了从"听信权威到盲目相信权威"至"质疑与批判权威"再到"解构现实、消解事实"的信念认同路径。与传统传播场域不同的是，去中心化的网络发展空间和多元的传播渠道令"人人都能成为主播"的舆论场变得更加扑朔迷离，客观和恒久的信念追求与自我意识肯定在消费文化与娱乐化审美心理中越加难以立足。大众亟待通过寻找"现实"来消弭对现实社会的"不确定性"，"上帝视角"已伴随着精英意识悄然退场，平民意识占据个体意识的主要部分，影响大众的心理认同机制。相比现实社会所面临的"真相匮乏窘境"和其所带来的孤独之感，在消费语境和社交媒体构筑的虚拟世界中"吾谁与归"的情感缺失和价值缺位给大众带来的隐忧更为明显。电影作为构筑信念、传递价值、激发情感的客体，其所要展示的"现实"也愈加稀少。我们在第七艺术的空间中寻找的最终目的也许并不是"现实本真"，而是在寻求所谓的信念感和认同感。

2. 追求成功的信念共同体

大众被具有不同社会意义和社会价值的框架所区隔，形成了具有不同意见的信念共同体。信念超越与现实，信念影响大众对现实的再判断。在国产喜剧电影当中，"如何获得成功"是其所要表达的重点主题之一。从精英主义追求的性格成功到底层小人物追求的命运成功，均是迎合大众娱乐消费审美心理的一种自觉。伴随着精英阶层呼声减弱，围绕底层阶级的"反扑式成功"成为国产喜剧电影的叙述主流，在不断强化和暗示可以通过"信念"获得成功的剧情中引导大众构筑幻想的乌托邦。

信念感与大众对情感的选择进行结合，可以遮蔽和扭曲现实的客观存在。国产喜剧电影建立一套自有的信念价值系统，引导观众树立被情感"驯服"的信念。小人物的成功目标从鲜明的性格成功转向模糊的命运成功，在无法完整刻画的物质成功的缺憾上，国产喜剧电影更愿意强调小人物角色的心理变化趋势，从"不成功便成仁"的强烈信念指引变为"不成功但至少还能成仁"的自我安慰与自嘲，更愿意将"生意场的失败"或者是"人生奋斗目标未能如愿"折合成为"至少没灾没病身体健康"以及"一家人最重要的是在一起"等诠释"成功"的"参与奖"。这种看似"退而求其次"的信念认同使大众形成了情感相符、价值相近、信念相同的共同体，他们追求强烈的信念感所带来的对"现实"的认同、对自我认同和相互认同，这种认同也具有无限扩大和盲目的特点。

3. 追求流行的消费公共体

"精英文化"与"流行文化"的断裂印证了约翰·R.霍尔提出的"消费史上的第三个时刻"的观点。从主流滑向边缘的精英文化与逐步进入商品经济中心的"流行文化"中，普通大众的消费观不再被精英阶层的观点左右，可以自主选择其所好，并且凭借基数的庞大占据主流消费语境。

日本学者三浦展在其著作《第四消费时代》里对消费史做出了段落式划分。第一消费时代为少数中产阶级享受的消费，第二消费时代为经济高速增长下以家庭为中心的消费，第三消费时代使得个人化消费成为时尚，第四消费时代属重视"共享"的消费社会。在这里谈论的第三消费时代中，各个消费水平人群的观念意识会随着大众文化的普及而得到快速平均化，在一定程度能够减少"文化代沟"问题①。国产喜剧电影的价值判断朝大众文化倾斜属于中国步入大众消费时代的一个较为鲜明的特征，以精英文化和理性文化的退场为症候，个性文化与流行文化的涌现催促国产喜剧的价值观走向功利性深处。

处于消费时代的大众极为崇尚欲望的满足和以消费来体现自我价值。此时期的大众文化讲求追赶潮流、追逐功利，在充斥着各种商业利益的消费时代，对现实的尝试性窥探和理解被商业化的消费市场消解。而大众消费者所追求的流行文化正在被商业资本操纵利用，国产喜剧电影中对主题的积极展现与调试电影的表现手法均将参考标准置于大众对流行文化的热情之上。电影的传播具有广泛性的特征，影片成功与否的第一参考标准是票房，创作者为了迎合消费者的审美趣味和心理满足会在电影生产中寻找大众的集合点。而大众口味符合了"情感本位、价值本位"的基本原则，也就是说，"喜好"决定选择，而不是现实需要。同时，普通大众作为电影价值的最直观的评定者与票房的主要贡献者，对他们的消费需求和审美倾向的靠近成为国产电影在争取主流认同和对流行文化的采纳路径上寻找"双边磨合"的一种妥协。

国产喜剧电影的审美志趣"完全"迎合了观众的消费需求，成为一种"大众艺术品"。德怀特·麦克唐纳的《大众文化论》中根据美国 20 世纪的文化现象曾做出这样的区分："大众艺术品"是完全以大众消费为目的的，而为了获得最大利润，作品必然会有具迎合多数人口味、迎合低层次文化、无法进行"独特"表达等特征②。国产喜剧电影是以大众消费为目的进行生产创作的。大众不再盲目追求"精英"阶层的文化和审美要求，而是创造或选择属于自己的

---

① ［日］三浦展：《第四消费时代》，马奈译，东方出版社 2014 年版，第 2 页。
② 王臻真：《IP 电影热——中国大众消费时代进行时》，载《当代电影》2015 年第 9 期。

"消费文化准则"，也许"精英"选择不仅不会被大众青睐，有可能也会因为大众"仇视"精英阶层而出现越是被精英认可就越鲜有观众买账的尴尬"反智"场面。虽然国产喜剧电影占得国产电影市场的半壁江山，但仍存在严重的内容同质化设定、千篇一律的恶搞戏仿段落以及虚空的现实主题概括等顽疾。情感选择的一意孤行削减了大众对真相的诉求，消费时代的流行文化催生大量"情感鸡汤""情感泡沫"，以利益价值衡量艺术价值，以商业属性替代艺术属性，以消费文化覆盖艺术文化，以情感与流行消解现实的畸形创作与审美症候正逼迫国产喜剧电影成为一种食之无味、大而无当的文化快餐。

（四）基于现实的"偏见"体察

大众依赖情感而又唾弃情感，在现代化进程开启之后，"情感"选择产生出"偏见"。公共舆论中对现实的讨论具有较为明显的"偏见"特征，这点体现在其表达动机中蕴含着强烈的情绪。

一方面，现实被情感驱使，从客观理性走向虚幻感性。情感作为大众接受现实缓释剂从侧面柔和了真相的锋利，大众的情感倾向较为积极，愿意以乐观的心态接纳现实，这点在国产喜剧电影的思想表达中较为明显。大多数电影使用喜剧元素作为叙述主题，强化轻松欢乐的喜剧氛围，以幸福和圆满的情感表达化解现实的残酷，给予观众心灵抚慰。对"情感偏见"特别是对"积极情感"的执着选择是大众选择的自然症候，体现了国产喜剧电影传播的积极意义。但另一方面，愤怒情绪的传播速度比开心、痛苦等情绪的传播速度要更加迅速。从社会建构的角度来理解，愤怒的公众情绪之所以容易引起共鸣，是因为诸如利益分布差别较大、思想意识对接不畅等因素令"底层民众"有了偏见情绪。国产喜剧电影基于情感选择所产生的偏见主要集中在对电影主题的建构和对电影表现手法的选择上。

1. 狂欢消解现实

喜剧电影的主要情感表达是通过对小人物的命运进行恶搞、戏仿和拼贴，为其在追求成功的道路上铺设各种障碍，通过"命运通关"的模式敦促角色前进。角色在追求目标的过程中会经历各种考验和波折，这些起伏的段落通常令角色窘态百出，令观众捧腹获得心理满足。

巴赫金认为，狂欢式的笑"是包罗万象的，它针对一切事物和人（包括狂欢节的参加者），整个世界看起来都是可笑的，都可以从笑的角度，从它的可笑的相对性来感受和理解"①。"狂欢化"是一种喜剧思维，巴赫金的"狂欢化"是一种严肃性的讨论，他认为世界本像是滑稽的，人也是滑稽的，但是这种谐谑感来自对本真的"对照、对比"。"世界上的任何事物都是相对的、有局限的、带有某种自我否定的因素，因而从其相对性的一面来说，都可以成为笑的对象。所以喜剧思维不可把事物绝对化，而应以一种相对性的目光来观察事物，从而发现和揭示其可笑的局限性。"② 巴赫金是从人类所经受的压抑社会现实和对于社会的平等自由方面的追求来肯定"狂欢化"心理的，这种狂欢更像是一种自我释放。但从国产喜剧电影的主题深度来看，巴赫金的"狂欢化"在其消费语境与娱乐审美中变成了"疯狂化""妖魔化"。喜剧的定义更改为对反常、离奇、怪诞、疯狂的追逐，角色的声嘶力竭与故事的荒诞不经成为国产喜剧电影中最直白的构思和噱头。

国产喜剧电影中的现实背景被碎片化，追求成功的要义被符码化，故事结局被抽象化。大多数国产喜剧电影迷恋混搭、戏仿、穿越，以夸张的方式处理现实，消解了现实的残酷与人生奋斗之不易。角色与故事的逻辑要求为喜剧效果让步，人物的行为动机均降解为某种噱头，以"出卖自我尊严""低声下气""忍让各种无理"而达到"毁灭自我形象""塑造疯狂自我"的搞笑、庸俗桥段在电影中屡见不鲜。创作者抛弃了哲思转向了肤浅，仅靠错位的场景构筑和角色的荒诞境遇营造夸张的喜剧氛围。于是对真相的呈现、对现实的讨论和对自我的价值反思在"狂欢"中退居其次，观众从电影中得到的视觉刺激和心理满足主要源自旁观他者的囹圄而产生的一种自我麻醉，他们忘记了人要取得某种成功所必须经历的客观存在的付出，所有背后的"真相"与"现实"匆匆离场，只留下脆弱的笑料和没有回味余地的遗憾。

2. 精英与大众对接错位

基于精英阶层的传统艺术化审美与倾向于理性思考的审慎态度令他们与倾向于大众文化、市民文化、审美日常化的流行消费群体区隔开来。精英阶层所接受的文化范畴与市民阶层所掌握的文化语境在国产喜剧电影中出现了尴尬的对接。在电影内容上，创作者习惯性将其对比为"知识"的悬殊。一种是符码化的"知识精英"，掌握专业的知识技能；另一种则是恶搞化的"文盲"，只会一些生活上的滑头。二者虽努力展示现实环境中的身份错位，但浮于表面的造

---

① ［苏］巴赫金：《巴赫金全集第六卷》，李兆林、夏忠宪等译，河北教育出版社 1998 年版，第 14 页。

② 修倜：《"狂欢化"理论与喜剧意识——巴赫金的启示》，载《华中师范大学学报（社会科学版）》2001 年第 3 期。

型与刻意桥接的和解也令电影本身出现了失衡。

消弭精英与大众之间裂痕的手法往往习惯于将"精英身份"降格，夸张地处理为"与民同乐"，例如剥离精英身份，除去物质财富，使镜头中的"精英"变得与镜头中的"市民"看起来无差，同时令精英展示出对"回归"底层的认可与满足。如果创作者仅仅考虑依赖话题热度、小品化构思、桥段模式化与网络热点热词来吸引观众，以恶搞精英与大众的"排异"为喜剧化的笑料堆叠，而不去思考喜剧电影的寓教于乐与现实意义的表达，未来喜剧电影的发展状态也令人堪忧。

四、结语

近些年国产喜剧电影对传统电影艺术创作规律的背叛式的突破无疑是一种迷茫与被动的抉择。当社会意识把审慎的目光投向电影本体时，它对大众文化、娱乐文化的深度妥协变得清晰可见。碎片化结构、小品化拼贴、加之各种"自以为"式的情感定义，祛除了对社会的批判、对现实的思考和对自我的厘清，只留下了视觉刺激和心理满足的沉渣。对电影本体的反思和对现实的反思均被迫离场，大众追求对"真相"的沉浸式体验而又因情感盲目而置身其外。国产喜剧电影所保留下来的幽默诙谐浮于社会空间表层，剥离了对真相思考的谐谑变成滑稽，缺失了作者态度和对现实的关照。

国产喜剧电影的创作原初动机已经在审美偏见与价值偏见中背离了主路，这是一把双刃剑。"严肃电影"将越来越少，取而代之的将是各种对现实真相探讨的"喜悦的缓释剂"。虽然从整体上来看，国产喜剧电影产量与票房都有走高趋势，但是对"真相"的回避与对历史的反思都将令其走向反向与消极。

现代编辑与出版研究

"新文科"建设背景下"出版物设计与制作"课程"问题驱动教学"设计及实施策略

杨芬霞①

[摘要]"新文科"建设的出发点与落脚点是提升人才培养水平。以问题为导向，打破课程壁垒，坚持学以致用是"出版物设计与制作"课建的核心理念，正是在新文科思想的指引下产生的。创设"问题驱动教学"模式，构建情境教学，以"学生为主，教师为辅"调配教学内容，采用线上线下混合式教学方式，激发学习斗志、探索问题热情和自主学习精神，旨在培养具有高阶思维的编辑出版人才。

[关键词]出版物；设计；制作；问题驱动；策略

2019年4月，教育部等13个部委正式启动"六卓越一拔尖"计划2.0，全面推进"四新"建设。"新文科"被正式提出，得到了越来越多的关注。2020年11月，全国新文科教育研究中心正式成立，教育部高教司司长吴岩作题为《积势蓄势谋势　识变应变求变全面推进新文科建设》主题报告。事实上，"新文科"建设提出的出发点，一方面来自我国高等教育的现实改革需求，关注人才培养模式、专业结构、课程体系和教学质量的完善与提升；另一方面，"新文科"建设也是在构建中国特色哲学社会科学话语体系、学术体系背景下的应然之举，关注的是知识生产以及知识的效用问题。从这两方面来讲，关注"新文科"建设，探寻其内涵本质及实践路向，对我国高校推动文科教育改革，进行新文科建设实践具有重要意义。

而编辑出版活动是对信息进行加工、复制和传播的过程，编辑出版学作为一门应用学科，具有极强的应用性、前沿性和交叉性。一直随着社会对知识与阅读的需求及其形态的变化而不断演进与发展。在目前，随着技术的发展，互联网思维推动了出版产业经济形态不断地发生演变，"互联网+"通过其自身的

---

①　作者简介：杨芬霞，女，西北政法大学新闻传播学院编辑出版系主任，硕士生导师。

优势，对传统出版行业进行优化升级转型，使得传统行业能够适应当下的新发展，这也对编辑出版人才培养方向提出了新的要求。

一、"新文科"建设内涵及编辑出版教学的意义

（一）什么是"新文科"

第三次技术革命，尤其是信息技术革命不仅为人类提供了新的生产手段，带来了生产力的大发展和组织管理方式的变化，还引起了产业结构和经济结构的变化。这些变化将进一步引起人们价值观念、社会意识的变化，从而社会结构和政治体制也将随之而变。开展新文科建设，一是旨在破除人文社会学科与我国经济社会发展实际相对脱节的现状，通过精准对接国家战略、市场需求，优化专业设置，将人文社会学科建设成为能够主动引领我国经济社会发展的重要力量；二是对高等教育领域既有改革的深化与拓展，通过引导人文社会学科在人才培养、科学研究等方面与新技术、新领域进行结合，实现提档升级，进而保障国家"双一流"建设，尤其是"一流学科"建设的完整性、科学性和可持续性；三是对构建中国特色哲学社会科学体系进行有力支撑，运用新知识新理论，在中国讲好国际故事，在国际上讲好中国故事，积极建设具有中国特色、中国风格、中国气派的哲学社会科学。

"新文科"是相对于传统文科而言的一个概念，目前对其内涵还未形成统一明确的认识与界定。但是学界和政府达成共识的是新文科是新时代背景下必须对人文社会科学传统的发展模式进行的全面反思，并力图寻求自身在新时代环境中新的发展路径。新文科建设就是为了适应这种变化，作为一项重要的国家战略举措而被提出的，目的是将哲学社会科学与新一轮科技革命和产业变革交叉融合形成交叉学科、交叉融合学科及交叉专业的新文科。将"新文科"内涵融入学科专业建设之中，内化到高等教育体系之中，从而推动高校人文社科类教育主动整合自身优势以适应外部环境的发展、变革，培养有自信心、自豪感、自主性的人，是产生影响力、感召力、塑造力的文化，是形成国家民族文化自觉的主战场、主阵地、主渠道，文化繁荣需要新文科。

新文科建设的提出与传统文科的发展脉络之间不是割裂的。它一方面深深地根植于人文社会科学的发展脉络之中，是人文社会科学发展到一定阶段后的自我更新与调适；另一方面，新文科同时也深深根植于外部世界的变化之中，是人文社会科学适应时代发展的必然结果。尤其是后工业时代知识高度综合化、信息化、数字化，文科知识生产与再生产呈现出新的形态，交叉前沿、战略需求、现代技术、区域优势为新文科建设提供了动力。新文科建设以专业及课程体系的构建、跨学科师资队伍的构建、教研评价标准的确立以及运行模式的形成为四大核心要素。

（二）"新文科"框架下，打破课程界限，重新布局专业核心课

发挥编辑出版学专业高等教育应用型且职业化程度较高优势，建立与编辑出版业态和其他相关学科发展的紧密联系，营造一个积极、平衡的社会信息传播系统尤为重要。编辑出版人才是我国社会主义建设进程中高素质文化人才队伍的核心组成部分之一，承担着文化生产、文化传播的重任，是推动中国特色文化事业和文化产业全面协调可持续发展的中坚力量。

在"出版物设计与制作"课程设置上，参照2018年我国教育部颁布的《普通高等学校本科专业类教学质量国家标准》制订的编辑出版学课程名目，调整教学计划时，将实验课"出版现代技术"和"电子采编"整合为"出版物设计与制作"这一编辑出版学专业核心大课。打破课程之间的壁垒，实现了现代编辑出版技术与出版物采编设计制作实务的无缝融合。将原来知识传授、技能培养变成能力培养。教学思路更清晰，更易于实施。

在教学内容上，实行模块化教学，按照出版物形态分为报纸设计与制作、杂志设计与制作、电子杂志、短视频设计与制作。首先，每一模块所需的软件技术教学内容部分，采用复杂的软件老师示范教学，简单的软件学生自学；其次课程内容重点是每一模块出版物的规格、选题策划、选稿编辑制作流程、版式设计原则及制作方法，采用演示教学、案例教学法教学，课时安排的重头是学生的选题策划、选稿、组稿、设计、制作实践，以学生为主，教师指导为辅；最后，学生完成每个教学模块的作品后，教师点评，指导修改，修改完善后，数字储存或者印刷纸本。教学内容相关章节会经常进行适当补充，比如参阅新发教材中及实践中的经典案例、焦点话题拓展教学内容，在出版物产品设计、选题、设计、版面设计等方面添加了大量特色案例，及时更新丰富了教学内容。

二、创设"问题驱动教学"，构建情境教学

（一）问题驱动教学，发散性/高阶问题为主

"问题驱动教学"是指教师基于一系列逻辑自洽的问题设置来重构知识内容，进而引导学生围绕问题探究解决方案的一种教学方法。该教学法旨在培养学生独立思考、自主探究等学习能力，扭转教师满堂灌或授课、学生被动接受知识的情形，倡导师生之间建立平等的对话关系。

　　"出版物设计与制作"课程是编辑出版学专业的必修课，也是实验课。主要让学生掌握计算机编辑制图软件（如飞翔、InDesign、Iebook、非线编等）的使用方法，学习了解报纸、杂志、电子杂志、短视频的规格特性、制作流程及制作方法，并在新闻学、传播学、编辑学、出版学等理论的指导下，运用上述软件设计制作报纸、杂志、电子杂志或编辑制作者短视频。该课程重点是让学生熟悉出版物的形态、特性、制作流程，学会运用编辑设计软件设计并制作出版物，增强理解和深化认识，在熟练的运用中内化为专业化的知识能力素养。课程既要教会学生使用目前业界正在使用的编辑出版技术，并且把这种技术运用到实际出版物的设计制作中，有很强的技术性、专业性。

　　"问题驱动教学"与"出版物设计与制作"课程教学之间能够较好地实现对接。从所要面向的学生规模来看，"问题驱动教学"通常在二三十人的班级中更便于实施，非常适合在编辑出版学这样的小专业展开师生之间的深入互动。

　　"问题驱动教学"设计，首先在备课阶段需要明确设计有效的问题，并将其按照一定逻辑结构编排。问题有多种分类形态。澳大利亚教育学者约翰·比格斯认为教师提的问题可分为聚合性问题和发散性问题，高阶问题和低阶问题。聚合性问题有时被称为闭合性问题，其答案相对固定。发散性问题则是开放性的，通常没有唯一正确的答案。高阶问题涉及推理、反思、假设等思维活动，低阶问题只需回忆一些事实性的答案①。就"出版物设计与制作"而言，涉及传播学理论编辑出版史等问题，多为聚合性问题，但是与出版物设计制作实务相关的内容问题，多为发散问题，很多需要学生自己在实践中去寻找答案。

（二）创设问题情境展开互动

　　在展开"问题驱动教学"时，着意创设便于问题情境至关重要，这关涉学生的学习兴趣能否被有效激发出来。苏联教育家米·依·马赫穆认为问题情境是一种智力困窘状况，即在一定的教学场景中，学生以前所掌握的知识、智力或实践活动的方法，在客观上不足以解决已产生的认识任务。正是这种"困窘状况"促使他们进行新的智力探索。②

　　"出版物设计与制作"课程既要求学生学会使用目前业界正在使用的编辑出版技术的操作，并且要运用这种技术模拟设计制作出实际出版物。在完成任务

---

① ［澳］约翰·比格斯、凯瑟琳·唐：《卓越的大学教学：建构教与学的一致性（第四版）》，王颖等译，复旦大学出版社2015年版，第106—107页。

② ［苏］马赫穆托夫：《问题教学》，载《华东师范大学学报（教育科学版）》1989年第2期，第12页。

过程中遇到的"障碍"很多，困难很大，常常会让学生陷入困境。美国哲学家、教育家杜威认为思维需要基于某些不确定的或疑难的情境引发，特别是由疑难情境衍生的问题。对学生而言，"问题的冲击和刺激，使心智尽其所能地思索探寻，如果没有这种理智的热情，即使是最巧妙的教学方法也不能奏效"。① 遇到这种情形时，教师不能直接给出答案，最好给学生留出适当的时间让他们去思考，请他们互相讨论，或者借助网络等工具搜索寻求解决问题的办法。唯有如此才能激活他们前期学过的有关传播学、编辑出版学的理论和知识，指导他们的实践操作。这种"困境"增加了"挑战度"，学生需要跳一跳才能够得着，激发他们的斗志和热情，主动去探寻解决问题的办法。这就是所谓"高阶性"，就是知识能力素质的有机融合，是要培养学生解决复杂问题的综合能力和高级思维。

（三）及时作出评价与引导

实施"问题驱动教学"，教师需要对学生的应答及时作出评价，特别是认知出现偏差时，教师需适时"纠偏"，引导他们回到问题本身中来。这样才能更好地在有限的课堂时间内组织教学。"出版物"经过多年积淀形成的美学形态和规范标准，有时候无法言传，需要长期实践养成发现美的眼光和职业敏感。设计也需要将设想付诸实践，具象后才能发现问题。在教学中，教师能讲解的是原则或者利用案例教学展示效果和做法，这对要完成出版物作品的学生是不够的。需要课下大力气去学习和积累经验。对学生在设计制作过程所出现的偏差或者不规范之处，教师要随时进行一对一评价和引导。除此之外，某些问题带有评价性质，比如如何设计或修改书刊封面、版式、新媒体界面等。让学生尽可能面对真实的问题，就像他们在现实世界出现时那样。需要找优秀的设计作品进行例析（如图书实物在课堂上传阅），主要请学生评价其封面设计的得失优劣。

开展"问题驱动教学"，师生之间应基于一种平等友好的关系，而非权威与顺从的关系。在教学过程中，除了教师向学生设问，学生也可自由向教师或同学反问，以便真正实现双方、多面的有效对话。教师从知识的灌输者，变成给学生指点迷津的引路人；学生从厌烦说教，变成感恩指导，增强了师生相互信任的关系，同学之间彼此为镜、相互协作，培养了分享意识和集体主义精神。德国哲学家雅斯贝尔斯认为，大学里面的研习讨论，老师和学生是在同一个水平上彼此遭遇的，他们将共同致力于以一种清晰而精确的风格阐明问题，唤起

---

① ［美］约翰·杜威：《我们如何思维》，伍中友译，新华出版社2015年版，第234—235页。

激情，并围绕问题，在随后的工作、学习中作出坚实而具有个性特征的贡献。①

　　另外，教师在向学生咨询、征集问题时，学生一时卡壳或者不便在课堂上当面提出的话，可以通过邮件、微信、电话等方式表达，以便后续回复，这也给下次课的教学预留了时间。如果学生所提问题关乎个人或涉及隐私，教师则多采取单线沟通方式。要将教育理念落到教学工作中，将国家的发展方向、出版产业的需求与学生个人发展意愿结合，因材施教，尊重学生的人格、个性，激发学生的学习热情和创造力，培养有情怀、有责任感的面向未来的编辑出版人才。

参考文献

　　［1］约翰·比格斯、凯瑟琳·唐：《卓越的大学教学：建构教与学的一致性（第四版）》，王颖等译，复旦大学出版社 2015 年版，第 106—107 页。

　　［2］马赫穆托夫：《问题教学》，载《华东师范大学学报（教育科学版）》1989 年第 2 期，第 12 页。

　　［3］约翰·杜威：《我们如何思维》，伍中友译，新华出版社 2015 年版，第 234—235 页。

　　［4］卡尔·雅斯贝尔斯：《大学之理念》，邱立波译，上海人民出版社 2007 年版，第 93 页。

---

① ［德］卡尔·雅斯贝尔斯：《大学之理念》，邱立波译，上海人民出版社 2007 年版，第 93 页。

融媒体背景下省级党报传播力提升策略①
——以《陕西日报》为例

符万年　孙梦心②

[摘要] 在媒介融合不断推进的当下，作为党媒中流砥柱的省级党报也需要不断创新、改革以提高自身的传播力。本文在对融媒体背景、党报传播力的构成要素进行深入分析后，以《陕西日报》为例，对提升省级党报传播力中存在的问题进行剖析，最后提出了转变经营理念、改善传播内容质量、提高技术水平、优化盈利模式、提升受众服务质量等增强省级党报传播力的几点策略建议。

[关键词] 省级党报；传播力；融媒体；《陕西日报》

2017 年 10 月 18 日，习近平总书记在党的十九大报告中提出要"提高新闻舆论传播力、引导力、影响力、公信力"③，这对党报的发展指出了新的方向。在传统媒体时代，传播力是党报的一大优势，因为党报代表着党和政府的声音，更加能得到公众的关注和认可。但随着传播技术的日新月异，内容十分强大的党报却遇到了很大的困难，市场份额被大大挤压，传播力也遇到了前所未有的挑战。中国互联网信息办公室副主任任贤良认为新型主流媒体是既有传统媒体的导向意识、高度权威、职业追求，又有网络新媒体的即时互动、创新时尚、草根亲近的"融媒体"。④ 党报如何能成为这样的新型主流媒体，怎样在当前融媒体的大背景下提升自己的传播力，是一个值得探讨的问题。本文将通过对个案《陕西日报》两微一端的传播力分析以及与其他媒体的对比，对省级党报的

---

① 本文系 2018 年度国家社会科学基金项目"新时代中国党报的传播力、引导力、公信力研究"阶段性成果，立项号：18XXW006。

② 作者简介：符万年，西北政法大学新闻传播学院副教授、博士，法治新闻系主任，法治新闻研究所所长；孙梦心，《陕西老年健康报》编辑。

③ 习近平：《决胜全面建成小康社会夺取新时代中国特色社会主义伟大胜利》，《人民日报》2017 年 10 月 28 日。

④ 黄楚新、王丹：《媒体融合时代下的传统媒体转型》，《中国传媒科技》2014 年第 11 期。

融媒体建设做出客观的了解和评价，发现问题并提出解决策略。

一、基本概念界定

（一）党报

我国的党报分为三部分。第一部分为核心层，指中国共产党的各级机关报，具体包括：中央级党报——《人民日报》；各省、自治区、直辖市级党报，如：《北京日报》《陕西日报》《南方日报》；数量众多的地市级党委机关报，如《西安日报》《宁波日报》《桂林日报》。第二部分为紧密层，指由中央、省（自治区、直辖市）委宣传部主管主办的报纸，如：《光明日报》《经济日报》《文汇报》《今晚报》《深圳商报》等。第三部分为松散层，指核心层和紧密层党报办的子报，如：《环球时报》《新京报》《南方都市报》等。本论文所说的"党报"，专指核心层的党报（也可以说是狭义的党报），即：各级党委机关报。

党报是宣传党的纲领、路线和政策的工具。中国共产党领导人一直认为，党报是党的喉舌，同时也是人民的喉舌；党报是党的报纸，同时也是人民的报纸。这就要求党报必须把党的方针政策准确及时地传递给人民群众，同时也要把人民群众的愿望、要求、呼声反馈给党和政府。作为党和人民的喉舌，党报必须不断提升传播力，才能更好地为广大人民群众提供信息、传递呼声、表达诉求、维护权利。

（二）传播力的概念

1. 基本含义

戴尔·海默认为传播力的本质就是传播的能力，这是从语言学的领域阐述的。曼纽尔·卡斯特仔细地研究了新媒体，认为媒体行业会因为传播技术的更新与推进而成为经济和政治斗争的工具，传播的控制者便是主动权的真正拥有者，所以想要拥有权力，就必须控制传播的话语权。

传播力从2003年开始逐步被中国专家学者应用，然而到当前为止，还没有一个权威的解释。清华大学教授刘建明最早在2003年时就提出媒介传播力通常会通过影响效果表现出来，他认为媒介通过内容编撰、发布信息，对大众产生了一定影响，这种能力就是传播力，媒介这种传播力可以从传播的速度、内容信息量以及信息的覆盖率和社会影响力等方面进行探究和确认。① 张春华在研究传播力时，对其分支进行了梳理，形成了"能力说""效果说""力量说"几

---

① 刘建明：《当代新闻学原理》，清华大学出版社2003年版，第37页。

大观点，能力说的研究主体为大众传媒，而其余两种说法的研究主体是社会组织。① 之后张春华构建了两大体系评估指标，即社会组织传播力和大众传媒传播力评估指标。喻国明指出接触、保持及提升环节都是构建传播影响力的基础环节，需要做好资源配置，并能够妥善运作。② 媒体接触用户，定位必须精准，内容及传播方式必须具有独特性。想要牢固吸引用户，必须采用新颖的传播方法，让用户得到优质的体验。强新月等学者提出，主流媒体想要增加社会影响力，让公众能够信服，关键是提升媒体的传播力，这是传播的最终目的和外在表现，对公信力具有直接而又有力的影响。③

2. 融媒体背景下传播力的变化

在媒介技术日新月异、迅猛发展，传媒生态发生翻天覆的巨变的当下，构成媒体传播力的因素也发生了很大的变化。一般认为，当前媒体的传播力除了传统的对传播内容的编码能力、传播手段的驾驭能力和传播渠道的建构能力之外，至少还应该增加以下两种能力。

（1）信息的整合能力。时代在不断地发展，全球信息日新月异，面对如此丰富的信息量，信息整合能力就显得格外重要。因此媒体在发挥自身优势的同时，还需要迅速协调各种资源，积极整合，除了提供优质内容，还应在自己平台以外利用其它媒介发布，例如一些新闻除了在纸质媒体刊登，还可以在互联网上进行发布。除了整合内部资源，还可以联合外部资源，建立同盟，这种途径也能够充分发挥传媒的优势，提高传媒的实力和竞争力。《新京报》是光明日报集团和南方日报传媒集团共同设立而成，这两家党报有资金支持，有政治力量，成功地体现了媒体的战略联盟，他们在合作过程中发挥各自的优势，进行互补，适应了时代发展的趋势，对媒体未来的道路具有很大的指引作用。

（2）内容推广的能力。传播就是推广信息、推广思路、推广渠道、推广品质。同一个用户接受不同媒介信息的推广，效果也不尽相同。此外，用户的接收时间和渠道也会影响传播效果。因此媒体想要提高传播力，不仅需要有精致的内容，还需要提高自己的品牌影响，在媒体内部培养优秀的人才，建立自己强大的组织队伍，提高媒体的传播力。例如，凤凰卫视通过不断地努力，不断地优化栏目，培养了吴小莉、丘露薇等顶梁柱，优秀的人才会让团队更加拔尖，

① 张春华：《传播力：一个概念的界定与解析》，载《求索》2011 年第 11 期。
② 喻国明：《关于传播影响力的诠释——对传媒产业本质的一种探讨》，载《国际新闻界》2003 年第 2 期。
③ 强新月，陈星，张明新：《我国主流媒体的传播力现状考察——基于对广东、湖北、贵州三省民众的问卷调查》，载《新闻记者》2016 年第 5 期。

栏目更加精彩。

很多传统媒体在微博、网站等新媒体出现之后，逐步将传统媒体和新媒体进行衔接，他们用微博进行推广，这些行为都是推广力的体现。

（三）党报传播力的构成

党报的构成并不单一。作为党的政治媒体，其员工的综合素质、党报规模的大小、党报内容的传播速度及覆盖范围等都是传播力的表现形式，其中能够决定党报传播力的要素有员工的综合素养、党报内容的权威度、媒体的技术水平和管理水平以及党报拥有的资金实力。党报为了增加其传播力，提高其传播效率，就需要提高其技术性，通过多感官刺激提高信息的传播力。技术只是一种手段，党报的内容才是提高传播力的核心要素，党报以中立的态度真实地报道社会信息，详尽地分析大众关注的社会新闻事件，引导大众形成正确的认知，从内部提高党报的传播力。所以，想要提高传播力，党报需要提高自己的舆论地位，具有正确的观念倾向。

二、融媒体背景下我国省级党报发展现状

随着互联网的迅速发展，大数据和算法的广泛使用，传统报业开始面对很多危机，处境颇为艰难。

（一）融媒体时代，传播速度更快形式更生动

对传统媒体尤其是党报来说，新媒体的传播速度更快捷、形式更生动。和新媒体相比，党报的新闻报道更新的周期太长、速度太慢。传统媒体是由记者去采集信息，然后由编辑进行加工处理，最后再登上版面或节目。但在融媒体时代，手机等新兴信息载体的大量涌现，让发布信息的主体和渠道变得日渐多样，每个人都可以既是信息的发布者又是接受者，这对党报的传播产生了深远的影响。

党报不管是版面上的新闻还是所属新媒体上的新闻，较之于新媒体都有用语过于官方的问题。党报新闻的表述上，习惯于用官方视角和口吻来表达，很注重规范用字、用词，对普通受众而言，言辞过于严肃，趣味性较差。而在融媒体背景下，受众可以通过网络方便快速地找到自己感兴趣、喜欢看的内容，有很大的选择余地。这也是导致党报传播力下降的一大因素。

（二）融媒体时代，人们接受信息的方式变了

媒介技术和各种电子设备的快速发展和普及，使人们接受信息的方式悄然改变，越来越多的人不再阅读纸质的报纸、杂志，人们更多地通过手机、平板

电脑等电子设备来接受信息。阅读媒介的多元化使人们接受信息的方式也进入了新时代，这直接削弱了党报的传播力。习近平总书记在 2019 年 1 月 25 日在中共中央政治局第十二次集体学习时指出："新闻客户端和各类社交媒体成为很多干部群众特别是年轻人的第一信息源，而且每个人都可能成为信息源。有人说，以前是'人找信息'，现在是'信息找人'。所以，推动媒体融合发展、建设全媒体就成为我们面临的一项紧迫课题。"①

普通受众更多地选择通过新媒体来获取信息与党报的互动性差有很大关系。新媒体都有着较强的互动性，受众能够很方便地参与到对新闻事件的讨论之中，在社交媒体上受众还能动手转发让更多的朋友看到，其吸引力和传播力都比党报更强。

（三）受众减少创新迟缓

虽然党报也在不断地与时俱进，通过探索，不断地改良内容和品质，以读者为导向，增加可读性，但是读者心里已经形成了固定印象，不愿意主动订阅，所以党报主要的订阅者大多是各级党政机关和国有企业干部职工。

随着科技的发展媒介也在不断地向前推进，传播手段和方法可谓日新月异，省级党报大多因为理念、技术、资金等局限性，在创新和技术革新速度方面无法和新兴商业媒体甚至其它类型报纸相比，革新的理念和速度明显滞后。

三、融媒体背景下《陕西日报》传播力问题分析——基于 5W 模式

（一）传播者分析

1. 报业集团成立晚。多年以来，省级党报作为传统的主流媒体在大众传播的过程和活动中都扮演着领导者的角色。但是随着新媒体时代的到来，大众传播的生态、环境都发生了巨大的变化，随着新兴媒体的市场占有率不断上升，省级党报面临着前所未有的挑战。2012 年 3 月 2 日，陕西日报传媒集团、陕西日报传媒集团有限责任公司正式挂牌成立。而经济较发达的江浙沪地区，例如浙江，早在 2000 年 6 月 25 日，就成立浙江日报报业集团，新兴媒体包括浙江在线新闻网站、"浙江新闻"客户端及 APP、媒体法人微博、微信公众号等 200 多个。相较浙江日报，陕西日报成立报业集团整整晚了 12 年，这使得陕西日报传

---

① 习近平：《加快推动媒体融合发展》，《论党的宣传思想工作》中央文献出版社 2020 年版，第 353、357 页。

媒集团的转型较为落后。

2. 媒介融合程度低。陕西日报的融媒体在内容设置上基本没有太大的变化，仅仅是将纸质报纸上的内容在其他平台进行了发布，只有"掌中陕西"APP 中转载了其他媒体的一些内容，其他平台均是纸质报纸内容的重现，并没有新内容的加入。而一个好的融媒体平台，应该让纸媒和融媒体平台既做到内容共享又做到借助各自的优势以不同的手段传播内容，从而实现传播效果的最大化。以上海市委机关报《解放日报》为例，解放日报在打造了融媒体平台之后，彻底改革了报社原有的采编架构，取消基于条、线、块、面的传统采编部门，根据内容特色成立若干灵活、小型、柔性的栏目小组，小组优先向网络供稿，再向报纸供稿。这样的供稿方式大大提高了融媒体平台的新闻质量和数量。这样的做法值得陕西日报学习。

（二）传播内容分析

1. 新闻内容创新少。党报容易拘泥于自身的特殊性质而片面追求传媒的事业性和舆论导向功能，片面地认为党报仅仅具有宣传政治性。在这个指导思想下，党报就形成了以政府机关、事业单位等为重心，视普通百姓生活现状的报道为边缘化的宣传报道模式。传统媒体太过于抽象和严肃，读者无法在阅读党报时获得良好的体验感受。以陕西日报为例，我们不难发现陕西日报的头版基本上都是政府的各种会议公告、工作报告等，其他版面也大量充斥了此类内容，而且没有通俗易懂的政策解读，全部为千篇一律的公文式报道。党报要深刻理解新闻宣传的真正内涵，将传统的新闻宣传理念转变为新闻报道理念，凸显其传播信息的基本功能。

2. 内容形式太单一。近年来，各个省级党报都顺应时代所需，建起了自己的传媒矩阵。一家报社同时拥有报纸、网站、微信、微博、APP 已成为"标配"。但是对于陕西日报来说，并没有真的发挥出这些融媒体平台的优势，对于内容的形式还是以文字为主。即便是在传统的纸质报纸上也应该做到形式的创新，这种创新，不一定是从头到脚、从里到外的彻底颠覆，它或许是某个标题的特殊处理、某张图片的细节呈现、某个表格的适当运用、某些文字的巧妙组合。正是这些细节，往往可以起到预想不到的效果。

（三）传播媒介分析

1. 媒介矩阵范围小。融媒体时代，传统媒体通过微博、微信、新闻客户端及各类媒体平台的融合，形成新型的媒介矩阵。对于主流官方媒体，其在突发性新闻事件、公共议题等的传播和处理上，合理利用好媒体传播矩阵，进行整合传播，不仅是自身综合实力、组织运筹水平和专业能力的体现，更能发挥其影响并引导网络民议的作用。陕西日报目前只开通了微信公众号、法人微博以及 APP，但与陕西日报同在西安的市级机关党报西安日报就不同，它以西安发布为平台形成了自己强大的融媒体媒介矩阵，包括微信公众平台、趣头条、绿洲、微博、头条号、人民号、百家号、企鹅号，也包括了当下影响力巨大的一些短视频平台，如抖音、快手、央视频等，还有音频平台的喜马拉雅，这样多平台的运营传播更有利于传播效果的不断增强。

2. 媒介优势未能发挥出来。"两微一端"的融媒体平台搭建起来之后，一定要利用好不同媒介的优势，最大程度地发挥其优势。微博以线条性的传播方式进行传播，最大的优势就是能够有效地应对各种突发的事件。在有突发事件时，陕西日报完全可以凭借其自身的权威性，第一时间对谣言进行澄清，占领舆论的高地。然而陕西日报法人微博却很少对舆论进行回应，与网民进行有效的交流。而微信不同于微博具有很强的开放性，微信公众号所推送内容的阅读率主要取决于受众点击率和转发后二次阅读的情况，这就对微信内容的推送时间和与热点的符合程度提出了要求。而陕西日报微信公众号并没有在晚上 9 点左右，即微信的黄金时间中推送，而且内容也仅仅是简单挪移。

（四）受众分析

1. 为受众服务意识差。面对越来越挑剔的读者，那些照搬讲话、高高在上的新闻越来越没有市场。从本质上讲，党政会议、领导调研、各职能部门具体政策措施，都是与百姓民生幸福密切相关的。党报要善于眼睛向下，去挖掘会议、文件、领导调研讲话中民众关注的热点、痛点，将宏观的官方决策同微观的民间实际相结合，从民众切身利益出发，聚焦平民视角。此外，党报记者不能满足于党政部门提供的总结材料，还要善于深入群众生产、工作、生活现场，将最鲜活的信息具象化地传递给读者，及时回应群众关切。如政府为了城市规划和整顿市容，需要拆迁一个市场，党报就可以从市场附近居民的角度、从市场商贩的角度，认真分析拆迁行为给大家的日常消费带来了什么样影响，并指明接下来该怎么办。

2. 以人为本理念轻。要增加读者黏性，党报的新闻作品就要不断创新语言结构、改进文风，化"硬"为"软"，化繁为简，让时政新闻变得有生命、有趣味。在文章结构上注意通过曲折情节展现变化，通过动静结合制造起伏，通过视角转换呈现多样性。行文时善于将细节、场景、个案、引语等与新闻背景、概述、资料、专家解读等巧妙结合，穿插呈现，富有变化。与读者互动一直是媒体赢得读者的重要法宝，让读者参与新闻，增强与读者之间的互动，听取读者的意见和建议，有利于党报及其新媒体激发读者参与新闻的热情，增加读者的黏性。同时，也有利于党报更好地搜集群众意见和建议，改进不足，进一步提升自身的影响力和引导力。

（五）传播效果分析

1. 粉丝数量需提升。在移动互联时代，用户互动对移动产品格外重要，良好的用户互动会增强移动产品的社交属性，不但决定着内容的二次或多次传播，一旦用户形成社群，还将大大增强产品粘性。虽然增加粉丝数量利于提升传播效果，但是单纯的增加粉丝数量还远远不够，优质的粉丝才是提升传播效果的关键。而陕西日报公众号的关注人数及微博的粉丝数都较少，微信文章阅读量都在 1000 左右，而微博博文几乎没有评论，只有极少的博文有个位数的赞。而据笔者调查，大部分省级党报在与用户的互动方面还是比较差的，像陕西日报 APP 掌中陕西，仅仅是提供了爆料模块，让相关部门进行回复，而没有做到真正的与用户的良好互动，这不利于用户黏性的增强。

2. 品牌影响需加强。在充分了解党报的办报流程、市场环境的基础上，进一步反思省级党报、强化品牌创新策划工作。笔者认为，"品牌创新"的内涵在报业已得到较大扩展，不能单纯地分拆理解"品牌建设"和"形象更新"，更应从省级党报多年积累的品牌根基、产品形态、人才建设等多种优势资源出发，把"品牌创新"上升到报业科学发展的核心理论。陕西日报是全国创刊最早的省级党报之一，是中国共产党在延安创刊并一直出版到今天的唯一一份报纸，应该继续传承红色基因，以此打造自己的品牌，这样就能更好地提升传播效果。

四、融媒体背景下省级党报传播力提升对策

传统媒体的融合发展在前期融媒体建设的基础上进一步深化、进入深水区攻坚的转折，核心是形成新的融媒体传播生态环境，从发布型媒体向平台型媒体转变。

（一）传播者的自我提升

1. 转变经营理念。转变经营理念对省级党报的发展和规划非常关键，换句话说，党报想要做好融媒体，必须改变自己陈旧的经营理念，如果依然保持原先的理念，那么就无法真正做到传统媒体和新媒体的融合，这项融媒体的改革就失去了价值。党报集团想要发展，就需要积极思考自己的角色定位，不能单纯地立足于党和政府的需求，还需要深入地了解人民群众的需求，只有这样，才能够增强改革的效果，提高改革的效率。党报集团一定要转变自身的经营理念，以谋求更好更快的发展。

2. 充分发挥自身优势。党报比起一般报纸媒体具有更强的核心竞争力、公众信誉度、权威性以及影响力。所以，党报集团有必要、有责任利用自己的舆论力量，引领媒体寻求与时俱进的传播方法，关注社会问题，客观报道事实消息，切实帮助群众解决各种民生问题，进一步提高党报在媒体中的权威性和影响力。如果媒体上的舆论取向遭到歪曲，就不利于社会的稳定和国家的发展，党报集团需要充分利用自己的政治权威和其他资源优势及时予以纠正。同时，还需多角度报道，用正确的价值观引导社会大众，从多个层面启发读者，只有这样，社会才能够长治久盛，平稳发展。

（二）传播内容不断完善

1. 多提供优质内容。对于省级党报集团而言，内容最为核心，是其立足最为重要的因素，也是新闻传媒最为核心和关键的部分，能够增强其市场竞争力，是其他目标实现的基础。新媒体的核心在于技术，这一点却并不能打败传统媒体，反而可以提供新生的机遇和平台。优质内容是受众的刚性需求，不管媒体形态怎么变、舆论格局怎样变，原创的优质的内容生产仍是宝贵资源。因此，党报需要加强内容供给建设，提供主流价值的优质产能，这是在互联网时代立于不败之地的核心竞争力。

2. 不断提升人员素质。人力是一种资源，只有提高新闻人员的素质，才能创造出更好的产品。如果具有过硬的职业技能和综合素质，必然会让人民群众更为信服，新闻报道必然会有很强的影响力。老记者拥有丰富的经验，需要用心教导新职员，通过帮、传、带让新员工也能够得到快速的成长。为规避违反新闻职业道德规范的行为的发生，相关部门还需针对问题，加强监督，深入调查，及时防损。只有不断地深入探索和提高，才能够让新闻工作者的队伍更加优秀，才能够提升党报的传播力和影响力。

（三）传播媒介不断拓展

1. 增强技术能力。新的传播方式给省级党报集团融合发展带来了革命性的影响，省级党报集团在大数据及互联网的推动之下，不断地改进和发展。省级党报平台可以在微信、微博等新媒体平台以外构建一个新的平台，让所有的媒体都能够在平台上聚集，在这个用户平台上实现互动，加强沟通。在"互联网+技术"的推动之下，所有不同的平台都可以在省级党报集团创立的这个平台上深入地交流融合，从而能够在平台中产出新的图文或视频、音频等内容。省级党报集团不断地增加技术投入，以技术为支撑，和其他新媒体互相交流，不断融合各自的优势特长，充分利用有效的资源，实现利益最大化。

2. 优化盈利模式。多种盈利模式是省级党报集团融合发展的经济基础。盈利模式与省级党报集团特定的生产和运营方式联系在一起。由于传统纸媒的付费阅读方式一直未延伸拓展，因此省级党报集团在新媒体上的投入巨大，却没有等量的收入，导致"收不抵支"现象的出现。省级党报只有增加盈利模式，将运营和盈利紧密结合起来，才能够得到长足的发展，才能给集团的发展提供坚实的经济后盾。

（四）受众服务不断提升

1. 转变固有风格。党报长期以来以宏大叙事为主，版面设计端庄严谨，语言文字僵硬严肃，让人一看就会产生距离感。党报用刻板的内容进行宣传，严肃的教育让读者产生了更大的距离。为了改变这种现象，党报可以采用多元化的宣传方式，让内容更加形象生动，吸引读者的兴趣。只有改变一直高高在上的态度，提高版面的排布、变更文风，才能拉近读者的距离。

2. 重视受众体验。随着传播格局从金字塔式向网状式改变，受众地位不断崛起，受众的体验成为了一个媒体提升传播力的关键。传统媒体的社会价值和功能无可取代，但若是要在激烈的竞争中获得新生[1]，就必须将提升用户体验，把用户体验转换成最为中坚力量。[2] 因此省级党报想要得到长足的发展，除了秉承原先的内容为王，还需要以用户为王的观念引导传统媒体的发展，遵照媒体传播的规律，生产优质的内容，让用户获得更好的体验，从而增加其核心竞争力。

（五）不断增强传播效果

1. 增强互联网思维。传统媒体想要发展，就必须要提高自身的互联网思维。仅仅依靠对旧有媒介内容的简单挪移是无法应对新媒体一系列冲击的，因此传统媒体在融合新媒体时，就需要依托互联网思维，更新采编系统、加强产品运营、提高技术支持等。

2. 提高舆论引导力。党报作为为政府报道的官方报纸就需要牢固树立以人民群众为核心的服务理念，密切联系群众，帮助群众解决问题。党报作为国家的耳鼻喉舌，就必须坚决拥护党的领导，以群众为中心，帮助群众解决各种民

---

① 汕头大学长江新闻与传播学院课题组：《用户联结：挽救纸媒的"诺亚方舟"》，载《新闻记者》2015年第9期。

② 黄楚新、王丹：《智能时代的传媒产业发展路径》，载《新闻与写作》2016年第2期。

生问题，带领群众脱离贫苦的生活，让群众感受到党的关怀，只有这样，才能够做出正确的舆论引导，提高党报的影响力和权威性。